应用文写作教程

黄春燕　编　著

清华大学出版社

北京

内 容 简 介

应用文写作在我国源远流长，也经久不衰。随着社会经济发展的需要，应用文写作的社会影响日益扩大，高校应用文写作已经成为高等院校学生所需要具备的基本能力。

本书共九章，主要介绍了行政公文和一般应用文(含事务文书、日常文书、财经文书、新闻文书、法律文书、科研文书、礼仪文书等)的基础知识，内容精要，体式规范，例文丰富，实现了通用性和专用性的有机结合。

本书适合于高等院校、成人教育、大中专院校和职业教育的应用文写作教学，也可供各机关、团体、企事业单位的文秘人员参考。

图书在版编目(CIP)数据

应用文写作教程/黄春燕编著. —北京：清华大学出版社，2023.11

ISBN 978-7-302-64835-2

Ⅰ. ①应… Ⅱ. ①黄… Ⅲ. ①汉语—应用文—写作—高等学校—教材 Ⅳ. ①H152.3

中国国家版本馆 CIP 数据核字(2023)第 206052 号

责任编辑：陈冬梅　陈立静
装帧设计：李　坤
责任校对：周剑云
责任印制：沈　露

出版发行：清华大学出版社
　　　　　网　　　址：https://www.tup.com.cn, https://www.wqxuetang.com
　　　　　地　　　址：北京清华大学学研大厦 A 座　　　邮　　　编：100084
　　　　　社 总 机：010-83470000　　　　　　　　　邮　　　购：010-62786544
　　　　　投稿与读者服务：010-62776969, c-service@tup.tsinghua.edu.cn
　　　　　质量反馈：010-62772015, zhiliang@tup.tsinghua.edu.cn
　　　　　课件下载：https://www.tup.com.cn, 010-62791865

印 装 者：三河市龙大印装有限公司
经　　销：全国新华书店
开　　本：185mm×260mm　　印　　张：13　　字　　数：319 千字
版　　次：2023 年 12 月第 1 版　　印　　次：2023 年 12 月第 1 次印刷
印　　数：1～1200
定　　价：42.00 元

产品编号：093456-01

前　　言

应用文在我国源远流长。几千年来，应用文写作也经久不衰，应用文写作的社会影响日益广泛，对应用文写作的研究也不断升温。从教学实践看，应用文写作的学科地位得以确定，应用文写作教材逐步得到完善，这在一定程度上促进了学生应用文写作水平的提高，然而收效并不尽如人意了。常常见到有关这样的报道：许多本科大学毕业生撰写论文吃力，对于常用的诸如通知、计划、总结，甚至求职信等也写得不伦不类、不着边际，或捉襟见肘、错字连篇，其实这种状况在高职高专学生中更是屡见不鲜，成为一种普遍现象。原因是多方面的，但从教学层面看，作为知识载体、教学依托的教材，其作用不容低估。科学合理的教材无疑对促进和提高学生应用文写作能力至关重要，而现有许多教材存在内容陈旧、体例老化，或虽形式新颖，却内容不务实，只顾文种面面俱到，不切合高职高专生源实际，忽略整体写作思路等方面的不足。针对这种状况，结合教学实际，编写了这本《应用文写作教程》教材。

在应用文写作中，要深刻领会党的二十大精神：教育、科技、人才是全面建设社会主义现代化国家的基础性、战略性支撑。必须坚持科技是第一生产力、人才是第一资源、创新是第一动力，深入实施科教兴国战略、人才强国战略、创新驱动发展战略，开辟发展新领域新赛道，不断塑造发展新动能、新优势。我们要坚持教育优先发展、科技自立自强、人才引领驱动，加快建设教育强国、科技强国、人才强国，坚持为党育人、为国育才，全面提高人才自主培养质量，着力造就拔尖创新人才，聚天下英才而用之。

本教材共分九章。第一章绪论，阐述了应用文的概念、种类、特点和写作要求。第二章至第九章着重阐述了公务文书和一般应用文的概念、种类、特点、写作要求和方法，并附有思考与练习题。在使用本教材组织教学时，各院校可以根据专业、课时的需要对教材内容进行选择或取舍。

本书特点力求理论知识必须够用，以讲清概念、强化应用为重点，加深学生对教材的理解，培养学生的实际写作能力。

本书由山东教育科学研究院的黄春燕老师编写。本书在编写过程中，得到了编者所在研究院领导及同事的大力支持，在此一并表示感谢！

本书编写过程中，编者参阅了大量教材、专著，并引用了一些论述和例文。有的书目附录于后，还有的未能一一注明出处，在此谨向有关作者表示衷心感谢。

由于编者水平有限，书中难免存在不妥之处，诚请各院师生及广大读者提出宝贵意见。

编　者

Contents 目录

目　　录

目录
Contents

Contents 目录

目录
Contents

第1章 绪 论

教学提示：应用文是机关、团体、企事业单位以及广大人民群众，在办理公务和个人事务时，经常使用的、具有惯用体式的一类文章。

教学要求：本章介绍应用文的概念和种类，解释应用文的特点。应用文的写作要求是本章的重点。

1.1 应用文概述

应用文的产生时间很早，自有文字以来，就有了应用文，因为造字就是为了记事。我国史书记载下来的应用文，以《尚书》中汇编的上古帝王发布的文告为最早。秦代的制诏谕奏、汉代的表疏律令、唐宋以来的条法律例等，都是应用文。随着时代的发展、人们生活节奏的加快，应用文使用的范围越来越广泛，这为我们探讨应用文的写作方法带来了新的研究课题。

1.2 应用文的种类

应用文的使用范围日益广泛，分类标准各有不同。现将应用文分为公务文书 (以下简称公文)和一般应用文两大类，分别介绍如下。

1.2.1 公务文书

公务文书是指党的机关公文和国家行政机关公文。

根据中共中央办公厅、国务院办公厅 2012 年 4 月 16 日自发布之日起施行的《党政机关公文处理工作条例》的规定，公务文书的种类主要有决议、决定、命令(令)、公报、公告、通告、意见、通知、通报、报告、请示、批复、议案、函、会议纪要 15 种。

1.2.2 一般应用文

一般应用文是指法定公务文书以外的文书。

1. 事务性文书

事务性文书是指单位或个人用来传递信息、交流情况、制订计划、总结经验、调查情况、规范行为的文件。它包括计划、总结、调查报告、简报、会议记录、章程、规则、制度等。

2. 日常性文书

日常性文书是指单位或个人处理事务、解决问题时使用的文件。它包括条据类、告示类、书信类等。

3. 财经专业文书

财经专业文书是指经济生活、经济活动中使用的文件。它包括市场调查报告、经济活动分析报告、经济合同、项目建议书、谈判方案等。

4. 新闻类文书

新闻类文书是指能够反映最新发生又有社会价值的文件。它包括新闻写作、广告文案、产品说明等。

5. 法律类文书

法律类文书是指司法机关、依法授权的法律组织以及单位、个人为解决法律事务而制作的文件。它包括仲裁文书、诉讼文书、公证书等。

6. 科研类文书

科研类文书是指科技活动、科技成果中形成的文件。它包括科研项目申请书、科技实验报告、毕业设计、毕业论文、学术论文等。

7. 礼仪类文书

礼仪类文书是指处理人际关系、继承和发扬中华民族优良礼仪传统的文书。它包括请柬、聘书、贺信、欢迎词、欢送词、答谢词、讣告、悼词等。

1.3　应用文的特点

同其他文章相比，应用文的特点表现在以下几个方面。

1. 使用的广泛性

应用文是机关、团体、企事业单位和个人用于处理和解决他们在学习、生活、工作和公务活动中遇到的各种具体事务、实际问题的惯用文章，具有看得见、摸得着的实用价值。例如在管理国家、处理党政事务中，它传达党和国家方针政策、发布党规政令、请示和答复问题、指导和商洽工作、报告情况和交流经验等。在解决实际问题、处理具体事务时，它传达信息、交流情况、制订计划、总结经验等。应用文使用频率之高、范围之广，是其他文章都无法比拟的。

2. 格式的规范性

在长期的实践中，各类应用文大都形成了统一的构成格式。一是法定使成：党的公文、行政公文的结构体式由中央办公厅和国务院以条例、办法等形式制定下来；公文写作程序化，是用一种相对固定的程式规范下来，避免了写作起来困难，印发、办理中的不便

以及现实生活中难以发挥作用等弊端。二是约定俗成：由于应用文被广泛地运用到社会生活的各个领域，而且时常使用，这样在工作中就逐渐形成了各种各样的约定惯用体式。

3. 内容的针对性

应用文在内容上，力求准确、明白、有针对性。一篇应用文内容上一般要解决四方面问题：为什么事行文、根据什么行文、通过行文达到什么目的、行文者的具体态度和要求如何。这就要求内容准确明白、针对性强，只有这样，才能提高工作效率。

4. 写作的时效性

应用文的写作，既然是解决人们工作、学习、生活和公务活动中存在的问题，就会有一个时间要求。如果延误了时效，就会对工作造成巨大损失。所以，应用文在时间上，要写得及时、发得及时、办得及时，这就要求我们平时多积累材料，提高快速写作能力。

1.4　怎样写好应用文

社会主义市场经济迅速发展，对人才综合素质的要求越来越高。无论是在校学习还是从事日常工作，都应该学好和写好应用文。应用文写作能力越来越被视为当代学生、工作人员必备的写作基本功，因此，学会如何写好应用文是非常必要的。写好应用文必须从以下几方面努力。

1. 掌握党和国家的方针政策，不断提高政策理论水平

党和国家的方针政策，是指导各项工作的根本规范和依据。行文的指导思想和行文表述必须符合国家的法规、党和国家的方针政策以及上级机关的有关规定。撰写者应该具有较高的政治和政策理论水平，清楚地了解国家法律的规定和上级机关以往发布的有关文件，准确地体现领导机关的意图。当然，这并不是说对上级有关政策、规定一定要照搬照套，而是要紧密结合本地区、本部门的实际，贯彻中央和上级的有关政策，从错综复杂的具体问题中选出正确的观点和有用的素材，写出符合要求的应用文。

2. 熟悉本部门的业务和有关情况

应用文从内容上看，是为解决某个问题或处理某项具体工作而撰写的。各类机关和部门都有自己的专门业务，写出既符合客观规律、又密切联系本部门实际的应用文，就必须熟悉本部门的工作职责、业务范围、基本工作规律和当前中心任务，要研究上级精神、部署和要求，了解下属的工作情况、经验和问题，学习相关的专业知识和机关工作知识。只有这样，才能得心应手，提高应用文撰写水平。

3. 加强基本功训练，提高应用文写作能力

要使应用文真正达到高质量的要求，并非一蹴而就，必须经过一定的学习、训练和实践。首先，是向书本学习，多读书、多看范文，从中悟出一些应用文写作的方法；其次，是向社会和有经验的行家学习，他们有多年的实践经验和历史文化的积淀；最后就是多练，文章非天成，妙书靠实践。我们要多读多写多练，才能运用自如，写出针对性强、有实际内容的应用文。

课 程 思 政

在新闻类应用文写作中，要深入学习宣传党的理论和路线方针政策，学习和宣传习近平新时代中国特色社会主义思想，掌握这一重要思想的重大意义、丰富内涵、精神实质、基本要求，掌握贯穿其中的立场观点方法，增强贯彻落实的思想自觉和行动自觉。要坚持以党的旗帜为旗帜，以党的意志为意志，深入宣传党的主张，准确解读党和国家政策，在思想上、政治上、行动上同以习近平同志为核心的党中央保持高度一致，坚决维护习近平总书记党中央的核心、全党的核心地位，坚决维护党中央权威和集中统一领导。自觉遵守政治纪律、宣传纪律、工作纪律，守规矩、听招呼、有底线，做到党中央提倡的坚决响应，党中央要求的坚决照办，党中央禁止的坚决不做。保持高度的政治坚定性和鲜明的战斗风格，敢于同各种错误的思想观点作斗争。

思考与练习

1. 什么是应用文？
2. 应用文如何分类？
3. 应用文有哪些特点？
4. 写好应用文应该从哪些方面努力？

第 2 章 公 务 文 书

教学提示：公务文书是机关、团体、企事业单位在公务活动中形成和使用的、具有法定效力和规范体式的文书。

教学要求：本章介绍公务文书的概念和种类，解释公务文书的特点、作用。公务文书的写作要求和方法是本章的重点。

2.1 公务文书概述

公务文书简称公文，它是机关之间、机关与群众以及机关内部用来记述情况、表达意图、联系工作、处理公务的文字依据，是国家管理政务的一种重要工具。

2.1.1 公文种类

各机关、各组织为了适应实际工作的需要，通常对公文从其来源、行文关系、保密程度、制发作者、使用范围等方面进行分类，以求达到公文处理的规范性。

1. 从文件来源分

一个机关或组织的文件，按来源可以分为两大部分，即收文和发文。收文是收到外单位发来的文件，发文是本机关制成的文件。其中，发文又分为向外机关发出的文件和本机关内部使用的文件。因此，通常一个机关或组织的文件又分为三部分：收来文件、对外文件和内部文件。

收来文件是指本机关收到的从外机关(含上级、同级、下级)送来的文件，通常又叫收文，如上级的指示、批复，下级的报告、请示等。

对外文件是指本机关对外发出的文件，通常又叫发文，如对上级的报告及对下级的指示等。

内部文件是指本机关制发并在本机关内部使用的文件，如通知、通报、总结、计划等。

2. 从行文关系分

一个机关的文件，按行文关系、文件的去向，又可以分为上行文、平行文和下行文。上行文是指下级机关向其上级机关发文，如市人民政府向省人民政府的请示、报告等。平行文是指同一组织系统中的同级机关或非同一组织系统中不相隶属的任何机关发出的文件，如省与省之间、军队与地方之间的公函等。下行文是指上级领导机关对所属下级机关的发文，如省政府给本省内的县政府、省教委给本省内的各院校的通知、批复等。

3. 从保密程度分

从文件内容是否涉及机密、涉及机密的程度与文件的阅读范围划分，通常又分为秘密

文件、内部文件和公布文件。秘密文件是指内容涉及党和国家秘密的文件，在一定时期内，需要限制阅读范围，通常由专人负责、处理和保管。但随着时间的推移，它的秘密性有的会逐步消减。内部文件是指在各级党政机关内部使用的文件，一般不在社会上公布。有的只是不向国外公布的文件。公布的文件是指向人民群众或向国内外公开发布的文件。

4. 从文件制发作者分

文件按制发作者划分，又分为党内文件、行政文件、群众团体文件。党内文件是指在党的机关和组织形成和使用的文件。行政文件是指国家各级行政机关、组织在日常公务活动中形成和使用的文件。群众团体文件是指工会、共青团、妇联、民主党派、学会等制发的文件。

5. 从文件使用范围分

文件按使用范围划分，又可分为通用文件和专用文件。通用文件是指党、政、军各级机关和人民团体、企事业单位等社会组织在公务活动中普遍使用的文件。专用文件是指在一定的专业机关、部门和业务范围内，根据特殊需要专门使用的文件，如财经、新闻、法律、科研文件等。

2.1.2 公文特点

公文作为表现机关公务活动的一种实用应用文，有它其突出的特点。

1. 作者的法定性

公文不同于出版物上发表的文章，谁都可以撰写；也不同于一般的图书、资料，由个人撰写或汇编，由出版社向社会公开发行。公文由法定的作者制发。"法定作者"是指依法成立并能以自己的名义行使法定的权利和承担义务的组织或个人。党政机关、社会团体、企事业单位，都是依据法律建立而合法存在的，它们都有法人资格，这些机关、团体、企事业单位的领导人则是单位的法人代表，即法定作者。这些组织及领导人可以以机关或领导人的名义，根据自己的职能和权限制发公文。

公文的读者也是特定的。除公开发布和张贴的公文外，公文的读者是指公文发送的单位或发送单位的有关负责人。

2. 法定的权威性

公文既然属于法定的作者制成，就被赋予了权威性。公文的权威性是国家权力机关赋予的，它代表权力机关发言、准确地传递权力机关的信息和意志，要求具有强制力和约束力，需要受文机关无条件地去执行，不允许任何组织或个人拒不执行或敷衍塞责。

3. 现行的时效性

公文具有一定的时效性。正在发挥现行效用的文件又叫现行文件，如：一项"决定"要求下级坚决执行；一项"请示"要求领导机关作出答复；一项"批复"针对请示中提出的问题给予明确具体的答复等。文件的使命如果已经完成，内容已被新的文件代替，它的现实执行效用便告完结，我们把这种历史效用的文件叫作历史文件。掌握了公文的时效

性，在工作中为了提高工作效率，就必须及时办理公文。

4. 体式的特定性

为了维护文件的严肃性和处理的便利性，党和国家统一规定了文种和文件体式。《党政机关公文处理工作条例》中第二章、第三章已明确规定，每一种公文只适用于一定的范围、表达一定的内容、使用一定的格式，相互之间不能混同。

5. 程序的规定性

为了保证文件的正常运转和明确各个工作环节的职责，公文处理程序上有严格的规定。

在制发程序上包括起草、审核、签发、用印、登记、分发等程序，在收文程序上包括签收、登记、分送、拟办、批办、承办等程序。任何机关不得违背统一规定的原则和要求，自搞一套、各行其是，否则就无法制发和运转公文，更不可能生效。

2.1.3 公文格式

公文格式是指一份完整的公文应当具备的项目、结构和形式的要求。

为了保证公文的权威性和规范性，便于撰制、办理和存档备查，《党政机关公文处理工作条例》第三章作了明确规定，项目内容包括以下几部分。

1. 结构

公文一般由文头、主体、文尾三部分组成。

1) 文头(眉首部分)

文头由发文机关、发文字号、签发人、秘密等级及期限、紧急程度组成。

(1) 发文机关。由发文机关名称或规范化简称后加"文件"两字组成。如"中共中央文件""江西省人民政府文件"，联合行文时应把主办机关名称排列在前、协办机关排列在后，"文件"两字置于发文机关名称右侧，上下居中排列。

(2) 发文字号。由发文机关代字、发文年份和发文顺序号组成。如中共中央 1998 年发出的第 2 号文件，发文字号是"中发〔1998〕2 号"，年份不能简化为"98"，括号须用六角括号"〔〕"。联合行文的发文号，只标主办机关的发文字号。

(3) 签发人。上报的公文须在前页标识签发人姓名，平行排列于发文字号右侧。发文字号居左空一字，签发人姓名居右空一字。只有上行文才需要注明签发人。

(4) 秘密等级及期限。《中华人民共和国保守国家秘密法》将秘密等级分为"绝密""机密"和"秘密"三级。标注在版心的右上角第一行，两字之间空一格，如需同时标识秘密等级和保密期限，两者之间用"★"隔开，如"机密★一年"。

(5) 紧急程度。紧急程度是指送达和办理公文的时限和要求，分别标明"特急""急件"两种，其中电报分别标明"特提""特急""加急""平急"。标识在版心右上角密级的下一行。

2) 主体

主体是公文的最主要部分，一般由标题、主送机关、正文、附件、印章、成文日期、

附注等组成。

(1) 标题。公文标题由发文机关名称、发文事由、文种组成，有时也可以省略除文种外的一个或两个部分。

(2) 主送机关。主送机关是公文受理承办机关。上行文一般只写一个主送机关，下行文可以有多个主送机关，直接向社会或群众发布的公文可以不写。

(3) 正文。正文是公文的核心部分，一般由缘由或引据、事项和结尾三部分组成。

(4) 附件。附件是公文正文内容的补充或参考材料，应在正文下空一行，左边空两格标识。

(5) 印章。除会议纪要和以电报形式发出的公文以外，其他的公文都应加盖印章，印章是效力的凭证。盖章时要上不压正文，下要骑年盖月。联合上报的公文由主办机关加盖印章，联合下发的由发文的所有机关加盖印章。

(6) 成文日期。以领导人签发的日期或会议通过的日期为准，联合行文以最后签发机关领导人签发为准，电报以发出时间为准。

(7) 附注。附注是对公文中内容和事项的注解和说明，如"此件发至县级"。它居左空两字，标记在成文日期下一行。

3) 文尾(版记部分)

文尾由主题词、抄送机关、印发机关、印发日期四部分组成。

(1) 主题词。经规范处理用来标引公文主题内容的词组，主要目的是方便电脑存储和文件检索。

(2) 抄送机关。这是指除主送机关以外，需要执行或知晓公文内容的其他机关。

(3) 印发机关。这是印制公文的机关，标出以示对公文负责。

(4) 印发日期。这是公文付印时间。

2. 形式

公文用纸采用国际标准 A4 型，文字符号一律从左至右横写、横排，左侧装订。公文的页边和版心尺寸也有一定规定。公文用纸天头(首页除外，上白边)为 37mm∶1mm，公文用纸订口(左白边)为 28mm∶1mm，版心尺寸为 156mm×225mm。一般每面排 22 行，每行排 28 个字。

2.1.4　公文的作用

关于公文的作用，总的来看，它是传达和贯彻执行党和国家的各项方针政策、联系和处理各种公务活动的一种工具，具体表现在以下几个方面。

1. 法规和准绳作用

在各类公文中，有相当一部分内容，用以制定和发布各种法律、法规，如经过全国人大通过的法律、全国人大常务委员会通过的法令、国务院通过的行政法规，都具有严肃的制约力，一经制发，就必须坚决执行，具有法律的规范和准绳作用。另外，也有一些公文，只要求所属成员必须遵守，虽然对他们的行为有约束和准绳作用，但不发生法规作用，如《中国共产党章程》《中国工会章程》《中小学生守则》等，就属于这种情况。

2. 领导与指导作用

按照党政现行管理体制，凡有隶属关系的上下级机关之间，本就具有领导和被领导的关系。无隶属关系的业务上、下级之间，也具有指导和被指导的关系。所以，上级机关对下级机关发布的公文，如各项方针、政策、决定、决议、指示、通知，自然具有领导与指导作用，要结合本部门的实际贯彻执行。

3. 宣传教育作用

公文的宣传教育作用，在下行文中表现得尤为明显。许多公文在传达贯彻党的方针政策和布置工作时，一般都要阐明其指导思想，讲清道理，提出要求。通过向广大干部群众进行宣传教育，使他们提高认识，统一思想，把工作完成得更好。

4. 联系沟通作用

各个机关之间在日常工作和业务活动中，经常利用文件与上下级或平级的机关进行联系沟通，从而了解彼此的情况，交流经验，互通信息，起到了桥梁纽带的作用。

5. 凭证依据作用

各种公文都反映了制发机关的意图，具有法定的效力。下级机关根据上级机关的公文开展工作，这是工作的依据和凭证作用；上级机关依据下级的公文掌握情况、解决问题、领导和指导工作；平行机关和不相隶属的机关之间，也可根据往来的公文洽商工作、交流情况。离开了公文的依据和凭证作用，各级机关将难以开展正常有序的工作。

以上五个作用是相互联系的，在公文中既不能单一，又不能全部兼有，但必须具有凭证依据作用。

2.1.5　公文的写作要求和方法

公文的写作是一项非常严肃的工作，文件的内容是机关领导思想和工作经验的结晶，文件的质量关系着党和国家方针政策的贯彻执行和机关的工作效率。因此，撰写的具体要求和方法有以下几个方面。

1. 内容既要符合方针政策，又要结合实际

公文作为各级机关公务活动的重要工具，必须带有鲜明的政治性、政策性。所以，在撰写前必须认真理解党和国家的方针、政策和有关指示，并以此分析研究本地区、本部门的实际情况，提出具体有效的贯彻意见和方法来。例如，草拟本部门的年度计划，首先要查阅党和国家有关的方针政策、上级机关布置的任务、本部门去年的工作计划和工作总结，还要认真研究今年的形势、任务和要求以及本部门工作存在的有利条件和不利因素，研究针对实际情况应当提出哪些指标、采取什么措施等。只有把方针政策和实际情况很好地结合起来，才能写出解决问题的好公文。

2. 结构合理、格式规范

结构是公文的内容构造。结构合理就是根据主旨表达的需要，安排好文件结构。先写

什么问题，后写什么问题，分几个层次。力争条理清晰、逻辑严密。做到准确真实不说假话，简明扼要不啰嗦，鲜明生动不落套。

格式规范，就是指公文的格式要符合《党政机关公文处理工作条例》的规定，不能标新立异、各行其是。只有格式统一规范了，才能保证文件的效用和方便文书处理。

3. 遵循行文规则，选用合适文种

党政机关的行文必须遵循统一的行文规则。这是指发文者与受文者之间共同遵循的行文守则。

(1) 行文必须是非发不可的。受文者迫切需要，发文者非发不可。这样的行文就会充分体现它的作用。不搞例行公文，领导机关不要滥发指示。

(2) 行文必须贯彻党政分工的原则。不能直接以政府机关的名义向党的组织发指示、命令、规定等，也不得以政府机关名义向党的组织报告工作或请求指示等。

(3) 行文必须注意隶属关系。在同一系统内，上下级之间有领导和被领导关系的，又叫隶属关系。可以发指示、决定等领导性文件，也可以发请示、报告等请求给予领导指示的文件。

(4) 行文必须注意非隶属关系。上级机关的所属业务部门与下级机关的所属业务部门之间(如省教育委员会和县教育局)，仅在业务上有指导关系，没有直接的领导关系，不宜直接对下级发出领导性文件，但可以相互询问和答复业务问题。同一系统的同级机关是平行关系，非同一系统的机关无论级别高低，既无领导和被领导关系，又无上下级业务指导关系，都属于不相隶属关系，只能使用"通知"和"公函"，不能发"指示""决定"或指令性文件，也不能互相请示和答复问题，否则也无效。

(5) 联合行文的机关、组织必须是平级，而且行文内容是经过协商、取得一致意见的。

(6) 行文应分清主送与抄送对象。一般请示要求受文对象办理答复的，应主送一个主管对象，以便及时处理；受双重领导的单位对上级机关的请示，应视内容写明主送和抄送机关，主送机关负责答复请示的问题；上级机关对受双重领导的单位行文时，应当同时抄送给另一个负责领导该单位工作的机关。

(7) 文种是公文种类的简称，具体到每一篇就是指公文名称，如通知、报告等。选择文种依据是根据国家有关公文处理办法规定，参考作者与受文者的工作关系、作者的权限、行文目的和要求等，选择切合实际的文种。

2.2　命令(令)

命令(令)，是发布重要法规，采取重大的强制性行政措施，任免、嘉奖和惩戒有关人员时使用的一种公文。命令(令)这种指挥性文种，一般由国家行政领导机关或领导人使用。党的领导机关或领导人不用，如必要时，可与国家行政领导机关或领导人联名使用。地方县以上行政领导机关和某些负有特殊使命、具有指挥权力的机构，如"防汛指挥部"等，遇有重大紧急事项，需作出强制性的行政规定，也可使用这一文种。

命令(令)，直接体现某行政领导机关的意志，集中反映了国家某个方面的方针、政

策，具有极强的法定权威。凡接受命令(令)的一方，必须严肃对待、无条件地坚决执行。

2.2.1　命令(令)的种类

命令(令)有多种类型，根据其内容、作用，可分为以下几种。

1. 发布令

发布令，又叫公布令。用于公布各种法律、法规和规章。

2. 行政令

行政令用于宣布某些重大强制性行政措施的公文。如戒严令、特赦令、通缉令等都属于行政令。

3. 任免令

任免令用于发布人事任免事宜的公文，一般由国家行政领导机关及领导人使用。

4. 嘉奖令

嘉奖令用于国家和政府机关为表彰有功、有贡献人员或集体而颁布的公文。

2.2.2　命令(令)的写作格式

命令(令)由四个部分组成。

第一部分是标题，由发文机关(或领导人)和文种两部分组成。有时也可由发文机关、事由、文种等部分组成。

第二部分是编号，不同类型，编号各有不同。发布令、任免令不是按年度编令号，而是从国家领导人任职开始编流水号，至任职期满为止。下届新的领导人任职又重新编号。嘉奖令是由发文机关代字、年份、顺序号等组成发文字号，如国务院 2014 年发的第 6 个文件编号为"国发〔2014〕6 号"。行政令也可以不编号。

第三部分是正文，它们也各有不同。发布令正文简单明了，一般由发布法规的依据、发布法规执行的要求组成；行政令由发布命令的原因和依据、发布行政令机关提出的规定要求、如何执行的办法组成；任免令由任免根据、任免者的姓名和职务组成；嘉奖令则由嘉奖的依据原因(即嘉奖的主要精神和事迹)，嘉奖的决定(即嘉奖的具体内容，包括称号、奖章、物质奖励等)，正文的最后由希望和号召组成。

第四部分是签署，写明作者和日期。

2.2.3　命令(令)的注意事项

(1) 发布命令(令)仅限于国家权力机关和行政机关，即国务院及其各部委、县级以上地方各级人民政府。党的机关、各人民团体、企事业单位不使用命令(令)，军队可以例外。

（2）命令的内容事关重大，要求无条件执行。因此，文字要准确，语言要精练，语气要严肃。

【案例2-1】发布令

中华人民共和国主席令

第八十七号

《中华人民共和国军事设施保护法》已由中华人民共和国第十三届全国人民代表大会常务委员会第二十九次会议于 2021 年 6 月 10 日修订通过，现予公布。自 2021 年 8 月 1 日起施行。

中华人民共和国主席习近平

二〇二一年六月十日

【评析】

这是一篇发布令，发布的法规名称是《中华人民共和国军事设施保护法》，介绍了通过的会议名称、会议时间以及施行时间。令号第八十七号是习近平担任中华人民共和国主席职务以来发布的第八十七个命令。

【案例2-2】嘉奖令

国务院关于对中国民航乘务员张丽萍的嘉奖令

国发〔1989〕46 号

四月二十四日，中国民航南昌独立飞行中队张洪元机组驾驶 3482 号飞机，执行宁波至厦门 5568 次航班运输任务。飞机起飞不久，一名歹徒以炸机相威胁，企图劫持飞机。机上乘务员张丽萍临危不惧，机智勇敢，与见义勇为的乘客一起将歹徒制服，保证了飞机安全降落在福州机场，粉碎了一起严重劫机事件。

张丽萍同志的英雄事迹，表现了她热爱祖国、热爱社会主义民航事业的高尚品德，以及她为维护旅客生命和国家财产的安全，不怕流血牺牲的大无畏精神。为了表彰张丽萍同志这一英雄行为，国务院决定授予她"中国民航模范乘务员"的称号。对见义勇为的乘客，请当地人民政府给予表彰。

国务院号召全国民航空勤人员和广大职工向张丽萍同志学习，努力做好本职工作，确保飞行安全，不断提高服务水平，全心全意为广大旅客服务，为我国的改革开放和社会主义现代化建设作贡献。

国　务　院

一九八九年六月二十九日

【评析】

这是一篇嘉奖令，第一段介绍了嘉奖的原因（事迹和评价），第二段为嘉奖内容，第三段为国务院的号召和希望。

2.3 决　　定

决定是领导机关对重要事项或者重大行动作出安排，奖惩有关单位及人员，变更或撤销下级机关不适当的决定时使用的公文。

党政机关、社会团体、企事业单位都可以使用决定。它是一种重要的领导性、规定性文件。通常由机关、单位领导班子研究作出，或者根据职权范围，按程序批准。一经决定，必须贯彻执行。

2.3.1 决定的种类

根据内容和作用，决定可分为两大类：知照性决定和指挥性决定。

1. 知照性决定

对某些具体的事项作出安排，使有关人员知晓，如表彰决定、处分决定、机构设置决定和人事任免决定等。

2. 指挥性决定

对某些方针政策作出决定和对重大事项作出安排。它具有内容充实，具有指挥、计划的性质和法规、权威性的特点，如《中共中央关于经济体制改革的决定》《中共中央关于加强党的建设几个重大问题的决定》等。

2.3.2 决定的写作格式

两种决定的格式大体上是一致的，由三个部分组成。第一部分是标题，由作出决定的发文机关、事由和文种组成。第二部分是正文，包括作出决定的根据和原因，决定的事项，处理的问题或部署的重大行动。有的决定除上述内容外，还有执行决定的要求和号召一类内容。第三部分是落款，写明作出决定的单位，有的标题中有体现的也可以不写。标题下面没有标明日期的还要标明日期。

2.3.3 命令和决定的区别

1. 使用范围不同

命令(令)只限于县以上各级人民政府使用；而决定在各机关、团体、企事业单位都可以使用。

2. 内容繁简不同

命令(令)主要发出必须做什么和不准做什么的指令，不作阐述和说明，要求坚决执行，因此篇幅简短；而决定不仅提出做什么的要求，而且还阐明指导思想，提出措施和方

法，因此篇幅较长。

2.3.4 决定的注意事项

(1) 决定要有政策和法律依据。决定要符合党和国家的方针政策、法律法规。

(2) 根据和缘由要得当。决定要做到有理有据，充分具体，令人信服。

(3) 语言要明确、恰当。决定的问题在表述上要做到明白、确切，毫不含糊，确保决定的有效贯彻执行。

【案例2-3】知照性决定

国务院关于国务院机构改革涉及行政法规规定的行政机关职责调整问题的决定

国发〔2018〕17号

各省、自治区、直辖市人民政府，国务院各部委、各直属机构：

为贯彻党的十九大和十九届二中、三中全会精神，根据第十三届全国人民代表大会第一次会议批准的《国务院机构改革方案》，按照第十三届全国人民代表大会常务委员会第二次会议审议通过的《全国人民代表大会常务委员会关于国务院机构改革涉及法律规定的行政机关职责调整问题的决定》确定的原则，平稳有序调整行政法规规定的行政机关职责和工作，确保行政机关依法履行职责、开展工作，推进国家机构设置和职能配置优化协同高效，现就国务院机构改革涉及行政法规规定的行政机关职责调整问题作出如下决定：

一、现行行政法规规定的行政机关职责和工作，《国务院机构改革方案》确定由组建后的行政机关或者划入职责的行政机关承担的，在有关行政法规规定尚未修改或者废止之前，调整适用有关行政法规规定，由组建后的行政机关或者划入职责的行政机关承担；相关职责尚未调整到位之前，由原承担该职责和工作的行政机关继续承担。

地方各级行政机关承担行政法规规定的职责和工作需要进行调整的，按照上述原则执行。

二、行政法规规定上级行政机关对下级行政机关负有批准、备案、复议等管理监督指导等职责的，上级行政机关职责已调整到位、下级行政机关职责尚未调整到位的，由《国务院机构改革方案》确定承担该职责的上级行政机关履行有关管理监督指导等职责。

三、实施《国务院机构改革方案》需要制定、修改、废止行政法规，或者需要由国务院作出相关决定的，国务院有关部门应当及时提出意见和建议，司法部起草草案后，依照法定程序报国务院审批。

四、实施《国务院机构改革方案》需要修改或者废止部门规章和规范性文件的，国务院有关部门要抓紧清理，及时修改或者废止。相关职责已经调整，原承担该职责和工作的行政机关制定的部门规章和规范性文件中涉及职责和工作调整的有关规定尚未修改或者废止之前，由承接该职责和工作的行政机关执行。

五、各级行政机关要精心组织，周密部署，确保行政机关履行法定职责、开展工作的连续性、稳定性、有效性，特别是做好涉及民生、应急、安全生产等重点领域工作。上级行政机关要加强对下级行政机关的监督指导，划入、划出职责的部门要主动衔接，加强协

作，防止工作断档、推诿扯皮、不作为、乱作为，切实保障公民、法人和其他组织的合法权益。

国务院

二〇一八年五月二十四日

【评析】

这是一篇知照性的决定。第一段介绍了行政机关职责调整的原因，第二段至第五段明确了决定事项。文件字号"国发〔2018〕17 号"，表示是国务院 2018 年第 17 个文件。

【案例 2-4】指挥性决定

全国人民代表大会常务委员会关于加强社会治安综合治理的决定

(1991 年 3 月 2 日第七届全国人民代表大会常务委员会第十八次会议通过)

为了维护社会治安秩序、维护国家和社会的稳定，保障改革和社会主义现代化建设的顺利进行，为全面实现国民经济和社会发展的十年规划及"八五"计划创造良好的社会治安环境，必须加强社会治安综合治理。为此，特作如下决定：

一、加强社会治安综合治理，是坚持人民民主专政的一项重要工作，也是解决我国社会治安问题的根本途径。(略)

二、社会治安综合治理必须坚持打击和防范并举、治标和治本兼顾，重在防治的方针。(略)

三、要善于运用法律武器，搞好社会治安综合治理。(略)

四、各部门、各单位必须建立综合治理目标管理责任制，做到各尽其职、各负其责，密切配合，互相协调。(略)

五、加强社会治安综合治理，必须发动和依靠广大人民群众。(略)

六、要把社会治安综合治理的责任与单位和个人的政治荣誉、经济利益紧密结合起来，建立奖惩制度。(略)

七、社会治安综合治理工作由各级人民政府统一组织实施，各部门、各方面齐抓共管，积极参与。

各级人大常务委员会对社会治安综合治理工作应当经常监督检查。要听取政府、法院、检察院关于综合治理工作的汇报，要组织代表、委员督促检查综合治理工作的开展和落实的情况，积极关心社会治安综合治理，提出意见、建议，以保证社会治安综合治理工作健康深入地开展。

【评析】

这是一篇指挥性的决定。第一段介绍了决定的原因，第二段至第八段明确了加强社会治安综合治理的具体内容，第九段对做好此项工作提出了要求。

2.4 公　　告

公告是用于向国内外宣布重要事项或者法定事项的公文，不具有指令性作用。

由于公告所告知的范围极广泛，包括了国内外的所有人员，因而，它一般由较高级别的领导机关，如全国人民代表大会、国务院、各省市人民政府及人大等发布，或者授权新华社制发，基层单位不能滥用。公告通常是通过报纸、电台、电视台等方式公之于众。

2.4.1　公告的种类

公告根据内容的不同，可分为以下几种。

1. 发布性公告

发布性公告是指国家职能机关按照有关法律、法规的规定来宣布法定专门事项。

2. 告知性公告

告知性公告是指各级人民代表大会及其常务委员会、级别较高的国家行政机关以及经授权的新华社等新闻机构，向国内外宣布重要事项。

2.4.2　公告的写作格式

公告由三个部分组成。

第一部分是标题，由发文机关、事由和文种组成，也可以只用"公告"两字。如果发文机关为授权机关，还要在标题中写明"授权"字样。

第二部分是正文，包括三个部分：一是依据部分，主要写发布公告的依据；二是事由部分，主要写公告的内容；三是结尾，一般采用"特此公告""现予公告"等作为结束语。

第三部分是签署，写明发文机关和发布公告的日期。在标题中有体现的也可以不写，日期也可标在标题下。

2.4.3　公告的注意事项

(1) 公告写作要做到朴实庄重、鲜明准确、高度概括、直陈其事。

(2) 地方党政部门、群众团体一般不宜随便使用公告。

【案例2-5】发布性公告

××××银行公告〔2021〕第 11 号

为进一步提升市场主体使用外部评级的自主性，推动信用评级行业市场化改革，××××银行决定试点取消非金融企业债务融资工具(以下简称债务融资工具)发行环节信用评级的要求。现将有关事项公告如下：

一、试点期间，非金融企业发行债务融资工具暂时停止适用《银行间债券市场非金融企业债务融资工具管理办法》(××××银行令〔2008〕第 1 号，以下简称《管理办法》)第九条的规定。

二、本公告未说明的债务融资工具发行与交易的其他要求，继续按照《管理办法》规定执行。

三、本公告自发布之日起实施。

××××银行

二〇二一年八月十一日

【评析】

这是一篇发布性的公告，第一段介绍公告的法规根据，第二段到第四段明确应当遵守和施行的规定。

2.5　通　　告

通告，是党政机关、人民团体、企事业单位等，在一定范围内向人民群众公布应当遵守或者周知事项时使用的一种公文。

通告中凡属应该遵守的事项，具有法律效力和行政约束力；通告中周知的事项，不一定具有法律效力和行政约束力，但是可以使有关人员了解信息，方便处理问题。

2.5.1　通告的种类

通告根据内容的不同，可分为以下几种。

1. 告知性通告

告知性通告是指告知人们应当知道或需要遵守的某些事项，一般只具有约束力，而不具有法规性。

2. 法规性通告

法规性通告是指各级政府或有关单位公布的应当遵守和周知的政策法规，具有约束力。

2.5.2　通告的写作格式

通告由三个部分组成。

第一部分是标题。标题写法有三种形式：一是由制发机关、事由、文种组成；二是由制发机关和文种组成；三是只写"通告"两字，但要在落款处写明发布机关的名称。

第二部分是正文。正文由三部分组成：一是说明发布本通告的根据、原因、目的、意义，常用一两句话说明，接着用"现通告如下"或"特作如下通告"，用以承上启下、过渡到主体；二是主体部分，阐述发布通告规定的具体事项，分条列项，将有关事项逐一阐述。内容要符合有关政策法令，文字要阐明扼要；三是结尾，提出希望和要求，有的用

"特此通告"结束。

第三部分是落款。写明发文机关名称和成文日期。

2.5.3　通告与公告的区别

因为通告和公告在使用上容易混淆，现将两种文种加以比较。

第一，使用范围不同。公告范围广泛，面向国内外；通告范围较小，是在一定范围内公布应当遵守或周知的事项。

第二，事项轻重不同。公告是公布重要事项，通告是公布一般事项。通告的使用频率也比公告高。

第三，发布形式不同。公告主要采用登报、广播或电视形式发布；通告可以登报、张贴。

第四，制发单位不同。公告的发文机关级别高，一般由国家机关发布；通告的发文机关一般不受限制，党政机关、社会团体、企事业单位都可以发布通告。

2.5.4　通告的注意事项

(1) 要符合国家的方针政策，各项规定不得与宪法和方针政策相抵触。

(2) 语言要庄重严肃、通俗易懂、简洁明了，均忌含糊不清，难以理解。

(3) 要突出重点。明确规定"允许做什么和不允许做什么"，有关人员不得随意违反。

【案例2-6】告知性通告

××市供电局通告

二〇〇八年八月二十日

为方便群众监督、抵制以电权谋私的不正之风，××市供电局规定，凡从事营业、工程安装设计以及一切与用户有工作联系的职工均应佩戴员工证。员工证件上要有本人的照片、姓名、工作部门、编号。凡有不佩戴员工证而从事供电业务者，市民可视为非供电局人员。如发现供电局员工有侵犯用户利益的行为，欢迎直接向××市供电局举报。监督举报电话 ××××××。

【评析】

这是一篇告知性的通告，介绍通告的缘由，明确了通告的事项以及要求。最后还写了电话，欢迎大家监督。

【案例2-7】通告案例

关于加强市区犬类管理的通告

2003年2月25日 (××省告〔2003〕5号)

为了预防和控制狂犬病，保障人民群众人身安全、维护社会秩序、保证市区清洁卫

生，根据创建省卫生城市的标准要求和《××省犬类管理规定》(××省〔1992〕111 号)，经市政府研究，现就加强市区犬类管理工作通告如下：

一、从 2002 年 12 月 19 日起，严禁一切犬类在市区内大街小巷、公共场所走动，应依规定办理有关手续后，在室内圈(拴)养。

二、严格犬类的粪便管理，禁止犬类在室外拉粪便。

三、犬类咬人致死、致伤，除责令立即捕杀外，犬主要按有关规定承担相关责任。

四、要加强对饲养犬类的管理，凡发现犬类上街、到公共场所走动或乱拉犬粪的，公安等有关部门应按有关规定没收该犬或对犬主予以处罚。

××市人民政府

二〇〇三年二月二十五日

【评析】

这篇《通告》从文种的使用上是正确的，但从内容和形式方面看，还有提高的空间。

(1) 这篇通告内容还算比较丰富，但整篇段落合一的结构，不利于层次清楚、中心突出，修改时应考虑将缘由和事项分开，将事项的各点内容分段。

(2) 文中的缘由部分，"根据创建省卫生城市标准要求和《××省犬类管理规定》(××省〔1992〕111 号)""省卫生城市标准要求"是哪个机关提出的，应有明确清楚的交代。

(3) 第一条中"严禁一切犬类在市区内大街小巷、公共场所走动"，"公共场所"已包括"市区内大街小巷"，它们是从属概念，不能并列表述。第二条中"禁止犬类在室外拉粪便"，"室外"的概念过于宽泛，公共场所有室内外之分，私人宅院也有室内外之分，因此，"禁止在室外拉粪便"不易做到。

2.6　通　　知

通知是公务活动中最常用的一种公文。它传达上级机关指示，要求下级机关办理或者需要知道的事项，批转下级机关公文，转发上级机关和不相隶属机关的公文。

2.6.1　通知的种类

通知根据内容的不同，可分为以下几种。

1. 指示性通知

指示性通知是指上级机关对下级机关的某项工作下达指示，但其内容又不适于用命令或指示发布的。

2. 批示性通知

批示性通知又分批转和转发两种情况，两者区分的关键在于分清发文机关与被批转或转发公文机关的关系。如果把下级机关的公文加上批示性意见，要求其他有关下级参照执行，用批转。如果把上级机关或不相隶属机关的公文发给下级单位，用转发。因为对上级机关或不相隶属机关公文不能写批语"同意"或"不同意"。

3. 告知性通知

告知性通知是指告知有关单位需要周知的有关事宜。如成立或撤销机构，启用和更换印章，迁移办公地点等。

4. 会议通知

会议通知是指组织召开会议的机关向参加会议的单位行文，将会议召开的时间、地点、参加人员及会议内容等告知与会者。

5. 任免通知

任免通知是指上级机关任免下级机关的领导人或公布上级机关的有关任免事项时使用的一种公文。

6. 发布性通知

发布性通知是指把发文单位本身制定的规定、办法、细则等文书下发，要求下级知晓或遵照执行的通知。

2.6.2　通知的写作格式

通知由四部分组成。

第一部分是标题。标题由机关、事由和文种组成，简单的可只写"通知"二字。

第二部分是主送机关(受文对象)。

第三部分是正文。不同类型的通知，写法各有不同。

(1) 指示性通知由缘由、事项和结尾组成。讲清道理，明确任务，提出措施。

(2) 批示性通知由转发或批转是什么机关的公文和执行要求组成。

(3) 告知性通知由缘由和事项组成。

(4) 会议通知由时间、地点、人员、会议内容、会议要求组成。

(5) 任免通知由何级组织研究，决定任免何人的何职务组成。

(6) 发布性通知由发布法规的名称、实施时间等组成。

第四部分落款。落款注明发文机关和发文时间。

2.6.3　通知的注意事项

各种通知都必须写得符合实际，切实可行，应知、应办事情交代清楚，语气恳切庄重，文字要简练准确。

【案例2-8】指示性通知

关于制止滥发服装的通知

×××：

近来在一些地区、部门和单位用公款制发服装之风日益盛行，特别是一些工厂在赶制厂服、制装标准方面互相攀比，花钱很多。制发服装的费用，有的在职工福利基金中列

支，有的挤用生产发展基金，有的甚至乱摊、乱挤成本(费用)。这种滥发服装之风，如不加以制止，将造成不良后果。

我国经济建设需要大量资金，目前国家财政还有很大困难，所有的单位都要贯彻勤俭节约的原则。企业在经济改革中，首先要抓好发展生产，搞活经济，在提高经济效益的基础上改善职工生活。企业税后留利的使用，也要统筹兼顾、合理安排，把有限的资金主要用于企业的技术改造。为此，特作如下通知：

一、国家行政机关、事业单位，除经国家国务院批准统一制装的以外，一律不准用公款制作服装或者发放制装款。已经制作和发放的，制装款由个人负责；个人有困难的，可按原价的 80%购买。

二、需要全行业统一制作服装的，要经财政部审查后报经国务院批准。其他企业单位因特殊需要统一着装的，要经企业主管部门审查后，报同级财政部门批准。未经批准，不准动用公款制作服装。

三、企业已经制发服装的，其费用由个人负责 70%，其余只准在职工奖励基金中开支，并计入企业奖金发放总额之内，按规定征收资金税。服装制作费用，一律不准动用发展生产的基金，不准列入生产成本。

四、如有违反以上规定的，除按违反财经纪律论处外，还要根据情节轻重，给有关领导和直接责任人以纪律处分。

×××公司

二○○五年十月二十日

【评析】

这是一篇指示性通知，开头简单介绍为什么发通知，然后从四个方面明确解决问题的办法和措施，条理清晰，易于执行。

【案例 2-9】批示性通知

批转省公安厅关于我省农村人口迁入城镇落户情况报告的通知

×××：

省人民政府同意省公安厅《关于我省农村人口迁入城镇落户情况报告》，现批转给你们，请认真贯彻执行。

农村人口迁入城镇落户，是一项政策性很强的工作，是关系到全局和群众切身利益的大事。各级政府和有关部门要通观全局，把有限的"农转非"指标重点用于解决那些确需解决户口的人员入户问题。一些市、县不考虑本地的实际情况和承受能力，盲目地把大批农业人口转为非农业人口，是非常错误的，必须坚决纠正。今后，各地应严格执行规定，从严控制，不得自立法规，擅开口子，随意扩大"农转非"控制指标。

××省人民政府

一九八六年十二月十一日

【评析】

这是一篇转发性通知，正文很简单，写明了转发文件的作者和标题。应当注意的是，标题中的"转发"不能用"批转"，因为对上级机关和不同隶属机关的公文不存在"批

准"的问题，只可以"转发"。但后面要把转发的公文作为附件。

【案例2-10】告知性通知

<h2 style="text-align:center">迁居新址通知</h2>

××同志：

经研究并报请院领导批准，将×栋×号住房分配你使用。接到通知后，务请于××××年×月×日搬迁完毕。并注意以下事项：①调整住房人员，必须在规定时间内搬迁完毕，钥匙交总务处。原有建筑(含私人建筑)一律不准拆迁，待具体研究后，分别解决。②原住房内的一切设施，如电灯、电线、插座、门锁、门窗玻璃、纱窗等必须保证完整无损，否则视情节轻重分别处理，并赔偿一切经济损失。③在新迁住处，除总务处根据需要进行必要的修缮外，任何人不得擅自改门、挖窗、占用楼道等。

××学院总务处
××××年×月×日

【评析】

这是一篇告知性通知，首先介绍告知的原由，然后介绍告知的事项，表明搬入新居后的要求，以及对原住房设施的保护。

【案例2-11】会议通知

<h2 style="text-align:center">关于召开北京××投资有限公司第一届第三次董事会、监事会、企业（公司）经理述职扩大会议的通知</h2>

各企业(公司)：

根据北京××投资有限公司工作安排，决定于20××年5月25日下午13点在翠官招待所小报告厅召开北京××投资有限公司第一届第三次董事会、监事会、企业（公司）经理述职扩大会议。

一、述职会议参会人员

(一)北京投资有限公司董事会、监事会全体成员。

(二)北京投资有限公司全体人员。

(三)北京投资有限公司直属党支部委员。

(四)所属企业经理、副经理、主管会计。

(五)工会委员、各企业工会小组组长。

(六)企业董事会、监事会由石油大学(北京)在编职工出任的成员。

二、经理述职提交材料

(一)20××年度总结述职报告。(电子版)

(二)20××年度企业经营目标计划书。(电子版、纸制加盖公章)

(三)20××年度企业财务审计报告。(纸制原件)

(四)企业参会人员具体名单。(限三人)

　　请于 20××年 5 月 18 日前，将电子版、纸制材料(加盖公章) 上报北京××投资有限公司办公室。

北京××投资有限公司

20××年 5 月 10 日

【评析】

　　这是一篇会议通知，首先介绍会议召开的原因，然后明确了会议内容、准备文件、会议时间和会议地点，事项具体明确。

【案例 2-12】任免通知

<h3 align="center">关于×××等同志任免的通知</h3>

××市农业局：

　　根据 2002 年 5 月 5 日××会议研究决定，任命××同志为××市农业局局长，同时免去其××市林业局副局长职务。×××同志为××市农业局副局长。

　　特此通知。

【评析】

　　这是一篇任免性通知，介绍经研究任免人的姓名、职务即可，简单明了。

【案例 2-13】发布性通知

<h3 align="center">国务院关于发布《党政机关公文处理工作条例》的通知</h3>

国发〔2000〕23 号

各省、自治区、直辖市人民政府，国务院各部委、各直属机构：

　　现发布《党政机关公文处理工作条例》，自 2001 年 1 月 1 日起施行。1993 年 11 月 21 日国务院办公厅发布，1994 年 1 月 1 日起施行的《党政机关公文处理工作条例》同时废止。

国务院

二〇〇〇年八月二十四日

【评析】

　　这是一篇发布性通知，介绍发布法规的名称、施行的时间，并说明原有的法规同时废止。

【案例 2-14】通知案例

<h3 align="center">××市公共汽车总公司关于进行职业道德教育的通知</h3>

各部门：

　　今年一月以来，公司开展了一系列以职业道德为主题的活动，各部门纷纷行动起来，采取各种各样的形式开展这一活动，在公司上下掀起了"爱我岗位，全心全意为乘客服务"的热潮。通过学习，许多干部职工明确了职责，服务质量不断提高，受到了乘客的普

遍好评，收到良好的社会效益。但是仍然存在不少问题，有的乘务员对乘客态度冷漠，对他们的询问不理不睬；有的不按规定线路行车，给乘客带来很多不便。最近还发生了 111 号车乘务员王某殴打乘客的恶性事件，造成了极其恶劣的影响。这说明，当前进一步深入开展职业道德教育十分必要。现将有关材料发给你们，望组织职工认真学习，不断提高干部职工的职业道德水平。

××市公共汽车总公司工会

一九九九年九月一日

【评析】

这则通知属于布置性通知，其主要问题是没有抓住重点，可能致使下级不知如何贯彻执行。

作为布置性通知，不仅要让人知道为什么做、做什么，更应该说明怎样做。但本文对于通知的核心——"怎样做"基本上没有涉及，而将大量篇幅用在分析情况上。这虽然能在一定程度上说明"为什么做"，但没法使工作得以真正落实。因此，要将重点放在后半部分，即在"现将有关材料发给你们，望组织职工认真学习，不断提高干部职工的职业道德水平"这一事项部分。如说明学习的方式、时间安排、保证措施、检验学习效果的办法等，使人有章可循，便于贯彻执行。

2.7　通　　报

通报是用于表扬好人好事，批评错误，传达重要情况时使用的公文，主要有表彰、惩戒、告知等作用。

2.7.1　通报的种类

1. 表彰性通报

表彰性通报用于在一定范围内表扬好人好事，注重从典型事例中总结出有普遍意义的经验，用公文的形式宣传他们的思想和事迹，号召人们向先进人物学习。

2. 批评性通报

批评性通报用于在一定范围内处理错误、批评不良倾向。选择通报带倾向性而对工作造成严重后果的问题，引起大家警觉，避免发生类似错误。

3. 情况通报

情况通报用于传达重要情况，以引起人们的警觉和注意，对当前工作起指导作用。

2.7.2　通报的写作格式

通报由三个部分组成。

第一部分标题，由发文机关、事由和文种组成。

第二部分正文，不同内容的通报，写法各有不同。①表彰性通报的正文，介绍先进的事迹和经验，分析评价事迹(经验)的意义，作出表彰的决定，提出希望和要求。②批评性通报正文，介绍错误事实，分析根源和教训，作出处理的决定，提出希望和要求。③情况性通报正文，根据情况作出介绍和分析，表明发文者意见和要求。

第三部分落款，注明发文机关和日期。

2.7.3 通知与通报的区别

(1) 通知是通过安排具体事项，要求照此办理，其执行性、约束性较强；通报是通过典型事例，进行宣传教育或沟通信息，其宣传性、沟通性较强。

(2) 通知是事前发文告知事项，布置工作；通报是事后发文去教育人们，提高认识。

2.7.4 通报的注意事项

(1) 内容要典型，有针对性。一般的材料起不到教育群众、推动全局工作的作用。

(2) 坚持实事求是原则。表彰先进，批评错误，通报情况都应建立在事实的基础上，不得有半点不实或失误。

(3) 措辞要严谨，叙述要准确。涉及人和事的定性问题，不随意拔高或无限上纲，要恰当、中肯。

【案例 2-15】表彰性通报

××学院关于表彰×××同学拾金不昧的通报

我院×××系××专业××同学，于××××年×月×日在学院操场拾得人民币 4000元。虽然××同学家在农村，经济状况非常困难，但××同学不为重金所动，将拾到的款项如数交到学院学工处。××同学在金钱面前体现出的高尚品德，受到全院师生员工的广泛赞誉。

为表彰××同学拾金不昧的精神，本院决定奖励××同学 500 元奖金，并在全院通报表彰。

希望全院师生员工向××同学学习，树立良好的道德风尚，为两个文明建设作出应有的贡献。

×××学院
二〇一四年二月六日

【评析】

这是一篇表彰通报，第一段介绍了表彰人的事迹，第二段宣布了表彰的决定，第三段对全院师生发出了号召，起到了教育鼓励作用。

【案例2-16】

2023年2月份全市政府网站和政务新媒体监管情况的通报

各县、区人民政府，市政府各部门：

按照国家和省关于开展政府网站和政务新媒体监管检查的工作要求，根据《××市人民政府办公室关于印发××市政府网站与政务新媒体检查指标、监管工作年度考核指标的通知》(××办公〔2019〕1号)，市政府办公室对全市各级各类政府网站和政务新媒体工作开展情况进行了检查。现将2月份有关情况通报如下。

一、全市政府网站和政务新媒体监管情况

全市目前共有政府网站34家，全市在全国政务新媒体信息报送系统上登记的政务新媒体有149个。本月检查覆盖全市34个政府网站和149个政务新媒体，抽查比例为100%。其中，政府网站合格率100%；政务新媒体合格率100%。

(略)

二、下一步工作要求

(一)立即开展问题整改。各县区、各部门要对照通报中指出的问题，举一反三，对本县区、本部门政府网站和政务新媒体进行全面自查自改。

(二)严格落实主管职责。各县区、各部门应切实履行政府网站和政务新媒体主管责任，加强组织领导，明确工作机构，配齐配强专职工作人员，对信息发布、政策解读、办事服务、互动交流等工作，及时跟踪巡查，确保各级政府网站和政务新媒体高效有序运行。

(略)

请相关县区和市政府相关部门于3月16日前，将本次通报指出具体问题的整改情况经主要领导签字、盖章后通过传真报市政府办公室政务公开办。

××市人民政府办公室

2023年3月9日

附　××大学布告一份。(略)

【评析】

此情况通报依据清楚，通过数字对工作进行了总结，并对下一步工作进行了详细的安排。

【案例2-17】通报案例

关于徐××的通报

各系、处，室各班级：

我院97届/级计算机班学生徐××，2018年12月30日中午到学院饭堂吃饭的时候，看到排队打饭的人多，就要强行插队打饭。有同学劝他要遵守纪律时，他还大声说："关你屁事！"一位纠察队员走过来阻止他，他不管三七二十一，拿起搪瓷饭碗打在纠察队员头上，致使这位纠察队员头部受伤。徐××的行为引起了在场其他同学的公愤，有人甚至叫嚷要把他拉到派出所关押起来。

据查徐××平时学习也不够刻苦，上学期期末考试有一科成绩仅得 61 分。经学院领导研究决定，给予徐××记大过一次的处分。希望广大同学以此为戒，努力学习，争取在学年考试中取得好的成绩。

××职业技术学院

二〇一九年五月二十五日

【评析】

此文属于批评性通报。其作用主要在于宣传教育、提高认识，而不是布置工作，所以，对事实和情况除选择上要注意倾向性、典型性外，叙述要求更具体详细一些。此篇通报存在的问题如下。

(1) 这篇通报的主旨是要通过对徐××严重违纪伤人事件的处分，教育学生加强纪律性和道德品质的修养。但是其中却写了徐××平时学习不够刻苦的材料，这显然是不恰当的。如果徐××在平时也有违纪的错误行为，也只能作为背景材料简略写出。

(2) 缺少对徐××错误事实性质的评价，这既不利于主旨的鲜明突出，也不利于提高学生的思想认识。

(3) 提出希望部分的内容偏离主旨，偏离徐××违纪伤人事实意义的范围。如"希望广大同学以此为戒，努力学习，争取在学年考试中取得好的成绩"，实在是离题。

(4) 语言欠提炼。如"他还大声说：'关你屁事！'""他不管三七二十一"等，都比较粗俗，不符合公文语言的简练庄重。

(5) 标题的意义不够清楚，主要是事由不完整具体。

2.8 议　　案

议案是各级人民政府按照法律程序向同级人民代表大会或人民代表常务委员会提请审议事项的公文。

议案仅限于人民政府使用，其他组织和个人没有提出议案的权利。人民代表在人民代表大会期间，提出的建议不代表政府的意见，不属于行政公文中的范畴。

2.8.1 议案的种类

1. 立法议案

人民代表大会是国家权力机构。很多法律法规都由政府写出议案，提交人民代表大会或人大常委会审议通过后，予以确立。

2. 任免议案

国家机关主要领导人、国家驻外机构主要负责人的任免，由政府写出议案，提交人民代表大会或人大常委会审议决定。例如：《国务院关于提请审议×××等同志职务任免议案》《北京市人民政府关于提请审议××等同志职务任免的议案》等。

3. 重大事项议案

有些重大政治事项、重大问题，例如主权问题、民族问题、重大建设项目等，先由政府写议案，提交人民代表大会或人大常委会审议批准后才能实施。

2.8.2　议案的写作格式

议案由三部分组成。第一部分是标题，由发文机关、事由、文种组成。第二部分是正文，由提请审议批准的原因、目的、意义以及具体内容组成。第三部分是落款，由议案的提议人(包括职务)、时间组成。

2.8.3　议案、提案、建议的区别

议案是各级人民政府按照法律程序向同级人民代表大会或人民代表大会常务委员会提请审议的事项。提案是机关、团体、企事业单位的职代会、学代会、教代会等使用的文书。提出者、受理者、处理方式都与议案不同，不属于公文。建议是人民代表大会、政协会和各种代表会不规定人数提出的批评和建议。

2.8.4　议案的注意事项

(1) 议案有较强的政策性，写作时必须熟悉国家法律法规、方针政策，并以此为依据。

(2) 要一事一案，不能一事几案，或者一案几事。

(3) 内容要明白，理由要充分，办法要切实可行。

【案例2-18】立法议案

国务院关于提请审议《中华人民共和国劳动法(草案)》的议案

全国人民代表大会常务委员会:

为了适应建立社会主义市场经济体制的需要，推动劳动制度改革，保护劳动者的合法权益，确立、维护和发展用人单位与劳动者之间稳定和谐的劳动关系，促进经济发展和社会进步，劳动部会同有关部门草拟了《中华人民共和国劳动法(草案)》。这个草案已经国务院常务会议讨论通过，现提请审议。

国务院总理李鹏

一九九四年二月十八日

【评析】

这是一篇立法议案，简要地介绍了制定劳动法的目的、草拟本议案的做法，最后点明了国务院对此议案的态度以及要求。

2.9　请　　示

请示，是下级机关向上级机关或业务主管机关对某项工作或某件事情请求指示和批准时使用的公文。使用请示主要是针对有关方针政策、指示法令中有不了解的问题，本单位职能范围不能解决的问题，工作中发生比较重大的问题和原无规定难以处理的问题等。凡属本机关职权范围内，并已有既定的方针政策明确规定的问题，应当自行处理，可不必向上级请示。

2.9.1　请示的种类

根据目的、要求不同，请示可分为以下几种。

1. 请求指示的请示

对上级颁发的法律法令、方针政策、规定和指示精神中有不了解、有疑问，或不理解的，需要上级机关解释和进一步明确的；对工作中发生的重大问题，本机关无权解决的，可以请求指示。

2. 请求批准的请示

请求批准的请示即根据自己的工作安排急需办理，但又需上级批准后才能办理的事宜，多用于重大决定和重大决策。

3. 请求批转性请示

请求批转性请示是指带有普遍性、全面性、涉及范围广泛的问题，需要上级机关批转，发至相关单位贯彻执行。

2.9.2　请示的写作格式

请示由四个部分组成。

第一部分是标题，由事由和文种组成，也可以由作者、事由和文种组成。

第二部分是受文机关。

第三部分是正文，由请示事由、请示事项、请示要求三部分组成。

(1) 事由。简明扼要地提出问题的背景和依据，结合实际写清请示事项的重要性和必要性，引起上级的重视，便于及时批复。

(2) 事项。事项指请求上级机关批准、帮助、解答的具体事项。事项要写得具体、明白，符合实际。

(3) 要求也叫结尾语。另起一行，根据上文内容"当否，请批示""以上意见当否，请批示""以上请示，请批复"等表示询问的要求。

第四部分是签署和印章，在正文后写明请示的作者和成文时间。如果标题有机关名称，可以省略请示的作者。

2.9.3 请示的注意事项

(1) 请示是亟待解决的问题，所以情况要真实，理由要充分，解决问题的办法要切实可行。

(2) 每份请示，应明确一个主送单位或主管领导人，不要搞多头请示或越级请示。受多头领导的单位要根据请示的内容和上级机关的工作侧重面，采取向一个主管上级主送、向另一个上级机关抄送的形式。

(3) 请示的内容必须集中、明确。坚持一文一事、专文报送，以便领导研究批复。

(4) 讲究行文方式，请示一般不能越级。因特殊情况必须越级请示时，应抄送被越过的上级机关。平行机关、不相隶属机关之间，不能用请示。

【案例2-19】请求指示的指示

关于设立政务公开科的请示

市机构编制管理委员会:

推行政务公开和政府信息公开，是落实依法治国基本方略，推进依法行政，建设法治政府的重要举措。自中共中央办公厅《政务公开条例》、国务院办公厅《政府信息公开条例》颁布实施以来，我市高度重视，积极行动，及时成立了××市政务公开工作领导小组，办公室设在市监察局，专门负责协调落实政务公开、政府信息公开工作，取得了积极成效。但由于受机构改革和市、区合署办公、部门职能交叉等因素的影响，致使政务公开、政府信息公开工作运行不规范、公开不全面、不彻底，与打造法治型政府、服务型政府和廉洁型政府的要求还有很大差距。

为落实中纪委、自治区纪委"三转"会议精神，市纪委于 5 月上旬召开相关会议，将政务公开、政府信息公开工作职能职责移交我办管理。在本轮机构改革中，自治区编委批准成立了市政府直属正处级事业单位——市政务服务中心(公共资源交易中心)，将原属我办管理的政务服务中心(正科级事业单位)人员及编制全部划归其管理。加之，政府门户网站、舆情信息发布、监管等职能又归市委宣传部(网信办)管理，造成政务公开、政府信息公开工作运行体系不完善、不顺畅，影响了工作的顺利开展、考核验收。

为进一步理顺工作，按照中央办公厅《政务公开条例》和国务院办公厅《政府信息公开条例》要求以及纪委"三转"会议精神，政务公开、政府信息公开由各级政府办公室负责，指定专人履行相关职责，确保政务公开、政府信息公开工作的连续性和有效性，请求市机构编制管理委员会在我办增设政务公开科(市政务公开领导小组办公室)，增加行政编制 3 名(其中配置科长 1 名，副科长 1 名，工作人员 1 名)。

特此请示，请批示。

××× 人民政府办公室

二〇一五年五月十八日

【评析】

这是一篇政府请求设立机构的请示，首先介绍了此请示的相关政策依据及该机构设立的目的，同时也介绍了设立该机构的原因、目前存在的问题，最后介绍了该机构的具体职责及编制情况。该文文字清楚、理由充分、极易得到上级批准。

【案例 2-20】请求批准的指示

××市第二商业局关于增设地下消火栓需要资金的请示

××字〔2009〕×号

省商业厅：

××市食品公司××冷库，系地区重点仓库厂区建筑面积 1.2 万平方米(其中冷库 0.9 万平方米，蛋库 0.3 万平方米)，贮存物资近××××吨，价值×××万元。多年来厂区防火设施比较简陋，除简易防火工具外，仅有消火栓 1 处因年久失修，水压低，达不到喷射要求，一旦发生事故后果不堪设想。虽然省市防火部门多次检查、提出建议，但因缺少资金一直没有按重点库区建设。为确保库区安全生产，做到常备无患，急需修建地下防火栓 4 处(饲养场 1 处，肉联厂、冷库之间 2 处，蛋禽厂、蛋库之间 1 处)，需要拨款 4.4 万元(计划附后)。

妥否，请审查批示。

××市第二商业局

二〇〇九年十一月十八日

【评析】

这是一篇请求批准的请示，首先介绍了请示上级拨款修建冷库地下防火栓的充足理由，接着提出建几处防火栓需要拨款的金额，还有附件说明具体计划。这样明确的请示便于领导审批。

【案例 2-21】请示案例

关于增拨办税大厅基建经费的请示

××省人民政府、××省长：

2005 年 11 月，我局派出调查组到××市国税局学习考察其办税大厅的建设情况。调查组认为办税大厅功能较齐全、适宜税收征管模式的改革、方便纳税人缴纳税款，为此我局于 2006 年决定建办税大厅，并得到省人民政府的支持，在×府〔2006〕×号文"关于拨款修建办税大厅的批复"中，拨给我局××万元，此项资金已专款专用。

但由于建筑材料涨价，原预算资金缺口较大，恳请省人民政府拨给不足部分，否则将影响办税大厅的竣工及我省税收任务的完成。

特此请示报告。

××省地方税务局

二〇〇九年十月十日

【评析】

(1) 请示缘由不充分。文中把为什么要建"办税大厅"的理由替代了增拨经费的理由和依据，再加上无准确的数据说明事实，便更加显得增拨经费的理由空泛。

(2) 请示事项不明确。文中"恳请省人民政府拨给不足部分"，没有列出具体多少金额，上级机关也难以作出批示。

(3) "主送机关"部分，违背了请示"只写一个主送机关"和"不得直接送领导者个人"的规则。

(4) "结束语"不恰当，应改为"以上请求，恳请批准"。"请示报告"的说法也不妥当，应把"报告"删去。

2.10 批 复

批复是上级机关答复下级机关请示事项时使用的文种。批复内容有很强的针对性，并依赖于请示而存在。批复与其他下行文一样，它的答复和指示下级必须遵照执行。

2.10.1 批复的种类

1. 请求指示的批复

它用于涉及方针政策、法规规章不够明确的情况，工作中新情况、新问题无章可循的状况。

2. 请求批准的批复

它用于涉及本地区、本单位某一具体问题和实际困难，按政策不经请示批准，无权处理的情况。

3. 转发性批复

转发性批复是对请示事项相关单位的一并批复。其中包含着一定的指示性意见，具有指导意见，可以同时下发所属的各有关下属机关。

2.10.2 批复的写作格式

批复由三部分组成。

第一部分是标题，由发文机关、事由和文种组成。

第二部分是正文，由批复根据、批复意见和批复希望组成。批复根据引用请示的发文字号和文种，必要时也可简单引述来函中的请示事项。批复意见是针对请示所提的问题表明态度，作出答复。如同意，就明确表示"同意"；如不同意，则要说明理由，并作出如何处理指示。批复结尾，一般以"此复""特此批复"作结束，也可以不写。

第三部分落款，写明批复机关、日期。

2.10.3 批复的注意事项

(1) 为提高工作效率，请示无论同意还是不同意，都要及时复文。

(2) 批复的内容是下级必须执行的，观点应当鲜明、态度要求明确。涉及其他单位时，还需与有关单位会稿。

(3) 复文注意针对性，只答复请示的事项，做到一请示一批复。与此无关的不要涉及。

【案例 2-22】请求指示的批复

国务院关于同意设立中国（海南）自由贸易试验区的批复

国函〔2018〕119 号

海南省人民政府、商务部：

你们关于设立中国(海南)自由贸易试验区的请示收悉。现批复如下：

一、同意设立中国(海南)自由贸易试验区。

二、中国(海南)自由贸易试验区实施范围为海南岛全岛。相关土地、海域开发利用要严格遵守国家法律法规和海南省"多规合一"总体规划，并符合节约集约用地用海的有关要求。涉及无居民海岛的，要严格按照《中华人民共和国海岛保护法》等有关规定办理。

三、中国(海南)自由贸易试验区内的海关特殊监管区域的实施范围和税收政策适用范围维持不变。

四、海南省人民政府、商务部要会同有关部门做好《中国(海南)自由贸易试验区总体方案》的组织实施工作。

国务院

二〇一八年九月二十四日

(资料来源：国务院.国务院关于同意设立中国(海南)自由贸易试验区的批复[EB /OL].(2018-10-16)

[2023-08-25]. https://www.gov.cn/zhengce/content/2018-10/16/content_5331181.htm)

【评析】

这是一篇请求指示的批复。第一段表示请示收悉，第二段至第五段是针对请示的主要内容提出指示性意见和要求，使人一目了然。

【案例 2-23】请求批准的批复

省商业厅关于同意拨款修建地下消火栓的批复

××字〔2009〕×号

××市××局：

你处《关于增设地下消火栓需要资金的请示》[××字〔2009〕×号]已悉，经研究批复如下。

同意你处在仓库库区范围内修建四处地下消火栓，有关手续请尽快与消防部门联系办理。拨款 3 万元作为你处修建消火栓专项包干用款，要求专款专用，不得挪作他用，不足部分请自筹解决。

××省商业厅

二○○九年十二月十日

【评析】

这是一篇具有批准性质的批复，先引用请示的事项、字号和文种，然后针对请示的问题表明态度，并提出具体要求。

【案例 2-24】请示批准的批复

国务院关于同意设立中韩产业园的批复

××字〔2017〕×号

江苏省、山东省、广东省人民政府，商务部：

你们关于与韩国共同建设中韩产业园的请示收悉。现批复如下：

一、同意在江苏省盐城市设立中韩(盐城)产业园，在山东省烟台市设立中韩(烟台)产业园，在广东省惠州市设立中韩(惠州)产业园。上述 3 个产业园依托现有经济技术开发区、高新技术产业开发区建设，具体实施方案分别由所在地省级人民政府制定。

二、中韩产业园建设要全面贯彻党的十九大精神，以习近平新时代中国特色社会主义思想为指导，深入贯彻落实党中央、国务院决策部署，统筹推进"五位一体"总体布局和协调推进"四个全面"战略布局，坚持以人民为中心的发展思想，认真落实创新、协调、绿色、开放、共享的发展理念，以深化改革、扩大开放为动力，充分发挥对韩合作综合优势，打造中韩地方经济合作和高端产业合作的新高地。要积极落实中韩自贸协定有关规定，加快复制推广上海等自贸试验区改革试点经验，努力把中韩产业园建设成为深化供给侧结构性改革、加快建设创新型国家、推动形成全面开放新格局的示范区，中韩对接发展战略、共建"一带一路"、深化贸易和投资合作的先行区。

三、江苏省、山东省、广东省人民政府要切实加强组织领导，健全机制，明确分工，落实责任，扎实有序推进中韩产业园建设发展。要尽快制定、完善具体实施方案并抓好组织实施。中韩产业园建设应符合土地利用总体规划、城市总体规划等规划，涉及的重大政策和建设项目按程序报批。

四、商务部要会同有关部门按照职能分工，加强统筹协调和指导督促，注重总结经验，在体制创新和政策实施等方面给予积极支持，为中韩产业园建设发展营造良好环境。重大问题及时向国务院报告。

国务院

2017 年 12 月 11 日

(资料来源：国务院.国务院关于同意设立中韩产业园的批复[EB /OL].(2017-12-15)[2023-08-25].
https://www.gov.cn/zhengce/content/2017-12/15/content_5247404.htm)

【评析】

此请示批准的批复标题规范，表述严密，批复意见明确，语言简洁，格式规范。

【案例 2-25】批复案例

关于修建新办公楼请示的批复

××厂：

有关请示已悉，关于修建新办公楼一事，经研究，还是以不建为宜。

此复。

××公司

二〇二三年五月五日

【评析】

这篇批复的主要问题如下。

(1) 发文缘由交代不清。文中首句"有关请示已悉"，究竟是有关什么问题的请示，没有说清楚，也没有引述来文的发文字号、标题等，缺乏明确的发文依据，直接影响批复的效力。

(2) 态度含糊不清。文中提出"还是以不建为宜"，语气不坚决、不明确，使人以为还有进一步讨价还价的机会，从而影响执行的态度，有损公文的庄重性和严肃性。

(3) 缺乏对所持意见的说明。对于不同意修建新办公楼这一事项，应说明其依据和理由。

2.11　报　　告

报告是下级机关向上级机关汇报工作、反映情况、答复上级机关询问和要求的公文。报告是上级制定方针政策、指导工作的主要依据之一，也是下级机关及时反映情况取得上级对工作支持、指导的重要途径之一。报告除党政权力机构外，其他各级机关、团体都普遍使用。

2.11.1　报告的种类

报告有多种类型，根据其内容、作用可分为以下四种。

1. 工作报告

工作报告是向上级机关或领导人汇报工作。其特点是有情况、有问题、有开展工作的意见。

2. 情况报告

情况报告是以汇报各项重大活动中的动态，反映真实情况为主。

3. 报送报告

报送报告是向上级机关报送文件、物件的报告，只需简要说明有关情况便可。

4. 回复报告

回复报告是下级机关答复上级机关提出询问的报告。

2.11.2　报告的写作格式

报告由四个部分组成。

第一部分是标题，由作者、事由、文种三部分组成。

第二部分是主送机关、接受报告的领导机关。

第三部分是正文，不同内容的报告，写法各有不同。工作报告由工作情况、取得的经验和教训、下一步的计划组成；情况报告由时间、地点、人物、事件、经过、后果、查明原因和采取措施组成；报送报告由所送物件名称、数量组成；回复报告由答复依据和答复事项两部分组成，依据指要求回答的问题，事项指答复的意见或处理的结果。

第四部分是落款，写明报告单位或个人名称，并注明日期。

2.11.3　报告的注意事项

(1) 报告的内容要真实可靠，实事求是。起草报告，要深入调查研究，无论是成绩还是问题、经验还是教训，都必须忠实于事实。

(2) 文字精练，用词准确，行文要简洁，汇报和反映的问题要直截了当。

(3) 不要把报告与请示混淆在一起。凡属请示性，上级机关必须批复回答的问题，不应写报告文体。

2.11.4　请示与报告的联系和区别

(1) 请示与报告都是向上级机关反映情况，陈述意见的上行文。

(2) 两者目的、作用不同，请示旨在请示上级批准指示，需要上级批复，重在呈请。报告则在向上级汇报工作、反映情况或答复上级询问，不需要上级答复，重在呈报。

(3) 行文时限不同。请示需要事先行文，等上级机关批复后才能处理实施，报告一般事后或者工作过程中行文。请示希望上级机关迅速批复，以便尽快解决问题、开展工作，而报告的时间要求不是很严格，多属阅件，可以不作答复。

【案例2-26】工作报告

20××年教育教学工作报告

尊敬的领导：

上午好，今日我在这里向大家作上一年工作报告。

用四个字来形容了自己一年来的工作状态——砺学砺行：学是学习，行是实践，在不断的磨砺中学习与实践。一年之前，作为新教师入职技校，初来乍到，需要在学习中锤炼自己，在教学实践中磨砺成长。

上一学年，我不仅仅担任了日常的教学工作，还承担了部分校融媒体工作室的学生管理、校公众号修改以及其他工作室日常管理工作。教育教学方面，我努力从"钻研教学资料，提升本事""研究教学方法，理清教学思路""为人师表，引导学生"三个方面提升自己。

一、钻研教学资料，提升本事

我大学专业学的是动画，但在学校承担了一门计算机课，看上去二者之间没有什么区别，可是真正深入到这门课程之后才发现区别还是很大。对于教学资料，从题目上来看觉得之前都有涉及过，可是细看具体资料，却都陌生。对此，这一年来，我每次备课都比写一篇毕业论文还要困难和仔细，阅读资料，收集案例，查找有用的图片。其实我看过的资料大部分都不能直接运用在教学中，但对我扩展背景知识，提升自己的理论素养十分有用。我的课时不多，可是却每一天都很忙，因为我必须要学习、思考。在刚开始上课的那年我给自己的要求是必须要把基础打好。经过一年努力，我觉得还是有收获的，尤其是看到学生有时候会说教师讲得很仔细，我感觉这是给我的肯定。

二、研究教学方法，理清教学思路

在教学过程中，我首先摆正心态，平等对待每一个学生，我告诉自己，虽然他们的基础参差不齐，可是哪个班上没有成绩相对好一点或者差一点的学生，哪个班上没有学习态度相对认真些或者不认真地学生呢？尽管目前我的教学方法还存在不足，不过我的目标就是让想学习的同学都能真正地学到东西。我重视他们对于知识的掌握，为此，我也不断地扩充自己的知识。我还对于课件的制作特别用心，因为电子课件直接影响到学生在课堂上的注意力。我还有很多需要改善和向其他教师学习的东西。在教学思路上，我更注重培养他们的自学本事和思考习惯。经过教学，我发现这门课不像大家认为的那样难掌握。对此，我准备迎难而上。

三、为人师表，引导学生

从执教的第一天起，我就要求自己的举止行为规范，因为为人师表、一言一行都能影响着一批学生。在教学活动中，我把热爱学生放在第一位，有了这种心境，师生之间就能处于一种和谐的状态。热爱学生包括尊重信任学生、关心爱护学生，只要是我的学生，无论成绩好坏，我都一视同仁。对于需要帮忙的学生，我都以满腔热忱尽力帮忙他们。虽然我不担任班主任的工作，也和一些学生坚持密切联系，期望能够帮忙他们了解自己，看到自己的价值，并且鼓励他们朝着人生的梦想进发。人的感情是相互的，教师的真诚学生是能感受到的。尽到教书育人的职责，光有知识是不够的，我的大学教师要求我们记住的第一句话就是"厚德载物"，我要将这样的心境，永久坚持下去。

对于教育教学工作的体会。正如我题目所说的砺学砺行。学，不仅仅要向师傅、前辈学习备课的方法、上课的语言；行，要不断上课。然而更重要的是学与行的结合，在我所任教的设计课中，起初学生对于临摹作业十分感兴趣，作业完成效果很棒，直到学期中期

我才发现，当我布置拓展性作业之后，学生对于之前所学的资料几乎全部忘记，之后我做出了调整，用更新颖、奇特的方式加深学生把理论知识转换为实践的过程。所以，应对不一样班级的学生以及不一样阶段的学生，我们应当在向学生"学"的同时不断调整教育教学方法"与时俱进"

最终，对于未来的工作作出展望。

一年时间，转瞬即逝，在磨砺中有学习、有思考、有提高。教育教学工作是一条漫长无比的道路，未来还需要我去坚持、奋斗，带着师傅和前辈的谆谆教诲，在教育的路上有为前行。

×××

20××年×月×日

【评析】

这是一篇教师关于教育教学方面的年度工作报告，报告按照三部分展开：第一部分先整体总结工作状态、工作内容及三个提升方面，第二部分逐一具体介绍三个提升方面"钻研教学资料，提升本事""研究教学方法，理清教学思路""为人师表，引导学生"，第三部分表述了教师对教育教学的体会和展望。整篇报告具有很强的指导或参考价值。

【案例2-27】情况报告

××市贸易局关于百货大楼重大火灾事故的报告

省贸易厅：

2005年6月4日凌晨2时40分，我市××区百货大楼发生重大火灾，经过两个多小时的扑救，于5时明火全部扑灭。该大楼二层楼经营的商品以及柜台、货架、门窗等全部烧毁，直接经济损失达50万元。造成此次重大火灾的直接原因，是二楼一个体裁剪户经二楼经理同意从总闸自接线路，夜间没断电导致电线起火。

这次火灾的发生暴露了该大楼领导对安全管理工作极不重视、内部管理混乱、安全制度不健全，违章作业严重等问题，因而造成了惨重的经济损失，教训十分深刻。

火灾发生后，市政府、市贸易局十分重视，二次派人员到事故现场进行调查，并对事故进行认真处理，责令该百货大楼二楼经理刘××停职检查，个体裁剪户李××罚款×××元，并听候进一步处理。

今后，我们要吸取教训，切实加强对安全工作的领导，尤其加强对零售企业的安全管理，及时消除各种不安全的因素和隐患，为企业创造良好的经营环境。

××市贸易局(印章)

二〇〇五年六月十二日

【评析】

这是一篇情况报告。第一段介绍了火灾情况(包括时间、地点、情节、损失和当事人等)，第二段总结了事故教训，第三段作出处理结果，第四段表明吸取教训的态度。

【案例 2-28】报送报告

送文报告

××学院关于报送《2003—2004学年工作安排》的报告

××省农业厅：

　　我院 2003—2004 学年全面工作安排已经院务会议讨论通过现随文送上五份，请指正。

×××学院

二〇〇三年八月一日

送物报告

××学院关于报送《教职员工为××地区受灾捐款、捐物》的报告

××省××厅工会：

　　我院教职工为××地区受洪水灾害的群众捐款、捐物，已全部送来 捐款人民币贰万伍仟元；捐物棉衣20件，单衣18件，请查收。

××学院工会

××××年××月××日

【评析】

　　这是两篇有关送文、送物的报告，内容简洁，介绍送文件或物品的内容数量便可。

【案例 2-29】回复报告

关于我单位××同志工龄情况的回复报告

××市人民政府办公厅：

　　接到你们 4 月 8 日对我单位××同志有关工龄情况的查询，我们立即对此事进行了调查，现将有关情况汇报如下。

　　××同志是我单位技术人员，该同志于××××年×月至××××年×月在我省农学院读书，后因"文革"原因，毕业证推迟一年发放，工龄一直少写一年，现退休工资相差一个档次，该同志向你处提出申诉。

　　接到你处查询后，我们专程派人前往省农学院调查取证，学院出具了该同志当年毕业班花名册，证明延期发放毕业证是历史造成的，经核实实际参加工作时间应该提前一年，现在我单位已按实际年限认可其工龄并向该同志说明，他本人表示满意。

　　特此报告。

××××年×月×日

【评析】

　　这是一篇回复报告。第一段介绍回复的依据，根据上级来函询问××同志工龄情况的

答复。第二段至第三段针对问题将核实处理的结果进行回复。

【案例2-30】报告案例

关于××高速公路塌方事故的报告

××市建设委员会:

1997 年×月×日,××高速公路××路段发生塌方事故,造成一定的伤亡后果。事故发生前,桥面上分散有 22 名工人,已浇铸了近 200 立方的混凝土,而且违章施工,按照施工程序应分两次浇铸的混凝土却一次浇铸,估计事故原因是桥面负荷过重。事故发生后,近 200 名消防队员、工地工人、公安干警赶到现场紧急抢救,抢救时间持续近 28 小时。据查,该工程承建商是××市市政总公司第一分公司。

特此报告。

××市政工程总公司
一九九七年×月×日

【评析】

(1) 内容安排杂乱。作为情况报告,应先介绍事情的经过和结果,然后说明原因和处理意见及其他情况。

(2) 事实和情况不清。文中"造成一定的伤亡后果",应对"伤""亡"以及经济损失作出具体交代。

(3) 事故发生的原因和责任人不明确。文中"估计事故原因是桥面负荷过重"。怎样"过重"?为什么会"过重"?是谁造成的?这么严肃的问题,怎么可用"估计"来塞责呢?制文者缺少责任心。

(4) 缺少处理意见。善后工作,对责任人的处理都没有涉及。

2.12 意 见

意见是对重要问题提出见解和处理办法。

意见作为上行文,向上级提出意见,应按请示性公文的程序和要求办理;作为下行文,向下级发出指示,应提出明确的要求或看法,下级应遵照执行;作为平行文,不相隶属机关之间交换意见,提出的意见仅供对方参考。

2.12.1 意见的种类

1. 指导性意见

指导性意见是用于上级机关对下级机关开展某项工作提出原则、方法、要求,下级机关必须依照执行。

2. 建议性意见

建议性意见是下级机关对重大问题提出建议，希望得到上级机关的认可或予以批转。

2.12.2　意见的写作格式

意见由三部分组成。

第一部分是标题，由发文机关、事由、文种组成，也可由事由、文种组成。

第二部分是正文。

(1) 开头说明行文缘由，为了达到目的，特提出以下意见。

(2) 主体表明对某项问题的见解和处理办法。

(3) 要求执行的意见，应该明确要求、原则、措施和职责。

(4) 结尾提出号召和希望。

第三部分是落款，注明发文机关、日期。

2.12.3　意见的注意事项

(1) 看法要明确，既能上下保持一致，又要有一定的深度，指导性、政策性要强。

(2) 办法要具体，必须切合实际，有足够的事实根据，切实具体，具有可操作性。

【案例 2-31】指导性意见

关于加强学校卫生防疫与食品卫生安全工作的意见

做好学校卫生防疫与食品卫生安全工作，对保障青少年学生的身体健康和生命安全、保持学校正常的教学秩序、维护社会的稳定意义重大。各级政府和教育、卫生等部门在学校卫生防疫与食品卫生安全方面做了大量的工作，取得了一定的成绩。但是，近期在学校发生的传染病流行和食物中毒事件数量有所增加，一些地区和学校不重视卫生防疫与食品卫生安全工作，工作机制不健全，工作措施不落实，学校特别是农村学校卫生基础设施条件落后等，是发生上述事件的重要原因。

为切实保障学校师生的身体健康和生命安全，现就加强学校卫生防疫与食品卫生安全工作提出如下意见。

一、提高认识，加强领导。做好学校卫生防疫和食品卫生安全工作，是各级人民政府、各有关部门和学校的共同责任。要从保障青少年学生身体健康和生命安全、保证学校正常教学秩序、维护社会稳定大局的高度，充分认识这项工作的重要性、紧迫性和长期性，要以极端负责的态度，采取切实有效的措施，把这项工作扎扎实实地抓紧抓好，抓出成效。地方各级人民政府主要领导和分管教育、卫生工作的领导要切实负起领导责任，关心学校卫生防疫和食品卫生安全工作，协调解决有关重大问题。各级教育行政部门和学校要成立由一把手负总责的学校卫生防疫与食品卫生安全工作领导小组，全面负责学校卫生防疫与食品卫生安全工作，各级卫生行政部门要把学校卫生防疫与食品卫生安全工作作为卫生部门的一项重要工作，给予密切配合和指导。

二、明确职责，健全机制。建立健全学校卫生防疫与食品卫生安全工作责任制，将学校卫生防疫与食品卫生安全工作的责任分解落实到部门和具体责任人。各级教育、卫生行政部门要逐级签订学校卫生防疫与食品卫生安全工作责任状，教育行政部门要与学校签订卫生防疫与食品卫生安全工作责任状，要借鉴非典型性肺炎防治工作中形成的工作机制建立学校卫生防疫与食品卫生安全工作长效机制。各级教育、卫生行政部门和学校要结合各地区、各学校的实际，按照《突发公共卫生事件应急条例》的要求，共同研究制定学校传染病流行、群体性食物中毒等突发事件的应急处理工作预案，要将学校卫生防疫与食品卫生安全应急处理工作纳入突发公共卫生事件应急处理体系之中。

三、加强预防控制，严格学校管理。各级教育、卫生行政部门要指导学校大力开展爱国卫生运动，增强师生的公共卫生和食品卫生安全意识，促使师生养成良好的卫生习惯、提高自我防范的能力。要加强安全、卫生教育，将公共卫生和食品卫生安全教育贯穿在日常教育之中，结合季节性、突发性传染病及食物中毒的预防，安排必要的课时进行相应的健康教育，使防病防疫知识深入人心。要督促师生加强体育锻炼，不断增强体质，增强防病抗病的能力。严格学校特别是寄宿制学校的防疫与食品卫生安全管理，学校要严格执行有关法律与规章，加强食堂卫生管理，坚持每天清洁扫除，保持食堂环境卫生清洁；加强安全保卫，禁止非食堂工作人员随意进入食堂加工操作间及食品原料存放间，严防发生投毒事件；加强学校生活饮用水水源的管理，防止水源污染造成疫病传播；加强厕所卫生管理，做好粪便的无害化处理，防止污染环境和水源；加强学生宿舍的卫生管理与安全保卫，改善学生的宿舍卫生与通风条件。各学校要明确责任人，切实落实各项卫生防疫与食品卫生安全措施。建立学生定期健康体检制度，及时发现传染病患者并采取相应的隔离防范措施，及时切断传染病在学校的传播途径，各级人民政府要协调有关部门，妥善解决学生健康体检费用问题，学校要按要求，联系医疗或卫生保健机构定期对学生进行健康体检。学校发生食物中毒或者疑似食物中毒事件，应当及时报告当地卫生行政部门和教育行政部门。学校发生传染病流行，必须立即报告当地卫生疾病控制机构和教育行政部门，有关部门接报后要按照《中华人民共和国传染病防治法》和《突发公共卫生事件应急条例》的规定，立即上报学校。在食物中毒或传染病流行事件得到控制后，要将该事件的详细情况和处理结果向上级主管部门报告。

四、加强监督检查，严格责任追究。加强对学校卫生防疫与食品卫生安全工作的监督检查。各级教育督导部门要将学校卫生防疫与食品卫生安全的有关职责落实情况纳入对中小学的综合评估体系之中，并根据工作要求开展专项督导检查。省级卫生、教育行政部门每年至少安排一至两次专项检查。县级卫生、教育行政部门每学期至少安排一至两次专项检查，相关部门管理人员要经常深入学校(包括教学点)对卫生防疫与食品卫生安全措施落实情况进行巡查，对于发现的问题要及时提出整改措施。每个学校每学期至少接受一次巡查(包括专项检查或督导检查)学校要经常性地对食堂、教学环境与生活设施进行自查，以便及早发现问题，把不安全因素消灭在萌芽状态。专项检查或督导检查结果要及时报告上级主管部门，并予以公布。对落实卫生防疫与食品卫生安全措施不力，导致学校发生传染病流行或食物中毒事件，对学生身体健康和生命安全造成严重危害，以及在发生传染病流

行或食物中毒事件后不及时报告或隐瞒不报的，要依法查处直接责任人，并追究有关领导的领导责任。

五、加大投入，切实改善学校卫生设施与条件。各级人民政府要加大经费投入，切实改善学校卫生基础设施和条件，在学校规划、建设和危房改造过程中统筹考虑食堂、宿舍、厕所设施和条件的改善，每年必须安排相应的专项经费改善学校食堂、宿舍、厕所等卫生设施条件。教育行政部门和学校也要安排相应的专项经费，改善学校卫生基础设施和条件。地方教育行政部门每年要安排学生饮水的专项经费，学校要为学生提供足够的符合卫生标准的饮用水和必要的洗手设施。各级教育行政部门必须将学校食堂、宿舍、厕所设施及学校卫生基础设施作为义务教育达标验收、示范高中达标验收的重要内容，予以统筹考虑，要及时对存在安全事故隐患的教学、生活设施进行整改，消除事故隐患。

【评析】

这是一篇指导性意见。第一段简要说明了学校卫生防疫与食堂卫生安全的意义、近期出现问题的原因，为达到目的，提出以下意见。第二段至第六段对问题提出意见和办法，既有对问题的认识和看法，也有解决问题的措施和办法。

【案例 2-32】病例

关于严格控制以政府名义主办(或举办)经营性活动的意见

××市人民政府：

近年来，单位或部门以政府名义主办(或举办)的大型经营性活动越来越多，这些活动有些由于这种或那种原因引起经济纠纷，在对这些纠纷进行司法处理时，法院又追加政府为民事被告，这不仅使政府承担不必要的法律责任，也使政府的形象和声誉受到严重损害。为防止此类事件再发生，我们认为经营性活动原则上不要以政府的名义主办(或举办)，如果确有必要以政府名义主办(或举办)的，一定要严格控制。为此，我们提出如下意见。

一、将政府行为和商业行为分开。

二、严格审批。以市政府名义主办(或举办)的经营性活动一定要经市政府领导审批同意。

三、对外宣传的内容必须合法真实，以上意见供参考。

××市人民政府法制局
二〇〇四年八月十日

【评析】

(1) 针对性不够明确。文中 "以政府名义主办(或举办)的大型经营性活动，在有关经济纠纷中，政府被法院追加为民事被告"。是什么"经营活动"引起的，是把谁追加为民事被告没有说清楚。

(2) 理由根据空泛，办法措施不实在。文中提出 "政府行为和商业行为分开，严格审批；宣传的内容必须合法真实"。具体如何操作没有充分的理由和措施。

(3) 从"意见"强烈的现实意义看，修改时应将"供参考"意见，改为"请求批转执行"，以利于领导批示。

2.13　函

函适用于不相隶属机关之间商洽工作，询问和答复问题，请求批准和答复审批事项。

2.13.1　函的种类

函从格式上分，有公函和便函两种。

1. 公函

公函是一种正式公文，需要编发文号，拟写标题，使用公文用纸，加盖公章，用于联系工作，询问、答复或通知某些问题。

2. 便函

便函是一种简便的信函，不需编发文号，不标文件名称。公文格式、用纸都比较随便。

2.13.2　函的写作格式

函由三部分组成。第一部分是标题，由发文机关、事由、文种组成，有时也可省略发文机关，只写事由和文种。第二部分是正文，开头写受文单位，主体简明扼要地把缘由、事项、要求写出来。如是复函，应写明针对来函的时间、问题、本单位的意见和理由。结尾，去函常用"以上意见，请予函复""请函复为感"；复函常用"特此函复""此复"等结尾。第三部分落款，注明发函单位名称和日期。

2.13.3　函的注意事项

(1) 文种正确，不相隶属的机关行文请求或回复需要批准的事项，应该使用到函。
(2) 一函一事，及时准确，中心突出，直叙其事。
(3) 行文简洁，语言明快，措辞得体，平等待人。

【案例2-33】公函

关于请归还××省社会文化服务公司开办费借款的函

××字第(85)号

省社会科学院：

你院于2008年1月份以××字〔84〕第×号文件并附有××省社会文化服务公司1月5日借据，从我厅借去资金二万元，作为该公司开办费，当时议定本年度内偿还。目前，正在编制 2008 年决算，为及时搞好各类款项的清理结账，望你院将该公司所借上述款项于 2 月 10 日前归还我厅，划入中国人民银行省分行营业部×××××账户。

××省××厅

二〇〇八年一月二十五日

【评析】

这是一篇公函。标题点明了事由和文种，正文明确了借款的事项、希望按时归还的要求。文件编号由单位的代字、年代、顺序号组成。

【案例 2-34】便函

关于商请报价的函

×××茶厂：

我公司对贵厂生产的绿茶感兴趣，拟订购君山银针茶。我公司要求该茶叶品质一级，规格为每包 100 克，望贵厂能就单价报价和交货日期、结算方式等给予回复。如果贵厂报价合理，且能给予最惠折扣，我公司将考虑大批量订货。

××××副食品公司

××××年×月×日

【评析】

这是一篇便函。文中介绍了对对方产品感兴趣及足够的诚意，提出请求对方将相关事宜作出回复的要求，内容简单明了。

【案例 2-35】病例

函

××国营林果场：

兹有我校林业果树专业学生毕业实习即将开始，经研究分自 2018 届二班学生到贵场实习，望能妥善安排可否，请迅速回音。

××县××农业学校

二〇一八年四月一日

【评析】

(1) 情况介绍不清。文中既没有把学校的要求说清楚，也没有把该班学生的有关情况说清楚(如时间、内容、业务指导、食宿、经费、人员、性别等)。

(2) 语言不得体，说话没有分寸。函和其他的公文文种相比，"庄严度"不太高。但作为办理公务的工具，"方便"不是"随便"，写作中该注意的事情还是要注意。办理公务，不论是办理"你有求于我的事"，还是办理"我有求于你的事"，都要诚恳合作、尊重对方、平等待人，少一些居高临下的命令式。

2.14 会议纪要

会议纪要是在会议记录、会议文件的基础上，加以综合整理，用以概括反映会议精神和会议成果的一种公文。会议纪要比会议记录更加精练，观点更加突出，一经下发就具有指导和约束作用。

2.14.1 会议纪要的种类

1. 决议性会议纪要

决议性会议纪要是与会人员经过讨论协商，就主要议题达成共识，形成了决议。为了相关单位及个人遵照执行，用纪要形式记录下来，具有较强的行政约束力。

2. 综合性会议纪要

综合性会议纪要多用于座谈会、交流会、学术会的会议纪要，主要是让有关方面了解会议情况，具有较强的告知性。

2.14.2 会议纪要的写作格式

会议纪要由三个部分组成。
第一部分是标题，由会议名称和文种组成。
第二部分是正文，由开头、主体、结尾三部分组成。
(1) 开头介绍会议召开的情况。如会议名称、目的、时间、地点、与会人员、会议议题、会议效果等。
(2) 主体介绍研究的工作、分析的问题、议定的事项、提出的要求等。具体写法有两种：一是将会议内容概括成几个问题，逐一叙述；一是根据会议程序，按顺序列出。
(3) 结尾，提出希望和要求，也可省略不写。
第三部分是落款，只写成文时间。

2.14.3 会议纪要的注意事项

(1) 抓住重点，把会议解决的主要问题、取得的成果显现出来。
(2) 真实、准确地反映会议情况和议定事项，实事求是地反映大多数人的意见。

【案例 2-36】决议性会议纪要

××市××区人民政府办公会会议纪要

时间：2007 年 1 月 6 日下午
地点：215 会议室
主持人：×××同志

出席者：(略)

列席者：(略)

会议研究决定事项如下：

一、×××同志传达了市加快发展奶牛、改善牛奶供应会议精神和我区集体发展奶牛的安排，会议同意 2008 年首先在×××、××、×××三个养殖场发展奶牛 700～1000 头，其他有条件的养殖场可以逐步发展，各有关部门要积极支持，提供方便粮食部门要协同落实好饲料供应问题。

二、×××同志汇报了我区山前四块公有土地的详查结果，会议同意由规划办公室将详查结果报于市里。

三、×××同志传达了市人防工作会议的精神，汇报了我区 2008 年人防工作的情况和工作安排，会议同意人防办公室的工作安排，决定召开业务会议进行部署，会议强调，我区人防工作要本着加强维护、平战结合的原则，在保证人防工事安全的前提下，充分加以利用，发挥作用。

【评析】

这是一篇决议性会议纪要。首先介绍了会议情况(含时间、地点、主持人、出席人、列席人)，接着分条列出议定的事项。会议单位在标题中列出。

【案例 2-37】综合性会议纪要

车队安全教育会议纪要

会议时间：20××年××月××日　下午：17:00—17:40

会议地点：公司会议室

主持人：×××(调度室主任)

参加人员：×××、×××、×××、××

记录人：××

会议内容：

会议首先由车队队长宣读学习了集团下发的安全隐患、事故案例材料，并针对安全方面做了强调，然后由安全科科长对作为一名驾驶员应具备的职业道德做了说明，具体如下：

一、热爱本职，忠于职守，有主人翁的劳动态度。

树立主人翁的劳动态度，忠实地履行本岗位的职责。车辆驾驶员担任着公司各类原料、产品的运输重任，是公司生产工艺过程联系的纽带，是生产过程中的一个组成部分。

二、遵章守法，安全行车，有责任感。

树立"安全就是效益"的思想，提高安全驾驶操作技能，努力探索安全行车规律。

三、团结协作，顾全大局，有集体主义思想。

生产实践中缺少了协调、联系就会打乱全局的生产节奏，不仅会影响生产任务的完成，而且还容易引发各种事故。其驾驶员的工作具有一定的危险性，因此更要加强团结协作，顾全大局。

四、钻研技术，规范操作，有高超的技术素质。

车辆驾驶员必须做到"四懂"　"三好四会""三个过得硬"。"四懂"就是懂原

理，懂构造，懂交通规则。"三好四会"就是对车辆要用好，管好，维护好，会操作，会排故，会检测，会维修。"三个过得硬"：一是安全设备过得硬，熟悉车辆上各种安全装置的用途，并正确使用；二是操作技术过得硬，在运输、装卸作业中要动作熟练、操作不失误；三是要在复杂情况下过得硬，能正确判断和预防事故做到防患于未然。

【评析】

这是一篇综合性会议纪要，把会议讨论研究的内容归纳成四个方面来写，这种写法先把意见分类整理，然后分别加以叙述。反映了会议的观点和意见，对车队避免安全事故具有很强的指导作用。

【案例 2-38】会议纪要

××市税务局市场征收工作经验交流大会纪要

××××年 5 月 20 日，××市税务局召开了"市场征收工作经验交流大会"，××副局长对去年 6 月 1 日农贸市场实行征税以来的工作进行了回顾总结，部署了今后工作。

××副局长在总结中指出，在各级党政领导重视支持和有关部门的密切配合下，经过广大税务专管员的努力，一年来征收税款×××万元，市场物价基本稳定，摊位、品种并未减少，"管而不死"的方针得到了贯彻，在税收工作上取得了不少成绩。

一、运用税收经济杠杆，加强税收管理，在保护合法经营、打击和抵制投机违法活动方面发挥了积极的作用，如××区税务分局第×税务所，从宣传着手，提高商贩遵纪守法的观念；从检查着手，促使商贩正确申报；从管理着手，做到收足收齐。

二、初步摸索、积累了一些行之有效的征收管理办法，如××区税务分局与工商局密切配合，思想上统一认识，管理上统一步调，处理上统一行动，通过一年实践，证明这样的做法有利于加强市场征收工作。

三、在培养、锻炼新生力量方面迈出了可喜的一步。据统计，一年来抗拒腐蚀的事例共有 289 起，不少分局摸索、总结出了一些培养干部的经验，××区税务分局第二税务所在大会上介绍了他们"晓之以理，导之以行，抓紧队伍建设"的做法，就是这些经验的代表。

×副局长还号召市场税务专管员向一年来立功受奖的同志学习，拒腐蚀，永不沾，只有思想上筑起一道防线，方能在种种糖衣炮弹面前立于不败之地。

最后，×副局长要求各单位进一步加强市场专管员的队伍建设，在政治思想、业务水平、工作经验上都有一个新提高；认真贯彻市委 18 号文件，密切与其他部门配合，把整顿市场秩序的工作做好。

【评析】

(1) 导言未能概括出会议的基本情况。谁参加会议、谁主持会议、开会的地点在什么地方、会议的议题和会议的结果等均未交代。

(2) 没有全面真实地反映会议情况。全文只写了××副局长的讲话，评价工作、总结经验、提出要求、发出号召，均出自他一人之口。交流大会上还有许多人的活动、发言，连概括性的反映都没有，这样的纪要不够全面真实。

(3) ××副局长总结的三点经验，第一点、第二点，从所举的事实看，是同属于"加强税收管理"的，只是具体做法不同而已。第三点，观点和事实的意义不够一致。所举事

实说明的是"加强队伍建设"问题,当然这也包括"培养、锻炼新生力量"的问题,但两者并不是一回事,从而造成了观点不能很好地统领材料。

(4) ××副局长在总结中说明的经验和提出的措施、要求,也过于简单、笼统,不够明确、实在,也不利于理解、掌握,付诸实施。

(5) 第二段,"××副局长在总结中指出……在税收工作上取得了不少成绩",可是"纪要"最后说的不是"工作成绩"而是"工作经验"。因此,那段话的最后两个字应改为"经验"或"成绩与经验"比较好。

课 程 思 政

本章内容涵盖了命令、决定、公告、通告等,在撰写这类应用文时,一是要注意高举旗帜、引领导向,围绕中心、服务大局,团结人民、鼓舞士气,成风化人、凝心聚力,澄清谬误、明辨是非,联接中外、沟通世界。要承担起这个职责和使命,必须把政治方向摆在第一位;二是注意内容要彰显个人的爱国、敬业、诚信、友善修养,自觉把小我融入大我,不断追求国家的富强、民主、文明、和谐。

思 考 与 练 习

1. 国家行政机关公文的种类及用途是什么?

2. 公文的特点是什么?

3. 公文的作用是什么?

4. 公文的写作要求和方法是什么?

5. 说明以下几组公文的区别:命令和决定、公告和通告、报告和请示。

6. 选择适当的内容,做以下公文的写作练习:决定、通告、通知、报告、请示、批复、通报、函、意见。

第 3 章　事 务 文 书

教学提示：事务文书是指国家各类机关、企事业单位、社会团体以及个人在工作、学习、生活中广泛应用的一种文书，是用来传递信息、交流情况、制订计划、总结经验、调查情况、规范行为的一类文章。

教学要求：本章介绍事务性文书的概念、特点；了解事务性公文的作用和种类；使学生联系实际练习各种事务性文书的写作，另外，调查报告写作可结合社会实践进行。调查报告、计划、总结的写作是本章的教学重点。

3.1　事务文书概述

事务文书不属于法定公文，但比法定公文的使用频率更高、应用范围更广。

3.1.1　事务文书的特点

1. 使用的广泛性

事务文书不像公文那样具有严格的法定作者，它的撰写者有的是以机关的名义，有的是以机关的某个部门的名义，有的则是以机关的领导人或代表的名义来制发，甚至各行各业的群众和个人都可以订计划、做总结、搞调查，因此，它的作者具有广泛性。事务文书的使用频率远远超过法定公文，涉及面广泛。在各级机关的工作中，计划、总结、简报、调查报告等都会经常用到。

2. 写作的灵活性

法定公文的体式必须按照国家统一规定的规范体式制作，各级各类机关都必须按照规定的体式制发文件。事务文书没有这样特定的体式、统一的标准，这就决定了事务文书不像法定公文那样讲求规范性。事务文书的各类文种完全是依据自身特点和长期以来"约定俗成"的、被人们认可的体式来制作的，因此，具有一定的灵活性。在谋篇布局上，事务文书可针对不同的文种，除必须反映的实质内容外，均可灵便处理，并无硬性规定。

3. 内容的指导性

在事务文书中，国家制定的五年发展规划，对未来五年国民经济和社会发展具有领导和指导作用；一个单位、一个部门年初制订的工作计划或工作要点，对该单位一年的各项工作同样有领导和指导作用。工作总结虽然是总结过去的工作，但其中总结的工作经验、工作中存在的不足，以及对未来的工作设想都对该单位有指导作用。有些重要的事务文书还作为正式公文的附件去行文，具有与公文同等的法定权威和效力。

3.1.2　事务文书的作用

事务文书的主要任务是部署工作、交流情况、联系工作、总结经验、规范行为等，应用十分广泛，具体来说，有以下几个方面的作用。

1. 决策依据和参考作用

事务文书对决策者和上级有关部门具有参谋和建议的作用。正因为如此，就决定了事务性文书对总结经验教训，掌握现代管理所需信息，对工作中的焦点、难点问题的调查研究，都起着至关重要的作用。决策者可以根据这些信息载体及时地把握决策中的得失、优劣，为更合理、科学地调整工作思路，改进工作方法，及时地修改工作计划，取得更佳的工作效率提供重要的依据。

2. 规范约束作用

事务文书中的计划是单位、部门要求其成员在特定的时期内，为了完成或达到一个共同的目标，采取统一行动的依据，对计划范围的每一个成员都有规范和约束作用；同时又是监督检查工作完成情况的依据。为了使全体社会成员或组织内的全体人员共同遵守一定的行为准则，就需要制定各种规章制度，如章程、条例、准则等，它起着约束行为、进行监督的作用。同样，总结既是对过去工作经验、教训的回顾，又对今后的工作提出了设想，对人们未来的行为自然具有指导作用。

3. 宣传教育作用

为了推动各方面工作的发展，各行业、各部门都要依据中央或上级的精神，及时用各种形式向下级各部门布置工作。如调查报告、简报等文种在一定程度上也可以起到宣传教育作用。它们在分析形势、讲解政策、明确任务、传达信息、统一行动等方面均起到宣传教育的作用。

4. 沟通情况和史料作用

各级机关都需要借助于事务文书这样的文字材料来处理公务、交流情况。其中，计划、总结、简报、调查报告等都将成为机关工作和活动的原始记录。这些文字材料都是珍贵的历史资料，具有极其重要的保存价值。有的在机关或行业的活动中，又起着交流情况的作用，便于上下左右的沟通联系，如简报、调查报告等。它们能够使信息畅通、决策者耳聪目明，对做好各项工作十分有利。

3.2　计　　划

计划是为了实现一定时期的目标决策而制定出总体和阶段的任务及其实施方法、步骤和措施而写作的应用文体。常见的规划、纲要、要点、方案、工作安排、设想、打算等，都属于计划类，它们由于时限不等、详略有别、成熟程度不同，所以，叫法也不一样。

3.2.1　计划的种类

计划的种类有多种划分方法，常见的分类方法有以下几种。

(1) 按性质划分，有综合性计划、专题性计划。

(2) 按内容划分，有工作计划、生产计划、军事计划、教学计划、科研计划、学习计划等。

(3) 按时限划分，有周计划、旬计划、月份计划、年度计划、跨年度计划等；也可以将它们归并为短期计划、中期计划、长期计划。

(4) 按范围划分，有国家计划、地区计划、部门计划、单位计划、班组计划、个人计划等。

(5) 按效力划分，有指令性计划、指导性计划。

(6) 按形式划分，有条文式计划、表格式计划、条文与表格相结合式计划。

(7) 按名称划分，有规划、计划、方案、要点、安排、设想、打算等。

3.2.2　计划的特点

1. 预见性

计划应对未来作出科学的预见，应充分考虑到可能遇到的问题和困难，并提出必要的防范措施和解决的办法。古人云："人无远虑，必有近忧"，就是告诫人们无论做什么都要有预先的谋划和准备。

2. 指导性

计划一旦成文，就会对实践起到一种控制和约束作用。制订计划，是为了克服工作中的盲目性。从应用上说，计划有上级下发的计划和单位自行制订的计划。上级下发的计划，勾勒发展蓝图，明确工作目标，提出步骤措施，目的是指导所属单位不至于盲目冒进或偏离工作方向，能始终朝着既定目标去做，其指导性是明显的。而本单位制订的计划，目的也在于控制方向、规模、速度，使任务能保质、保量、按时完成。

3. 可操作性

再好的计划也要付诸实施，因此，它必须定得具体明确、切实可行、符合实际。目标定得过高，无法实现和完成；定得过低，计划又无法起指导、激励作用。计划的步骤、措施、要求、时限不但要写得具体、细致，还要便于检查督促、对照落实。离开实践的或操作性差的计划，将是毫无价值的一纸空文。

3.2.3　计划的写作格式

一份计划由标题、正文和落款组成。

1. 标题

标题一般包含单位名称、时限、内容和文种，如"××公司 2022 年工作计划"，这是一个"完整式"标题。也有省略时限的，如《江西省团校关于纪念"五一"活动的打算》；也有省略单位名称的，如《2021 年学生会工作要点》；也有省略单位和时限的，如《苏州河污染治理计划》。

2. 正文

正文通常包括前言和计划事项两部分内容。

1) 前言

前言又叫导语。其内容有：对基本情况的分析，或对计划的概括说明，或说明依据什么方针、政策以及上级的什么指示精神，在什么条件下，制订这个计划，完成这个计划的必要性、可能性以及要达到什么主要目的等。这是制订计划的基础，要写得简明扼要、灵活多样。

2) 计划事项

计划事项是计划的主体。不论是哪一种计划，计划事项都包括目标、措施、要求三项内容。

(1) 目标。即回答"做什么"的问题，可以是总体目标，也可以是具体任务或指标。总体目标往往是要实现的最终目的，是多方面综合指标的最终体现。具体任务或指标，则是具体说明要完成什么任务、达到什么指标、做好某项工作、开展某项活动等，务必写得具体明确。目标制定对计划的撰写乃至计划的实施至关重要，目标过高或过低都不合适，这就需要深入调查研究，广泛征求意见和充分论证，慎重确定目标。

(2) 措施。即回答"如何做"的问题，包括组织分工、进程安排、物质保证、方式方法等。组织分工可说明领导机构、进程安排，主要是对目标实现分步走的问题，一般要安排若干阶段。如果是年度计划，每一季度(甚至月份)要完成哪些工作、要达到什么指标都要加以明确。如果是专项计划，则要划分阶段，明确每一阶段的大致任务及具体安排，如做好某项工作，可以分为准备阶段(包括传达、动员、学习、成立组织、物质准备等)、实施阶段(具体工作的展开、落实)、总结阶段(扫尾、小结)。进程安排是计划事项的重要内容之一，也是重要措施之一。物质保证包括实施计划的人力、财力、物力，配备多少、如何配备等。方式方法是完成任务的具体手段，一般写得简明扼要。

(3) 要求。即回答"做得怎样""如何做完"之类的问题，主要是质量、数量、时间上的要求。质量上，要达到什么标准、什么水平、什么程度；数量上，要达到什么指标；时间上，什么时候完成该项工作等。这是计划效益指标的具体设想，能否多快好省，就要在"要求"这一项里进行具体设计。计划三要素是互相联系的，没有目标或者目标不明确，就谈不上措施要求；没有具体的措施，目标就难以实现；而没有具体要求，实现目标的效率、质量就没有保证。它们之间是互相依存、缺一不可的。

3. 落款

在正文的右下方署上制订计划的单位名称和成文日期。如果计划标题中写了单位名称，这里可以署名，也可以不署名。

3.2.4　计划的注意事项

1. 注重依据

制订计划要有依据。一是政策依据，指党和国家在一定时期内的方针政策、法令法规，以及上级部门和领导同志的指示、意见和要求，这是必须遵循的，如果违背，制订出来的计划可能会失去正确的方向。二是客观依据，指本地区、本部门、本单位的实际情况，用以制订计划的必要性、可行性。

2. 立足全局

制订计划要有全局观念。要从全局出发，正确处理好全局和局部、长远和目前的关系，处理好国家、集体和个人三者的利益关系，使计划发挥积极作用。

3. 量力而行

制订计划要坚持实事求是的原则，量力而行。要在深入细致地调查研究的基础上进行制订，不能只凭主观愿望、热情、意气办事。确定的目标，应该是经过努力能够达到的最高目标，既不保守，也不盲目，既不是望而不及，又不是唾手可得的。

4. 留有余地

制订计划要留有余地，保持一定的弹性。计划是对未来的规定，难免有预测不到的地方。如果在制订计划时留有一定的余地，就可以在遇到新情况、新问题时及时进行修正、补充、调整。

5. 具体明确

计划的整体设想要清晰，内容要具体明确，文字表述要简明扼要，任务措施要分项列出，使人一目了然，既有利于执行，又有利于实施检查。同时计划安排要有主次之分，要反映当前工作的重心。

【案例 3-1】工作计划

××××学院教研部二〇一九年工作计划

为了加强我部建设，圆满完成"教学、科研、管理一体化"的任务，做好公务员培训工作，根据学校在新形势下深化改革方案的精神，借鉴有关兄弟学院的成功经验，结合我部的实际情况，经与市人事局录用培训处多次协商，对 2019 年的教学、科研工作提出如下计划。

一、目标

1. 教学工作计划

拟举办下列班次。

(1) 公务员专业知识课"行政决策"培训班。(略)

(2) 公务员任职资格培训班。对象为市、区办公厅(室)在职工作人员，人数 260 人左右，时间 4 天，拟办两期。第 1 期 4 月 4 日至 8 日，第 2 期 4 月 11 日至 14 日。采用面授

与自学相结合的形式进行培训，开卷考试，由省统一命题、统一评卷。

(3) 公务员电脑培训班。(略)

2. 科研工作计划

(1) 在本年内完成已立项并拨款的深圳市社科"十三五"规划中的课题"深港两种特区政府行政管理比较研究"(负责人×××)。

(2) 编写教材方面，我部今年内需完成为公务员培训班使用的4本教材。(略)

3. 措施

为了保证公务员培训工作能够顺利进行，特提出如下措施。

(1) 校委的重视和支持是做好公务员培训工作的根本保证。希望派出一名校委主管到我部工作，以减少请示汇报工作的环节，提高工作效率。

(2) 厘顺关系，优化服务是做好公务员培训工作的必备条件。(略)

(3) 充实人员，建立队伍是做好公务员培训工作的决定因素。(略)

(4) 改善办学条件是做好公务员培训工作的物质保证。(略)

【评析】

这份教学、科研工作计划是一个教学部门的年度工作综合计划。从表面上看，文中只写了"目标"和"措施"两个部分，实际上，讲"目标"时，已把"步骤"也讲清楚了。可见，计划的写法可以灵活多样。本计划写得明确具体，可行性较强。

【案例3-2】工作计划

××工业职业技术学院2022—2023学年工作计划

2023年将是我校具有重大转折意义的一年，我校将提升为职业技术学院，这将是我校在新时期、新阶段的新跨越。

一、以学习贯彻落实党的二十大精神为重点，加强政治理论学习，积极开展德育教育和精神文明建设工作.

(一)政治理论学习。以党的二十大精神作为全体师生理论学习的首要内容，组织教职工对十六大精神进行专题学习和讨论，同时加强对学生学习二十大精神的引导工作，把全体师生的思想认识统一到二十大精神上来，积极推进我校的改革、发展和稳定。组织教职工学习党中央以及上级领导机关重要文件精神，学习国家新出台的法律法规，掌握好国家的发展态势和政策，尤其是教育改革的新动向、新举措，确保我校的工作思想时刻与党中央保持高度一致。

(二)德育教育工作。要充分认识当前我校学生的思想素质，根据实际情况，切实做好德育教育工作。要加强对学生的思想品德教育、法制教育，进一步规范学生的行为习惯，将学生培养成为文明学生。加强对学生的世界观、人生观、价值观的引导以及爱国主义教育、集体主义教育，做好学生的心理健康教育，促进学生的身心健康和全面发展。

(三)开展表彰先进和学习先进活动。(略)

(四)组织好师生开展支教、助困以及学习雷锋活动。(略)

(五)加强警民共建、街区共建活动。(略)

二、全面更新教育观念，进一步加大教学改革力度，努力提高教学质量。

(一)修改、完善教学方面的相关条例，形成一套严格的适应当代职业教育教学管理制度，加强教学环节的管理，全面提高教学质量。在教学中贯彻"能者上，庸者下"的原则，将教师的待遇与教师的教学质量挂钩，继续对教师的教学质量进行测评，充分调动教师的积极性。

(二)因材施教，加强实践教学力度，培养技术性实用型人才。召开不同层次的教师、学生座谈会，充分了解学生的思想状况，根据学生的实际情况来把握教学的难易程度，探索新的教学方法，充分调动学生的学习积极性，消除学生厌学或学不下去的现象。因此必须进一步明确职业教育的办学思想，继续加强实践教学环节，合理地调整我校的专业设置，修改教学计划，培养技术性实用型人才。

(三)加强师资力量建设，注重对中青年专业课教师的培养，为中青年教师提供更多的培训、进修和提高学历的机会，争取培养更多的双师型教师，为提升职业技术学院做好师资准备。

(四)加大教学硬件建设。学校根据实践教学的需要，加大对实验设备的投入和改善，为学生提供更多的实训条件和实训基地。

(五)加强对校办工厂的投入和建设，进一步完善实践条件，满足实训的需要。继续扩大与企业和科研单位的联系，使之与学校各专业实验室结合，多形式、多渠道地开办实训基地，为教师的"产、学、研"活动提供场所。

三、指定招生就业新目标，调整招生就业政策，全面开拓招生就业工作新局面。

四、认真分析学生管理工作的新状况、新问题，积极探讨有效的管理措施，狠抓学生管理工作，使这项工作出现新局面。

五、进行财务审计和规范化管理。

请有关审计部门对我校的财务情况进行审计，作好财务进账工作，按照有关财务规定规范学校财务管理，走现代化、规范化道路。

六、尝试人事制度改革，加强行政管理工作。

七、加强后勤保障工作，改善办学条件和生活条件。

八、加大多渠道多层次办学力度，拓宽办学途径。

九、切实强化我校综合治理工作，抓好离退休人员工作、工会工作、计划生育工作和群众体育工作。

××工业职业技术学院

二〇二三年三月三十日

【评析】

这是一份将目标、任务及措施综合起来写作的综合性计划。本计划将"做什么"和"怎么做"融合在一起写，每一项任务下面都包含着具体措施，有利于本单位各部门实施计划。

3.3 总　　结

总结，是机关、团体、企事业单位对一定时限内的某项工作或任务加以回顾、分析、研究，从中找出经验和教训，引出规律性的认识，明确今后实践的方向，把这些内容系统化、条理化形成文字的文书。总结是对实践的认识，总结的过程是由感性认识上升到理性

认识的过程。总结应对实践进行全面、深刻的概括。

日常工作中常用的小结、体会，实际上也是总结，不过它们反映的内容较为单纯或经验不成熟、时间较短、范围较小。

3.3.1　总结的种类

总结的种类划分与计划类似，主要有以下几种划分方法。

(1) 按性质划分，有全面总结和专题总结，或者经验总结、成绩总结、事故总结、问题总结等。

(2) 按内容划分，有工作总结、生产总结、学习总结、思想总结、活动总结等。

(3) 按时间划分，有阶段(多年)总结、年度总结、季度总结、月份总结等。

(4) 按范围划分，有个人总结、科室总结、单位总结、部门总结、地区总结等。

(5) 按用处划分，有上报总结、下发总结、发表总结等。

3.3.2　总结的特点

1. 实践性

总结是对实际工作再认识的过程，是人们对前一段工作实践的回顾，它的内容应当完全忠实于自身的实践活动。总结的材料只能来自自身的实践，要符合实际情况，不能添枝加叶，更不能无中生有。它的观点应该是从自身实践活动中抽象出来的认识和规律。总之，总结内容与观点的概括与提炼，都要以实际工作活动为依据，不允许有任何的主观臆断。

2. 理论性

总结不是对工作实践的简单"复制"，不只是对已经做过工作的过程和情况的表面反映。总结是一种理论分析，是理论的升华，它要对工作中诸如成功和失败、成绩和问题等情况进行分析研究，把感性认识上升为理性认识，找出规律性的东西，以便在以后的工作中能正确认识和把握客观事物的规律。由此可知，总结的理论性，不是要在总结中进行长篇大论，而是要提炼出规律性的东西来。

3. 本体性

总结是对本地区、本部门、本单位实践活动的反映和概括，因此都用第一人称，都用自身活动中的材料，不像议论性文章那样，古今中外的材料都可以引为论据。

4. 群众性

群众是历史的创造者，群众是实践的主体。一个部门、一个单位的总结，要集中群众的智慧来写，要反映群众的实践活动，要反映群众在实践中创造的经验。

3.3.3　总结的写作格式

总结一般包括标题、正文和落款。

1. 标题

标题一般包含单位名称、时限和文种，如"××单位××××年度工作总结"，这是"完整式"标题。综合性总结一般采用这种形式的标题。专题性总结的标题如下。

(1) 主题式，如"建设企业文化是加强和改进企业思想政治工作的必由之路"。

(2) 问题式，如"我们是怎样在市场经济条件下坚持党管干部的"。

(3) 正副题结合式，如"加速技术改造，完善宏观调控，正确处理技术改造中的七个关系"。

2. 正文

总结的正文一般由导言、主体和结尾构成。有的总结省略导言和结尾，只有主体部分。

1) 导言

导言即正文的开头部分，简要介绍所总结工作的根据、背景、时间、内容等，有的还对主要成绩和经验作出概括，以取得开门见山的效果。导言要求紧扣中心、简洁精练，有吸引力。

导言常常采用以下几种写法。

(1) 概括式。概括介绍基本情况，简要地交代工作的背景、时间、地点、条件等。注意不要求全求详，与中心无关的不写。

(2) 提问式。开头提出问题，点明总结的重点，以引起人们的注意。

(3) 结论式。先明确提出总结出的结论，重点介绍经验或概括工作成绩，使人了解经验教训的核心所在，然后再引出下文。

(4) 对比式。采用比较法，将前后有关情况进行对比，从而分别优劣，突出成绩，引出下文。

(5) 提示式。对工作内容做提示性、概括性的介绍，它不介绍经验，只提示总结工作的内容和范围。如"近两年来，我们按照上级对干部培训的要求，在搞好干部培训工作方面，做了以下工作"。

2) 主体

主体即总结正文的主要部分。

(1) 主体的内容。由于总结的工作多种多样，写总结的目的也有所不同，所以主体写些什么内容也不是千篇一律的。比较典型的主体部分应当有以下四项内容。

① 工作情况。主体应首先介绍工作情况，即使前言部分已有概括，这里也应具体展开。工作情况包括做了哪些工作，采取了哪些措施、方法和步骤(即工作是怎么做的)，取得了什么成绩或效果等。可以总体介绍，也可以分项说明。

② 主要经验。这是对工作的理性认识，是具有指导意义的规律性的东西，是达到总结目的的主要内容，因此要写得有理有据，令人信服。这部分内容不一定称为经验，有的称为"基本做法"或"主要措施"，实际上都是谈经验，即分析归纳工作获得的成绩或取得成效的原因。

③ 存在的问题。总结既要看到成绩，也不能忽视存在的问题，这才是实事求是的态度，这才有利于改进工作、取得更大的成绩。因此，多数总结的主体中，都要谈工作中存在的问题。

④　今后努力的方向。即针对存在的问题，讲一讲今后解决问题、改进工作的打算。这部分内容多数总结写得比较简略，因为要制定解决问题的具体方案是计划的任务。

根据情况和目的的不同，上述内容不仅详略可以灵活掌握，还可以有所省略。连同导言，形成以下两种情况。

第一种是两项式：①概况(作为导言，略写)；②经验(或称做法、措施，详写)。

第二种是三项式：①概况(略写)；②做法(详写)；③今后改进工作的意见(略写)。

总之，总结写些什么内容，不强求一律。

(2)　主体的结构。主体的结构形式常见的有以下几种。

①　分条式结构。即把主体内容按情况、经验、存在问题和努力方向分成若干条，每条之下还可以分成若干小条。

②　小标题式结构。这种结构形式是按材料性质分成若干部分，每部分拟定一个小标题，然后一部分一部分地写出。它的好处在于条理清楚、纲举目张，既便于写，也便于读。如武汉钢铁公司写的《坚持企业社会主义方向，走质量效益型发展道路》，全文分为三个部分，有三个小标题 "武钢质量效益型发展历程""武钢创建质量效益型企业的具体做法""武钢创质量效益型企业的成效和体会"。

③　贯通式结构。这种形式既不列条款，也不分小标题，而是从头到尾围绕主题，分若干自然段，一气呵成。它主要靠清晰的思路来串联材料，靠分清层次来构架全篇，靠语言的过渡来贯通始终。这种方式比前两种方式要难一些，但如果能将材料烂熟于心，就可以围绕中心，按时间顺序或事情发展的层次，抓住主要线索，层层分析说明，总结工作的全过程。贯通式结构适合于内容比较单一的专题性总结。

④　阶段式结构。这种形式是按时间顺序或工作程序纵向安排内容，全文脉络清晰，便于反映工作的发展进程和每个阶段的特点。一般来说，总结周期较长、阶段性很明显的工作适合采用这种结构形式。

3)　结尾

有些总结的正文主体内容写完后，即可结束，不需要再加个结尾部分。但有几种情况需要写结束语。

(1)　介绍经验的总结，最好有个谦虚式的结尾，如 "我们虽然取得了一些成绩和经验，但工作中还存在不少问题。和先进单位相比，还有不小差距，今后我们要向兄弟单位学习，进一步改进工作，争取作出更大的成绩"。

(2)　面向大会或群众的总结，可以加个号召式结尾。

3. 落款

在正文右下方署上总结机关或单位的名称和完成总结的日期，标题中已有总结机关或单位名称的，这里就不需再署名了。

3.3.4　总结的注意事项

1. 实事求是

写总结必须实事求是，真实地反映本部门、本单位的工作成绩，切忌浮夸；缺点和不

足也要敢于承认，不能报喜不报忧。总结中涉及的人物、事件、时间、数据、成果等一定要真实可靠。反映情况不能绝对、片面，不能前后矛盾。

2. 突出重点

总结不是现象的简单罗列和记录，而是要反映出事物的本质和规律性，从而为以后的工作提供指导。总结要求从分析研究事物的现象开始，发现事物的本质，寻求事物的内在联系，找出取得成绩的原因和出现失误的根源。总结不求面面俱到，而应根据总结的目的有所侧重，选择能充分说明问题的材料来突出重点。切忌不分主次地罗列现象、堆砌材料，而无重点。

3. 务求特色

总结不能人云亦云，千篇一律，毫无特色。总结一定要根据实际反映出本单位的特点。总结涉及的只是本单位前一段时期的工作实践。因此，要写出与本单位以往阶段不同、与别的单位不同的特点来，即要有创新独到之处。

4. 注重分析

总结一定要注意对工作情况的分析。总结往往要摆情况、谈成绩、讲做法，这时候，要注意不能简单地堆砌材料，最后冒出一个观点，好像硬贴上去的标签。总结一定要进行分析，总结出有价值的经验。没有分析，就不可能从现象中发现本质，不可能从实践中总结出经验和教训。

【案例 3-3】工作总结

2001 年度扶贫工作总结

按照省委的统一部署，团省委自 2001 年 1 月起至 2003 年 12 月挂点××县××镇××村进行为期二年的包村扶贫工作。2001 年，包村扶贫工作组以邓小平理论和江泽民同志"三个代表"重要思想为指导，紧紧围绕深化农村改革、调整经济结构、发展农村经济、增加农民收入、维护农村稳定这个中心，不断加强村党支部建设和党员队伍建设，同时"以党建带团建"，全面提高党、团组织的凝聚力、战斗力和号召力。一年来共帮助村镇引进资金 62.1 万元，农民人均收入达到 2340 元，村集体经济增加 4 万多元。现将 2001 年度的扶贫工作做如下总结。

一、深入村组，调查研究，认真制定"二年扶贫规划"

2001 年 2 月 5 日，团省委书记潘××、副书记钟××使率领扶贫工作组的宋×、李××、张××、乐××等同志来到××县××镇××村，走访慰问，调查研究。此后，扶贫工作组的四位同志走村串户，深入开展调查研究，就扶贫和"三个代表"教育问实情、议思路、想办法。他们一边开展"三个代表"重要思想的宣讲督查工作，一边深入××村，采取挂点驻户的办法，与农民同吃、同住、同劳动，与农民群众广泛接触，了解××村的××厂、主要经济作物、养殖项目、集体经济来源等，多次召开农民群众座谈会，及时了解和掌握村里群众的意见建议和对新市村发展的看法等。短短一个月，工作组深入到村和村民小组田间地头 34 人次，走访了 265 户农户家，通过广泛深入的调查研究，结合省委有关扶贫工作的具体要求和指示精神，扶贫工作组很快制定了《共青团××省委挂点

××县××镇××村包村扶贫二年规划》。团省委党组及时召开党组会，专门讨论该规划，潘××书记做了重要指示："搞好扶贫工作的核心是促进农村经济发展，而促进农村经济发展的关键是转变农民的思想观念、增强农民的市场意识，重点是搞好经济结构调整，选准项目，建立种植、养殖基地，在工作中注重抓'典型示范、能人带头'的工作。"

二、解放思想，转变观念，按照"三个代表"的要求不断加强党、团组织建设

一是认真搞好"三个代表"学教活动的宣讲督查工作。2001年2月至5月，团省委驻××县××镇"三个代表"重要思想宣讲督查团认真履行督查职责，通过"落实五项督查(督学、督讲、督考、督转、督行)，抓好六个环节(抓领导人、抓责任人、抓具体、抓关键、抓典型、抓载体)，做到六个勤(勤学习、勤示范、勤带动、勤督查、勤推动、勤自勉)"和"四争四创"(干部人人争当科技创业的带头人、争当调整产业结构的示范人、争当倡导文明新风的带头人、争当服务农民群众的贴心人，创建六好党委、五好党支部、五四红旗团委、五四红旗团支部)等措施，圆满地完成了宣讲督查工作任务，创出了特色，总结出了经验，使大洋洲镇"三个代表"重要思想学习教育活动成为全县的典型。二是按照"三个代表"的要求，加强村党支部建设。××村党支部成员年龄普遍偏大、文化程度普遍偏低，眼界不开阔，市场经济意识不强，创新意识不足，但他们有工作热情、有责任心、有奉献精神。为解放班子成员的思想，扶贫工作组采取"走出去，请进来"的方式，组织他们到深圳等地实地考察7天，亲身感受特区改革开放的气息，牢固树立"发展是硬道理"的思想观念。扶贫工作组还多次组织村"两委"班子成员学习江泽民同志"三个代表"重要思想，学习省委关于进一步解放思想的有关会议精神和孟××书记的讲话精神，学习农业科技知识，提高班子成员的政策理论水平，解放思想，转变观念。在党员队伍建设方面，2001年，××村党支部发展村团支部书记李××为中共正式党员，将年仅30岁的何××确定为建党对象。三是"以党建带团建"，加强村团支部建设。××村团支部以阵地建设为载体，以文化建设为重点，增强团组织的凝聚力和吸引力。2001年，扶贫工作组指导村团支部成立了"××村养猪协会"。养猪协会现有会员29人，协会定期请养猪专业大户为大家讲课，传技养猪经验；定期召开会员信息交流会，交流饲料、防病、销售等方面的信息。团省委还为××村捐赠了价值2万余元的科技文化图书共3000余册，建成大洋洲镇第一个"科技文化图书站"，为丰富农村青年的业余文化生活，提高广大团员青年的科技文化素质及种植、养殖技术都作出了积极的贡献。四是改善村班子工作环境。团省委筹集资金7万元，帮助××村新建村委会办公楼暨村"文化科技服务培训中心"，预计办公楼主体工程2002年3月底完成，全部工程于2002年7月底竣工并交付使用。

三、选准项目，典型示范，扎实推进农业产业结构调整

扶贫工作组紧紧围绕"发展农村经济，增加农民收入"这个主题，结合新市村实际，西沿赣东大堤，东沿京九铁路，105国道穿境而过，地势低洼，土地贫瘠(属沙质土)，"久雨即涝，久晴即旱"，选择在冬令时节种植适合新市村土壤条件的榨菜和萝卜为调整农业产业结构的突破口。一是搞好规划，落实种植田地。扶贫工作组与村"两委"班子成员经过多次讨论，认为××村要搞好农业产业结构调整，榨菜和萝卜的种植是最理想、最符合新市村实际的项目。经过村班子的认真研究，确定榨菜种植面积为200亩、萝卜种植面积为30亩，并发动有蔬菜种植经验的、有劳动热情的农户进行种植。二是选好种子，

落实销路。团省委无偿提供 1 万元产业结构调整启动资金，其中 5 000 元购买优质榨菜种子、韩国萝卜种子给××村民种植，另 5 000 元购买化肥给种植户施肥。依托××镇蔬菜加工厂，实行"订单农业"。扶贫工作组与蔬菜加工厂多次联系，达成协议对××村民种植的榨菜、萝卜按协议收购，榨菜 0.10 元/斤、萝卜 0.08 元/斤。农民吃了定心丸，调整产业结构的积极性也大大提高了。二是加强技术推广，提供产前、产中、产后服务。为了使这次产业结构调整一炮打响、圆满成功，扶贫工作组与县农业局、镇农技推广站紧密联系，加大技术指导的力度。工作组长、挂职××县委副书记宋×同志、工作组成员乐××同志分别在××村 6 个村小组召开榨菜、萝卜种植户座谈会，请县农业局副局长蔡××、镇党委副书记徐××、镇农技推广站站长李××对榨菜、萝卜的育苗、移栽、病虫害防治等进行技术指导。镇农技推广站先后散发 4 期关于榨菜栽培技术的宣传资料，对育苗、移栽、榨菜生长期、收获期各阶段应如何施肥、如何防治病虫害等都做了详细说明。经过大家的共同努力，××村榨菜、萝卜喜获丰收。预计榨菜平均亩产 5000 斤，萝卜平均亩产 4000 斤。仅此一项，农民将得实惠数万元。××村民李××种榨菜尝到了甜头，说："过去，种油菜每亩收入不过 100 元，没想到种榨菜的效益这么好，明年我还要种榨菜。"

另外，在水稻种植方面，扶贫工作组还引进 200 亩国家 863 计划推广项目 2116 植物生长素，帮助水稻增产，平均每亩增产 20%。

四、重点帮扶，引导致富，大力发展二元杂交猪养殖业

××村紧邻 105 国道和京九铁路，交通便利，适宜大力发展生猪养殖。团省委扶贫工作组采取"扶贫先扶富，先富带后富"的思路，重点从项目、科技、市场销售、资金等方面帮扶李××、钟××、何××等三户养殖大户。李××是××村团支部书记，2001 年承包了村里的瓦域水库，年承包费 1.5 万元，已展开猪、鸭、鱼立体开发养殖。水库水面达 200 亩，可养鱼 10 万斤；在水库边建养猪场，面积达 1200 平方米，已养母猪 30 头，肉猪 400 头；鱼塘中养鸭子 8 万只。钟××返乡创业青年，现已投资 80 万元兴建养猪场，已成为××镇第一大二元杂交猪繁育基地。何××新市村养猪能手。为了帮助他们成为××村致富能手，扶贫工作组帮助他们每户贷款 4 万元，用于扩大养猪规模。在他们的带动下，越来越多的××村民加入到养猪业中来，养猪业正在成为××村的一大支柱产业。在帮扶养猪大户的同时，团省委还帮扶了 9 户特困户，为每个特困户提供 500 元资金发展生产。

五、积极引资，兴学重教，努力改善新市村小学教育环境

一是争取援建希望小学。在团省委领导的亲切关怀下，经过省青少年发展基金会、扶贫工作组的多方努力，争取到"××市出入境检验检疫局"在××县××镇××村援建希望小学 1 所，援建资金 50 万元(分 2 期拨付，首期 25 万元已全部到账)，建筑面积达 1700 平方米。2001 年 9 月 18 日已正式与捐建方签订协议书。12 月 8 日，希望小学正式奠基。目前，工程进展顺利，预计 2002 年 6 月底主体楼工程完工，8 月底全部工程竣工，9 月份开学时投入使用。××局还将在希望小学竣工后，捐赠 80 台电脑(价值 30 万元)建成两个多媒体教室；拿出一定的资金成立"助学基金"，帮助品学兼优但家庭困难的同学完成学业。二是做好特困生的帮扶工作。在搞好希望小学引资、工程建设的同时，团省委充分利用组织优势，开展希望工程"一助一"结对活动，共捐赠资金 6 万元，救助 100 名困难失学少年，其中与××村 30 户特困学生结对子，共捐献希望工程助学金 1.5 万元，真正做到"情系老区，奉献爱心"。

六、强化制度，严格管理，切实搞好工作组自身建设

团省委扶贫工作组自派驻××县××镇××村的第一天起，就制定了"学习要带头，工作要勤奋，作风要扎实，纪律要严明，服务要到位，成效要显著，生活要简朴，形象要优秀"的工作守则，制定了工作制度、学习制度、生活制度。一年来，扶贫工作组没有在××村吃一餐饭，没有拿、要任何土特产，没有给村里增添任何经济负担。工作组长宋×同志以身作则，坚守工作岗位，即使身患重感冒，还坚持下到田头，与村民一起移栽榨菜；工作组成员乐××常年工作在点上，与村民同吃、同住、同劳动。2001 年 3 月份，他因患尿结石需要在××省人民医院住院做手术。住院期间，他还不忘点上的工作，从医院请假到点上协助村团支部成立养猪协会。

团省委书记潘××、副书记钟××、曾××、蒋×等领导在百忙之中先后 12 次抽空到点上指导工作。

一年来，团省委为××村共筹集资金 62 万余元，用于农业产业结构调整、发展教育事业等。扶贫工作组基本实现了"二年规划"中的工作目标，村党支部的战斗力和凝聚力明显增强，各项工作取得了明显进步。2001 年，××村党建村建工作获全镇第二名，计划生育工作获全镇第二名；村级经济发展速度明显加快，产业结构调整的面积达到了 230 亩，二元杂交猪出栏数达到了 7400 余头，村集体经济收入达到了 5 万元，农民实际人平纯收入达到了 2340 元。

总结一年来的工作，虽然取得了一些成绩，但离省委的要求还有一定的差距。在 2002 年，我们将做好以下几项工作。

1. 深入贯彻"三个代表"重要思想，用"三个代表"重要思想加强对全村党员干部的教育。

2. 进一步加大调整产业结构的力度，力争产业结构调整达到 250 亩。

3. 加大招商引资力度，力争建立起几家有经济效益的、市场前景好的企业。

4. 启动新市村环境整治工作，倡导健康文明的生活方式。

共青团××省委驻××县×××镇××村"包村扶贫"工作组
二〇〇二年一月十六日

【评析】

这是一篇综合性工作总结，作者采取标题式的结构方式对一年来的扶贫工作加以总结，总结了工作成效，阐明了工作措施，谦虚地指出自身工作的不足，提出了今后工作的打算。全篇中心明确，提纲挈领。

【案例 3-4】学习总结

公文写作学习总结

文秘二班 栗××

《公文写作》学习了 54 个学时，由×教师讲课。收获出乎预想地大：原来不想学，现在觉得越学越有味道；原来以为学不到东西，现在不论是写作知识还是写作能力都有明显的提高。

一、较系统地掌握了公文写作的基本理论知识

对公文，过去我只知道它是"官场文章"，对它的性质、特点、作用不了解也不想了解。我不想进"官场"，了解它干吗？现在知道了公文是专门用于党政机关单位办理公务的、作用巨大的应用文，还知道了如何根据它的性质、作用、特点来确定主旨、选择材料、安排结构、使用语言等知识、方法。

二、熟读了许多范文和病文

在学习写作中，"范文"有"示范作用"，它告诉我们"应该这么写"，"病文"有"警示作用"，它告诉我们"不应该那么写"。课本中有 100 多篇范文，有 50 多篇"病文"，我大部分都读了。特别是老师重点分析的，我学得很细致，将两种文章对照着读，具体弄清楚"为什么不应该那么写""为什么应该这么写"，这样学到的东西，道理明、印象深，很有用。

三、写了十多篇作文

写作课是实践课，学习写作理论知识是为了指导写作实践，是为了写出符合要求的文章来。因此，老师布置的七八篇作文我都认真写，我还结合学生会工作写了好几篇。这十多篇作文，使我知道了有关文种"不应该那么写"和"应该这么写"的道理、知识，写出来的作文也基本符合要求。这对我将来参加工作很有好处。

总之，《公文写作》的收获很大。感谢老师的教诲。

二〇二二年十二月

【评析】

这篇"总结"虽然思路清晰，几方面的收获也比较明确，但存在的问题也十分明显。

(1) 内容笼统，未写出具体事实。对"公文写作"学习的认识、态度转变了，如何转变的？如何在认识了公文的性质、作用后转变的？转变后的情况怎样？说读"范文"和"病文"弄清了"为什么不应该那么写""为什么应该这么写"，该怎么样读？是怎样弄清楚的？弄清楚后的结果如何？说"写出来的作文基本符合要求"，具体情况如何等，都缺乏事实依据。

(2) 没有明确地交代取得"成绩"的原因。做了什么？如何做的？为什么做？成效如何？总结一般都要回答这四个问题。当然，在一篇总结里对这四个问题可以有所侧重，但由于这四个问题是有机地联系在一起的，所以，不论你侧重写哪个问题，都必然会或多或少、或详或略地涉及其他问题。就上面这篇总结来说，它是侧重写收获的。但是写收获如果不把取得收获的原因说明白，收获的可信程度就会受到影响。由于收获的原因不清楚，给别人的教育启发当然也就少，对自己今后的实践指导意义也不会太大。所以，对这篇总结进行修改时，必须加大这方面的力度，即在说明"收获"时，要注意揭示其取得的原因。

3.4 调查报告

调查报告是为了解决问题，运用辩证唯物主义观点，有目的、有计划地对某个问题或某一事件进行调查研究后，所写的反映客观事物本质和规律性的书面报告，是机关、团

体、企事业单位工作中常用的一种应用文体。

调查报告的使用范围很广，凡制定方针政策、解决实际问题、弄清事情真相、扶植新生事物、推广典型经验，都离不开调查报告。

3.4.1　调查报告的种类

调查报告按内容可分为以下几类。

1. 反映社会状况的调查报告

这类调查报告较为全面、系统、深入地反映某一地区、某一单位、某一方面的基本情况，包括社会公众意见调查、社会环境调查、人际关系调查等，往往带有工作研究性质。

2. 总结典型经验的调查报告

这类调查报告以先进单位和个人为调查对象，较为全面、具体地反映他们在工作中所取得的经验及教训，具有较强的指导性和说服力。

3. 反映新生事物的调查报告

这类调查报告反映新生事物产生的条件、原因、特点和发展过程，说明其现实意义和社会作用，揭示其成长规律，帮助有关部门和社会公众认识和了解新生事物，以促进其健康成长。

4. 揭露社会问题的调查报告

这类调查报告主要是揭露社会中存在的某些弊端和丑恶现象，阐明其产生的原因与危害性，引起人们的重视，使这些弊端和丑恶现象得以铲除。

5. 澄清事实真相的调查报告

这类调查报告主要是揭示现实生活中一些重大事件和历史事实的真实面目，以澄清事实，使人们消除误解、得到启发教育。

3.4.2　调查报告的特点

调查报告的特点主要有以下几个方面。

1. 针对性

调查报告常常是有针对性地去了解某些具体情况，为解决某个具体问题提供决策的依据。只有围绕人们普遍关心的一些问题来写，才能起到端正认识、指导工作的作用。

2. 真实性

调查报告必须用真实、准确的事实说话。只有坚持实事求是的原则，通过全面、深入、细致的调查，才能真实地反映客观事物、得出正确的结论。因此，调查报告的力量来自具体材料的真实性。

3. 典型性

调查报告通常选择某地区或某单位具有代表性的先进人物或典型事物，通过调查研究，找出规律性的东西，总结出先进的工作方法和经验，加以宣传推广，起到以点带面的作用。此外，它还对某些有害于社会或不利于工作的具有代表性的事件和行为进行调查研究，说明其事实真相、前因后果等，起到教育干部群众、纠正不良倾向的作用。

4. 新颖性

调查报告要有新视野、新角度、新思路，才能拥有广泛的读者群。特别是反映典型事物的调查报告，有了新颖性，才能引起社会关注，产生强烈反响。

5. 规律性

调查报告不能仅限于叙述或介绍事实过程，还要通过调查、分析、综合，揭示出客观事物的本质和发展规律，包括具有普遍意义的经验、教训和解决问题的方法等。

3.4.3　调查报告的写作格式

调查报告一般由标题、导语、主体、结尾和落款五部分组成。

1. 标题

调查报告的标题要精练、贴切、醒目，用简洁的语言表明文章主题，引起人们关注。标题主要有以下三种类型。

1）　公文式

这类标题较为固定、严谨，很像公文标题，一般由调查对象+调查内容+文种构成，如《关于甘肃省农村专业户的调查报告》《南昌市猪肉蔬菜产销情况的调查报告》。有的调查报告的标题中省略了调查对象的名称，有的标题中的文种名称写为考察等。

2）　新闻式，也称为通信式

这类标题通常不写调查报告、考察报告等字样，只点明文章主题或调查对象，与一般文章的标题样式相同，如《虚假广告何时休》。

3）　正副标题式，也称为双标题

这类标题由两行组成。正标题为第一行，一般是调查的主题或结论；副标题为第二行，用来补充说明调查报告的单位、对象、地点、性质等，破折号连接在副标题前，并写明调查等字样，如《萌动·嬗变·提升——河南青年农民精神文化生活调查》。

2. 导语

导语也称前言或引言，是调查报告的开头部分，有先入为主的作用。导语的基本内容有：调查对象的现状、成绩、问题、事件的经过等情况；调查的目的、方法、时间和地点；调查报告的内容及观点。导语在写法上常用的有以下几种类型。

1）　概述主旨式

这类导语概括地叙述了调查报告的主要目的和宗旨，点明了调查报告的主张或基本观点，起到开门见山的作用。

2)　介绍情况式

这类导语简要地介绍了调查对象的基本情况和文章的主要内容，使读者对调查报告有一个基本了解，起到内容提要的作用。

3)　说明方法式

这类导语重点说明调查的方法，同时也说明调查的缘由、对象、经过，显示出调查的科学性和真实性，起到令人信服的作用。

(1)　提出问题式。这类导语提出调查报告要回答的问题，以引起读者的兴趣和深思。

(2)　突出成绩式。这类导语突出调查对象所取得的巨大成绩，引起读者对调查报告的重视，达到推广先进经验的目的。

(3)　揭露问题式。这类导语主要揭露社会上或工作中所存在的某些重大问题，重点是说明问题的严重性和危害性，引起读者的关注。

3. 主体

调查报告中关于事件的叙述和议论主要在主体部分，是充分表达调查研究成果的重要部分，直接决定调查报告的质量和价值。

1)　主体的基本内容主要有三个方面。

(1)　调查的事实。要具体写明时间、地点、人物、数据、事实的发展经过和前因后果等，尽量运用一些人物原型的语言、典型事例。

(2)　对调查的事实做分析。要总结出经验教训，找出原因，指出影响。

(3)　说明观点和结论。作者的观点和调查报告的结论，必须建立在客观事实的基础上，必须客观、正确、恰当。

2)　主体的结构安排，一般有四种类型：纵式结构、横式结构、对比式结构、综合式结构。

(1)　纵式结构是按照调查顺序、时间顺序写出调查事物的发生、发展和结局的演进过程，归纳出经验教训及客观规律。它的特点是简明单一、条理清楚、内容连贯、有吸引力。

(2)　横式结构是把调查的内容分为相对独立或并列的几个部分，进行叙述和说明。它的特点是多角度、多侧面地说明问题，中心突出，论述较为全面、系统、透彻。

(3)　对比式结构是把两个性质、特点不同或相反的事物放在一起进行比较，如今昔、新旧、大小、正反或成败等，使读者作出正确的评价，留下深刻印象。

(4)　综合式结构是将纵式结构、横式结构、对比式结构等结合在一起。有的以纵式结构为主，兼用横式结构或对比式结构；有的以横式为主，兼用纵式结构或对比式结构。

4. 结尾

调查报告的结尾主要有这几种形式：归纳式、建议式、深化式和鼓舞式。它们提出建议、办法、措施，起到概括文章观点、号召、鼓舞和祝愿的作用。不论哪种结尾，都要适合于导语和主体，都要简短有力、耐人寻味。也有一些调查报告在导语与主体中话已讲完，省去结尾，被称为零结尾。

5. 落款

调查报告一般在正文后落款，要写上调查者的名称和完成的日期。公开发表的调查报

告也可署名在报告的标题之下。

3.4.4 调查报告的注意事项

1. 深入实际，真实地反映客观事物

深入实际，详细地占有大量第一手材料，才能使调查报告所运用的材料具有权威性、可靠性，才能据此进行分析、综合，形成观点，得出正确结论。全方位地掌握事物的具体情况，它的过去和现状，正面材料、反面材料和侧面材料，横向、纵向的对比材料和精确的统计材料等，是真实地反映客观事物，全面、深刻地分析问题必不可少的基础。

2. 观点鲜明，要与材料紧密结合

观点鲜明就是赞成什么、反对什么十分明确，不能模棱两可。鲜明的观点要得到材料的有力支持，要与材料紧密结合，要注意三个方面：一是选用具有代表性的材料来说明观点；二是用准确的统计数字来说明观点；三是通过不同事物或不同方面的对比来突出观点。

3. 对象典型，针对性强

调查报告反映的对象可以是现实的、历史的、个人的和单位的事情，但是不管是事物还是人物的材料，都必须具有代表性和典型性。调查报告反映典型事物，有很强的针对性和指导性。它针对社会上或工作中存在的人们所普遍关心的一些事物或问题，通过全面、深入、细致地调查，得出正确的结论，起到宣传、推广和教育的作用。

4. 语言简洁、准确、生动，以叙述为主

调查报告的语言要简洁明了，不能拖泥带水；用词要精确、恰当；可适当地选用一些群众语言或人物原型语言以增加文章的生动性、形象性。调查报告主要用叙述的方法，介绍事物的发生、发展和结果，用事实来说明问题；同时也要辅以议论，来阐明作者的见解和揭示事物的本质特征，这种议论要恰到好处，起到画龙点睛的作用。

【案例 3-5】调查报告

萌动·嬗变·提升——河南青年农民精神文化生活调查

第一篇 我们为什么关注农民

中国不仅以农业大国著称于世，而且也以农民大国著称于世。当代中国农民是世界上最大的社会群体。中国农民状况构成了中国社会最基本的国情的一部分，不了解中国农民就不了解中国社会。因此农民问题是关系改革开放和现代化建设全局的重大问题。

农民是农业经济繁荣、农村社会发展的主体，而青年农民则是农民队伍中的生力军。他们担负着承前启后、继往开来的历史重任，是中国未来农村的希望。可以肯定地说，青年农民的基本状况直接或间接地决定了中国社会的政治、经济和文化特征，决定了中国现代化的进程，决定了 21 世纪中国综合国力的强弱。与青年农民所承载的历史重任形成强烈反差的是尽管他们人数众多、存在的问题和面临的困惑较多，但对他们的了解较少、研

究得不够。所以，不如行动起来了解他们、关心他们、研究他们。

据有关资料显示：农村青年的犯罪率高于城镇青年，文化程度低的农村青年犯罪率高于文化程度高的农村青年；农村青年的自杀率高于城镇青年，农村女青年的自杀率高于农村男青年；农村青年对生活质量的自我评价低于城镇青年，农村青年对生存环境不满意程度高于城镇青年。

尽管导致上述结果的原因有很多，但我们认为根本原因还在于对农村青年的精神文化生活缺乏全面的把握、正确的评价、科学的引导和必要的关心。基于这个认识，洛阳师范学院社会调查中心就农村青年文化状况进行了专项调查。调查以问卷为主，并结合访谈。调查地域包括洛阳、三门峡、平顶山、开封、商丘、新乡、焦作、南阳、信阳、许昌、漯河、安阳等地市的 120 个村镇，共发放问卷 1200 份，收回 1172 份，回收率为 97.6%。调查对象包括 18～40 岁男性 712 人，女性 460 人；乡镇 632 人，村庄 540 人。走访人数达450 多人次。

调查结果表明，处于社会转型期的青年农民，在从自然经济转向市场经济、从传统的农业社会转向现代的工业社会、从粗放型经济增长方式转向集约型经济增长方式的过程中，所面对的外界诱惑是前所未有的，面临的精神压力也是巨大的。因为三个转向都要求农民的思维方法、价值观念、道德规范经历一个"扬弃"和"再塑"的过程。这个过程是从无序走向有序、从失范走向规范的过程；是既有告别传统后的轻松愉快，又有走向新天地的一时迷茫和不知所措。尽管如此，青年农民对现在的生活是满意的、对未来是充满希望的。

第二篇　青年农民精神文化生活的基本状况

一、政治社会观

调查表明当代农村青年已经不追求盲目的崇拜，更不喜欢空洞的说教、抽象的理论，而是面对现实，冷静思索，把对党、对国家、对社会主义的热爱体现在对农村改革和经济事业的拥护和参与上，把对事业的追求化作实实在在的行动。(略)

二、理想与信仰

趋于现实的理想心态。座谈中，青年农民都有明确的理想和奋斗目标。他们或者是为了做好本职工作，获得领导的信任和升迁机会；或者是为学习一技之长，实现脱贫致富；或者是为走出黄土地，在城市获得一份理想的工作；或者是经商、办企业，把事业做大。总体而言，青年农民的理想心态呈现出阶段性、务实性和层次性。(略)

三、道德观

传统美德的继承性。农村青年绝大多数喜欢听历史故事，看反映历史事件的电视剧，崇拜历史上的英雄人物如包青天、岳飞等。受传统文化的影响，他们呼唤传统美德、渴望社会太平、安详、宁和，人与人之间和睦相处、相互尊重。对目前在社会上少数人中盛行的金钱至上、个人主义等看不惯。(略)

四、生活与交友

与老一辈相比，青年农民的生活观呈现出鲜明的时代色彩，已经开始由封闭、保守、节俭、单一转向开放、进取、丰富多彩。(略)

五、民主法制观

青年农民法律意识日益强化，法律知识知之较少。市场经济是法制经济，不懂法、不知法，就寸步难行。在问卷和访谈中，不少人通过报纸、杂志、广播、电视等媒体学习与现行农村政策及乡镇企业发展有直接关联的法律常识，主动了解掌握有关法律程序上的疑难问题。但从总体上看，青年农民的法律知识很少，获得的途径较单一。(略)

六、教育科技观

青年农民文化程度呈提高的态势，知识价值被共同肯定。与他们的前辈相比，青年农民的受教育程度、文化水平、科学素质均比较高。(略)

七、职业观

随着农村人口的膨胀、人均耕地的减少、农村剩余劳动力的增多，青年农民开始走出黄土地，把视角投向更广阔的天地。(略)

八、婚恋观

改革开放20多年来，农村青年的恋爱观在多种文化冲击中升华；婚姻状况在变化中进步；家庭规模在不知不觉中变小。原来最为村人看重的一些封建观念在逐渐淡化，但未婚同居、婚外恋、离婚等种种看似不可思议的事情正在乡村越来越多地出现。尽管如此，符合我国国情的婚恋家庭道德观念在农村青年中仍占主导地位。(略)

第三篇　思考与对策

在改革开放的20余年中，我国农村发生了三次历史性飞跃，一是家庭联产承包责任制的实施，二是乡镇企业的遍地开花，三是目前正在推进的小城镇建设。与此相适应，农村社会经济生活出现了前所未有的大变动、大震荡、大发展。在这个社会经济转型期，正如上所述，农村青年的文化精神生活发生了剧变。特别是青年农民大量地向城镇和非农产业的转移，把各种价值观念和生活习俗带给了城市，但它们很快又被城市的运作规则所同化、所融合。相反，城市的理念、生活方式、价值观念从各个方面对他们进行了重塑，在潜移默化中拓宽了青年农民的视野，使他们的价值取向、人生追求发生了极大的转换。上述青年农民精神文化生活的基本状况，可以概括出以下几大特点：①生活方式城市化；(略)②理想追求实际化；(略)③社会交往简单化；(略)④法制意识增强；(略)⑤职业流动频繁；(略)⑥婚嫁生育趋晚；(略)⑦价值观念多样化；(略)⑧与城市青年价值观趋近趋同。(略)

如何加强农村精神文明建设的力度，如何使他们的人生态度、理想信念、生活方式、价值观念与整个社会的主导价值体系取得一致，从而激发起广大农村青年为中华民族的伟大复兴而努力奋斗的爱国热情，这一问题值得引起农村各级党团组织的高度重视。在此，仅提出若干粗略的措施。

(1) 坚持正确思想导向，提升农村青年工作的文化内涵。针对青年中存在的"信仰真空"与"价值迷茫"现象，要坚持以理想信念教育为核心，始终将构筑青年的共同理想和精神支柱作为首要任务。

提升农村青年工作的文化内涵，必须着力从两个方面寻求突破：一是使青年进一步对传统文化的吸纳与超越；二是努力建立理想信念的文化构架。

(2) 服务青年实际要求，务实思想政治工作的群众基础。调查资料在显示青年对人生

的追求务实多样的同时，也反映出青年对"精神家园"的渴望。这表明青年除了功利色彩较浓的浅层需求之外，还渴望弥补一种较为深层的"精神缺失"，他们向往一片纯净的私人空间，追求自己的精神家园。因此，首先，我们要努力净化青年的成长环境；其次，我们应当以趣味盎然的特色活动吸引和凝聚青年，为青年农民创造一个想象力的驰骋和创造力的实现的空间，使青年农民在满足自身情趣需求的同时，弥补"精神缺失"，营建丰饶的精神家园。最后，要转变青年农民思想政治工作的组织模式。

（3）发展教育事业，提高青年农民的科技文化素质。改革开放以来，我国农村教育事业取得了令人瞩目的成就。但从总体上讲，农村教育仍然比较落后。据统计，在 4.6 亿农业劳动力中，文盲和半文盲有 1 亿人，占 21.7%；小学文化程度有 2 亿人，占 43.5%。义务教育作为新一代农业劳动者必备的文化要求，是农村职业教育、技术培训的基础。农村义务教育的落后，必然会影响农村职业教育、技术培训和农业科技推广的效果。因此，消灭文盲、提高入学率、减少辍学率成为农村教育工作的重点。

（4）增大投入力度，加快基础文化设施建设。文化基础设施是精神文明建设的物质保证。基础设施完备与否，直接影响到青年农民的精神文化生活的质量和水平。从各县(市)的总体情况来看，科技馆、文化馆、博物馆、图书馆和青少年活动场所等文化设施数量偏少，分布不均衡，条件差。所以，各级政府要加大对这些公益设施的投入，创造一个良好的活动环境。同时也要加强对作为文化产业发展起来的各类场、馆、厅等的管理，使其按照社会主义精神文明的方向健康发展。

(资料来源：掌桥科研. 思考与对策[J/OL].(2006-10-13)[2023-09-25]. https://www.zhangqiaokeyan.com/academic-degree-domesticc_mphd_thesis/020314560023.html)

【评析】

这是一篇反映农村社会基本状况的调查报告。这篇调查报告着眼于当前我国青年农民的精神文化生活问题，也是社会主义精神文明建设予以重视的方面。因此，在选题上把握了社会热点和社会公众所关注的问题。在调查方法上主要采用了问卷方式，并结合访谈，增强了调查的科学性。调查报告从八个方面阐述了当代青年农民的思想观念、精神风貌，使人们能较为全面、系统地了解当今青年农民精神文化生活的状况。报告主要采用横式结构，兼用对比式，通过分析比较，概括出农村青年的精神文化生活的八大特点，并提出了加强农村精神文明的若干措施。整篇报告条理清楚，结构完整，真实可信，结果明确，有较强的说服力。

3.5　简　报

简报是党政机关、社会团体、企事业单位编发的反映情况、传播信息、交流经验、指导工作的一种摘要性的内部文件，也叫作"情况反映""情况交流""简讯""动态""内部参考"等。

3.5.1　简报的种类

按照简报的内容和性质，简报可分为三种类型。

1. 工作情况简报

常见的"工作动态""督查工作情况""重点工程简讯""科技工作情况"等都是工作情况简报。这类简报主要是用于反映工作中的动态和一般工作进展情况。工作情况简报一般长期编发，可定期，也可不定期。

2. 典型经验简报

如"××工作经验""××工作交流""××经验介绍"等都属于典型经验简报。这类简报是专门用来简要介绍一些工作经验和先进典型事迹而使用的。这类简报主要配合某项工作的开展，一般是不定期的。

3. 会议简报

在会议召开期间，为反映会议动态而专门编发的简报即为会议简报。会议简报可以一次会议发一期，也可以一次会议发多期。后一种情况的会议简报，主要用来反映会议进展情况，与会人员讨论提出的重要问题、建议和批评意见，大会决议事项，会议上的重要报告和领导同志讲话的摘要等。会议简报就是要通过一期期的简报，把会议进程中的情况接连不断地反映出来。

3.5.2　简报的特点

1. 时效性

无论何种简报都要讲究时效。简报能否发生作用或所发生作用的大小，关键是看它能否及时报送。如果在问题刚刚发生的时候，简报便及时地加以反映，有关部门得悉就能采取措施防止事态的扩大；当新生事物还在萌芽状态的时候，简报就敏锐地反映出来，有关领导便能积极引导，及时扶持，总结经验，推动事物朝正确的方向更快地发展。简报错过了时机，它的作用就会大大缩小。

2. 简明性

简报要简明扼要。简，不仅是指文字少，篇幅短，更主要的是它追求用少量的文字概括出事实的精髓和意义，做到简短而不失疏漏。简报的主要阅读者是各级领导同志，他们工作很忙，如果简报篇幅太长，领导分身乏术，必然影响对情况的掌握。

3. 新颖性

新颖是简报写作的价值所在。简报只有努力反映新情况、新动向、新问题、新经验，才能发挥它应用的作用；也只有内容新鲜、观点新颖，才能引起领导人的关注。

4. 机密性

简报只在机关、单位内部传阅，不公开发行，这是它与大众传播媒介的主要区别。不同内容的简报，传阅的范围和机密程度也不相同。一般来说，简报发行范围越广，机密程度越低；发行范围越窄，机密程度越高。越是级别高的机关编写的简报，机密程度越高。

3.5.3　简报的写作格式

1. 简报的格式

简报样式像小报，由报头、报核、报尾三部分组成，如图 3-1 所示。

1）报头部分

报头部分，又称版头，一般占首页三分之一的上方版面，用红色反线与正文部分分隔开。报头的内容如下。

(1) 简报名称如《商业工作简报》，在居中位置，用套红大号字体，要求醒目大方。

(2) 期数排在简报名称的正下方，按期序编上，有的还注明总期数。

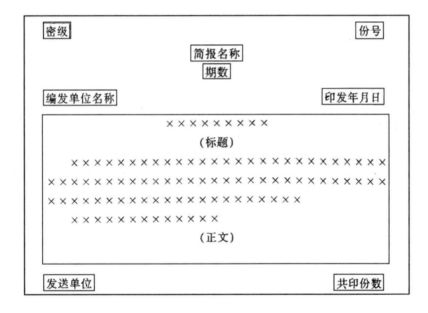

图 3-1　简报样式

(3) 编发单位在横隔线的左上方位置上。

(4) 印发日期在横隔线的右上方位置上。

(5) 密级在报头左侧上方位置，标志密级并加标识*，如"机密*""秘密*"或"内部刊物"；保密时限在标识后写上，如"1 年"或"4 个月"之类。

(6) 份号印在报头右侧上方位置。

2）报核部分

刊登简报文稿的部分称为"报核"，是简报的核心部分，一般由按语、标题、正文、作者四项组成。

3) 报尾部分

报尾在简报最后一页的末尾，用横线将报尾隔开，写上发送单位名称和印制份数。

2. 简报的写法

简报上刊登的文章，一般是一期一篇，也有一期数篇的。简报一般有标题、正文两部分。

1) 标题

简报的标题要表现简报的主要内容或中心思想，力求做到简洁、确切、醒目、生动。简报标题的写法有以下几种。

(1) 概括式。概括式要求准确简要地概括文章的基本内容。如《集体自学是进行自我教育的好形式》。

(2) 提问式。提问式以提问的形式引起读者注意的一种写法。它既概括出简报的基本内容，又表现出作者的态度。如《艰苦朴素的作风还要不要？》。

(3) 双标题式。这种写法用主题和引题配合，使标题充分揭示文章的中心内容，让读者从标题中领悟到文章的主旨。如《以人兴企，以质取胜××建设集团实现速度、效益高增长》。

2) 正文

简报的正文一般由开头、主体、结尾三部分组成。

(1) 开头。简报的开头类似于消息的导语。这部分要开门见山，用简洁的语言概括出简报的主要内容和基本思想，使读者一看开头就略知全篇。

(2) 主体。这部分承接开头，把开头部分的基本内容展开，这部分反映的情况较全面、较详细。主体部分的结构方式如下。第一，顺叙式。要求按照事物发展的时间顺序来安排结构。第二，并列式。要求将要反映的内容分为并列的若干方面，分门别类地作介绍。第三，逻辑关系式。要求按事物的因果、主次、递进等逻辑关系来安排结构。

(3) 结尾。正文的结尾不一定每一篇都有，有的主体写完了，文章就结束了。也有的需要在最后对内容做一强调，阐明事件的意义，指出事件发展的趋势等。

有些内容重要的简报需要加按语，按语的位置应在报核部分的标题之上，它的内容包括简报编发的原因、目的、意义，简报主要内容、价值、意义等。按语要求写得简明扼要，概括性强。

【案例 3-6】简报

法学院"学宪法，讲宪法"主题演讲比赛简报

20××年 10 月 26 日晚，法学院在 429 教室举行"学宪法，讲宪法"主题演讲比赛复赛，此次比赛由演讲与口才协会和法制之家社团骨干担任评委，××主持。

依宪治国，宪在我心。经过连续两场初赛的角逐，此次共有 18 名同学参赛。比赛一开始，选手们紧扣主题，以抑扬顿挫的语气，围绕自己对宪法精神的理解展开了激情演讲。有的选手从"无宪法的阶段"和"有宪法的阶段"两个方面着手，通过层层剖析，实证了宪法是人民的宪法，说明了宪法的重要意义；有的选手围绕宪法大纲中的内容展开论

述，将法条内容与社会热点实事结合，详细讲解了宪法的规范制约作用，保障人权，推动社会稳步向前发展。

上一届演讲与口才协会会长×××对此次演讲比赛进行了点评，他对选手们的进步做出了充分肯定，同时提出了几点要求：

第一、仪态要端正，声音要洪亮，做到有礼，有气，有节。

第二、知识储备要充足，学会挖掘自身亮点，提高演讲能力。

通过这场演讲比赛，同学们了解宪法的起源和发展，全面认识学习宪法的必要性，使同学们自觉养成学守法、懂法的法治意识。

【评析】

这是一份写得简明规范的比赛简报。简报名称标明了比赛内容，标题是一个主题句，正文由前言、主体、结尾组成。前言部分是比赛的组织情况。主体部分分两部分：第一部分介绍了比赛的整体情况，第二部分介绍了参会嘉宾的点评。结尾总结了本次比赛的意义。

【案例 3-7】简报

简报

(第×号)××××局

20××年×月×日

抓好文化补习促进生产发展

××厂是一个青年职工较多的单位，这些青年职工中的大多数人，都是中学生毕业。由于文化水平低，识图、测算等工作都适应不了，直接影响生产任务的完成。针对这种情况，厂里狠抓了青年职工的文化补习工作。

首先，厂领导非常重视。他们把"文化补习"列入了党委的议事日程。党委认为，抓好这件事，不仅是当前生产的需要、是长远利益的需要，也是对青年人的培养。因此，一定要下大力气抓好。各级干部都应该打通思想，改变单纯生产的观点，全力办好这件事。党委统一了思想，又进行了必要的调查研究工作，最后制订了青年职工文化补习计划。计划公布后，又召开了干部、老职工及青年职工的座谈会，号召大家要齐心，做到生产、学习两不误。"青年职工文化补习"的计划公布以后，厂工会、共青团几个车间领导都为落实计划动了脑子、想了办法。他们一方面协助厂教育科找房子、请教师、买教材，另一方面，还深入青年职工中做好动员工作，打消一些人认为"学了用处不大，现在凑合着干也差不多""以前学的东西都忘光了，再学也跟不上，太丢脸"等错误思想，激发了青年职工学习的自觉性和积极性。报名和编班，本来计划用一周的时间，但后来只用了 3 天。

文化补习正式开始以后，来任课的教师和有关的技术人员，积极性都很高，也很尽心，有力地保证了补习工作的进行。教师们为了把课教好，经常找青年职工摸底，征求意见，使讲课有具体的针对性。教师们做的这些工作，常常是利用自己的业余时间进行的。临时来任教的技术人员，虽然他们文化水平高，生产经验丰富，但却缺少教学经验。为了能够讲好课，他们积极地向教师学习教学经验，下班后认真备课，也是常常熬到深夜。他们教课也同样受到了好评。

参加学习的年轻人，开始的时候，思想背着一些包袱，学习情绪不太高，但是由于领导的关心、老师的耐心帮助，逐渐端正了态度。打消了顾虑，积极投入到学习中。有的青年并且提出保证，一定要夺取学习和生产的双丰收。有的青年为了好好学习，找到以前的老师给以帮助，还省吃俭用，买了相关的参考书。

××厂的文化补习，突出地结合了生产，坚持讲以致用和学以致用的原则。老师讲课，除了照顾书本知识的系统性以外，还紧紧结合生产中的具体问题，取得了"生产中遇问题解不开，课堂上一讲就明白"的效果。青年自己也坚持边学边用。由于学习结合了生产，青年感到很实在，有用处，所以都很努力。

通过前一段的文化补习，不仅没有耽误生产，相反大大促进了生产。文化补习以来的6个月，月月都超额完成生产任务，彻底改变了过去"凑凑合合达定额"的状况，这6个月的生产总值，与以往同期相比，超过了30%。××厂虽然抓文化补习取得了显著成绩，但他们并不满足，决心扩大学习面，把学习引向深入。

【评析】

这是一份介绍经验和做法的简报，但其在格式和内容上都存在着一些问题。

(1) 格式不规范。如报头部分，简报名称不完整，应写成"情况简报""工作简报"等。其次，报头结束处，应标示一间隔线，以区分报头与报体。

(2) 重点不突出。本文标题是对全文中心的概括，那么重点应该谈抓学习与促生产的相互关系。但文章第二段、第三段、第四段却大谈补习班的创办、组织工作、教师积极性和端正学习态度，只在第六段笼统地谈了一点"学以致用""结合生产"，造成文章内容本末倒置，没有了中心和重点，不知所云。

(3) 材料不具体、不典型。全篇没有一个实际的事例，只是在做一些表面上的陈述，给人以空洞之感。这样"不知所云，不知所往"的简报，没有参考和教育价值，达不到用先进经验和做法来推动工作的目的。

课 程 思 政

事务文书是机关、团体、企事业单位在处理日常事务时用来沟通信息、安排工作、总结得失、研究问题的实用文体，是应用文写作的重要组成部分。所谓事务文书的思想性，通俗点讲就是事务文书文字背后蕴含的深意，是一篇文稿所要表达的核心主旨。

导向正确是保证事务文书思想性的前提，思想性和政治性密不可分。作为事务文书的起草者，要时刻坚持正确的政治导向，文稿内容组织和语言表达，不能与现行宣传的党的路线方针政策、上级指示精神等相违背，必须要跟紧上级精神和时代要求。就当前而言，必须与习近平新时代中国特色社会主义思想，与党和国家的发展理念保持一致。比如，习近平总书记提出了"共抓大保护，不搞大开发"的思想，如果我们再在文稿中表达"先发展经济再治理环境"的观点，就是导向不正确，文章也就谈不上有思想性了。

思考与练习

一、简答题

(1) 制订计划应注意哪些问题？

(2) 总结有哪些写作要求？

二、写作题

(1) 新学期伊始，请你以班级负责人的身份制订一份班级工作计划。

(2) 请你就大学生的婚恋观、消费观、课外读书等课题在校内开展一次调查活动，拟写一份调查报告。

第 4 章　日常应用文书

教学提示：日常应用文是指个人和单位在处理日常事务、解决实际问题时经常使用的各类文书。它是应用文中使用频率较高、使用范围较广，与人们日常生活最直接、最密切的文书。

教学要求：介绍日常应用文的概念特点；了解日常应用文的种类；学习日常应用文写作要求和方法是本章学习的重点。

4.1　日常应用文书概述

日常应用文是指个人和单位在处理日常事务、解决实际问题时经常使用的各类文书。

4.1.1　日常应用文的特点

日常应用文除了有应用文的一般特点外，还有其独有的几个特点。

1. 使用的广泛性

日常应用文在我们日常工作、学习、生活中经常用到，如当自己借钱购买某物时要写借条，当自己未能及时按约定还清借款时要写欠条，当收到别人的钱物时要写收条，因劳动所得须向单位或个人写领条，因病或其他原因不能正常学习或工作时须写请假条等。日常应用文与我们的生活、工作息息相关。

2. 内容的实用性

日常应用文是解决实际问题的。如上所述的借条，正是在自己因购买某物钱不够时才使用的，它要解决的是通过借款使自己有足够的钱买到该物。其他如收条、领条、欠条、请假条、留言条、启事、海报、介绍信、证明信等都是用来解决实际问题的。因此，日常应用文在内容上具有明显的实用性。

3. 语言的简洁性

因为日常应用文是解决实际问题的，故其语言必须直陈其事、简洁明了、通晓易懂。不能模棱两可，故作含蓄。在日常应用文的写作中，要大量使用一些惯用语，如借条须用"今借到"开头，须用"此据"结尾。介绍信的开头用"兹介绍"，结尾用"请接洽为荷！"且日常应用文正文都非常简短，也体现了语言的简洁性。

4.1.2　日常应用文的种类

根据日常应用文的性质和特点，我们把日常应用文划分为以下三大类型。

1．条据类

单位或个人因买卖、借物等关系给对方的一种作为凭证或说明的具有固定格式的条文叫条据。按其性质和作用的不同，可以分为凭证类条据和说明类条据两种。凭证类条据包括收条、借条、欠条、领条等，说明类条据包括请假条、便条等。

2．告示类

单位或个人向公众告知情况、请求协助、介绍有关产品或服务信息的一类应用文均属告示类应用文，主要包括启事、声明、海报等。

3．书信类

书信是机关、团体、企事业单位或个人用于交流思想、表达情感、社交礼仪、联系工作、商洽事务、传递信息时经常使用的具有一定格式的文章，主要包括介绍信、证明信、自荐信、推荐信、申请书、倡议书等。

4.2　条　　据

单位或个人因买卖、借物等关系给对方的一种作为凭证或说明的具有固定格式的条文叫条据。它是日常生活中最常见的一种简便应用文。平时，碰到一些事情要对别人说明，但由于某种原因无法面谈，或者是由于手续上的需要，常常要采用写条据这种方式。条据记事简洁明了，使用方便，能作为凭据。

4.2.1　说明性条据的写作

1．请假条

请假条是因病或因故不能按时正常工作、上学读书或参加约定的活动，向有关人员或负责人说明情况和请求给予告假的条据。请假条既要说明情况和原因，也要请求给予告假，所以要写明简要的情况和缘由，还要略用恭敬语请求对方谅解和允许。

2．留言条

在日常交流中，没有见到对方，但有些话要向对方说，有些事要托对方办，只好写张条子留给对方，这种条子就叫留言。因此留言条应写清楚留言的原因和具体要求，或另约拜访的时间、地点，或留下自己的联系方式。

3．请假条、留言条的格式

说明性条据的结构一般包括标题、称谓、正文、结束语、落款五部分。

(1) 标题。在第一行居中写上"请假条"或"留言条"三个字。

(2) 称谓。另起一行顶格写称呼，后面加冒号。

(3) 正文。正文部分，请假条要写明请假的原因和请求，留言条要写清需要对方办什么事情，或者告诉对方什么信息。如因事情紧急，还要告诉对方自己的联系电话。

（4）结束语。请假条的结尾可以直接写"请批准"，也可以写"此致，敬礼"等；留言条的结尾可以写一些表示祝愿或谢意的话。"此致，敬礼"的正确写法是：正文结束后另起一行空两格写"此致"，然后再另起一行顶格写"敬礼"。

（5）落款。在右下角署名，在姓名下面写明请假的具体日期(年、月、日、时、分)。

4.2.2　证明性条据的写作

1．收条

收条也叫收据，是收到别人的钱款或财物时写给归还人、赠送人或代送人、代还人作为已收到凭证的条据。

收到的物品和钱款要在收条中具体写明：如果是归还人、赠送人委托他人代送，除了写明归还人、赠送人外，还要在收条中写明代送、代还人的姓名，以示慎重。借物归还的，收到归还物时，应将借条退还给借方或代还人，也可以在收条中一并写清。

2．领条

领条是向他人或单位领取物品或钱款时，所出具的作为已收到的凭据。领条和收条有共同的地方，它们都是作为收到钱款或物品的凭证，但是领条是具条人亲自去取、去领而收到东西时所用的：如果是他人送来或归还的东西，一般不出具领条而应出具收条。

3．借条

借条也叫借据，是借到别人的钱款或财物时，由借方写给被借方作为借到钱物和日后归还的条据。

借条的内容要具体写明所借钱物的名称、种类、数量等，如所借的是钱，金额要写到元、角、分，而且金额一定要大写。借条的落款要写明归还的具体日期，如果出借方允许，也可以只写大致的归还日期或不写归还日期。有的借条中对所借的原因写得很具体，有的就写得比较简略。

4．欠条

欠条是因拖欠他人钱款或物品，约定在一定期限内归还而写给被拖欠人作为凭证的条据。在欠条中一般要写明欠款或欠物的原因、被拖欠人和归还期限、延期归还时间。被拖欠人可以在正文中写明，也可以在尾部拖欠人签名落款前的致送人位置写明。

5．证明性条据的格式

证明性条据的结构一般包括标题、正文、结束语和落款四个部分。

（1）标题。第一行居中写明条据的名称，借条、领条等亦可写上"今借(领)到"字样，而不必写字据名称。

（2）正文。写清向对方借、领、欠、收的物品名称及具体数量或钱款的具体数量，其中涉及的数字必须要大写，如壹、贰、叁、肆、伍、陆、柒、捌、玖、拾、佰、仟、万、亿等，钱款还必须写清币种，如人民币、美元、欧元、英镑等。借条还应写明归还的期限及损失的赔偿等事宜。

(3) 结束语。紧接着正文写"此据"二字。

(4) 落款。署名及立据时间写在右下方。署名前一般应冠以如"借款人"字样。具名应是亲笔签的真实姓名。正规的条据，姓名前面要写单位或地址，签名后还应盖章，以示负责。日期要具体完整。

【案例 4-1】请假条

请假条

孙老师：

　　昨天晚上我受凉，今天早上起来发烧头疼，经省人民医院医生诊断系重感冒，无法来校上课，特请假两天(3 月 15 日、3 月 16 日)，请批准。

　　附：医院证明

　　此致

敬礼

学生：李亮

2023 年 3 月 6 日

【评析】

这则请假条将请假的理由和请假起止时间都写得清清楚楚，符合有关规定。

【案例 4-2】领条

领条

今从劳保科领到纱手套肆拾副，塑料安全帽伍拾顶，保险带肆拾副。

　　此据

×××建筑公司一中队队长：××

2023 年 1 月 4 日

【评析】

这则领条是从有关部门领取物品的凭据，物品及数量写得很清楚，而且用了大写数字，格式规范。

【案例 4-3】借条

借条

今借到杨柳人民币贰仟元整，作房子装修费用，借期两个月，2023 年 5 月 5 日前如数归还。

　　此据

林小丹

2023 年 2 月 5 日

【评析】

这是向别人借钱时写给对方的凭条。因此，写明了钱物的名称、数量及归还的日期，并注意数字用大写。

【案例 4-4】病例·请假条

请假条

李科长：

　　因家有要事，不能上班，请准假。

郭　平

2023 年 5 月 3 日

【评析】

这张请假条存在以下毛病：第一，"请假条"三字应居中写；第二，称呼应顶格写，顶格写了称呼后，应另起一行空两格写正文；第三，没有写明请假的具体原因和请假的起止时间。

【案例 4-5】病例·借条

今借到

广州市××局财务科 900 元。

刘海燕(私章)

2023 年 6 月 21 日

【评析】

这张借条存在以下毛病：第一，没有写明所借钱的币种；第二，钱的数量要用大写数字；第三，应写清楚归还的具体时间。

4.3　启　　事

"启"是告知、陈述的意思，"事"指事情。启事是机关、团体、个人有事需要公开说明或希望公众予以协助办理或帮助、参与的应用文字。启事一般张贴在公共场所或刊登在报刊上，也有的在广播、电视中播出。

启事的种类很多，其中最常见的有这样几类：寻找类启事，如寻人、寻物等启事；告知类启事，如开业、停业、迁址、更名等启事；征招类启事，如招聘、招生、招标、招商、征婚等启事。

4.3.1　启事的写作格式

启事的种类不同，写作方法也不一样，但大体上要具备以下几项。

1. 标题

标题写于第一行正中，要用醒目的大字写出，一般写清楚启事的名称，如招聘启事、寻物启事、征文启事等。有时只写"启事"，但省略文种"启事"，直接写"寻人""招聘""诚聘"等是不对的。也有的启事标题标明性质，如"紧急启事""重要启事"。

2. 正文

正文另起一行空两格写，内容一般包括发启事的目的、意义、原因、要求、条件、特征等。不同种类的启事，侧重点也有所不同。

3. 落款

落款是在正文右下方写明发启事者的单位或姓名，署名下面写上发启事的年月日。

4.3.2　启事的注意事项

(1) 内容力求单一，最好一事一启，所启事项，要表述清楚。内容较多时，条理要清楚，可用序号标出顺序或用条文的形式写。

(2) 语言真挚、诚恳，注意礼貌，可用"请""欢迎""诚聘"等词语，使公众对启事的内容有信任感、对启事的请求有责任感，从而达到启事的目的、收到预期的效果。

(3) 写清楚联系方式，根据需要写清楚通信地址、邮政编码、电话号码等。

【案例 4-6】寻人启事

寻人启事

刘锐，男，1992 年 1 月出生，8 周岁，小学二年级学生。身高 1.20 米，长型脸，单眼皮，眼较小，偏瘦，客家口音，会说普通话，穿一套深蓝色运动衣，2000 年 1 月 5 日上学后至今未归。有知其下落者，请联系××市解放路 10 号刘××，电话：×××××××，酬谢。

【评析】

这则寻人启事详细地将寻找人的姓名、性别、年龄、身高、体型、口音、衣着等交代清楚，有助于别人辨认，最后留下联系地址，方便联系。

【案例 4-7】寻物启事

寻物启事

本人于 4 月 10 日在学校饭堂丢失白色运动上衣一件，长袖，拉链，90 厘米。有拾获者请与教学楼 305 室 99 机械班张明联系，不胜感激。

99 机械班张明

【评析】

这则启事寻找的是丢失的运动衣，写清楚了衣服的颜色、款式、规格，拾获者可以从这些特征来判断衣服是不是该失主的。最后写明了班级的楼名室号，方便联系。

【案例4-8】招领启事

招领启事

本站职工于6月6日拾获旅行袋一个，内有衣服、书籍若干，请失主前来我站认领。

××汽车站

【评析】

这则启事只是写了失物的名称，拾获时间、地点，对于拾物内装的衣服、书籍的数量、特征等并未详细说明。失主需详细描述才可以认领，从而防止别人冒领。

【案例4-9】招聘启事

招聘启事

本公司属私营企业，专业生产木制、金属、玻璃二合一组装餐台、餐椅、茶几等家具，已自设连锁门市一百多家。因业务发展需要，现诚聘下列人员。

一、生产办主任：1名，男性，35～40岁，本科以上文化程度，熟悉家具生产、开发、供应，具备管理800人企业能力，年薪约15万元。

二、车间调度：1名，男性，30～40岁，能协调150～300人生产，年薪6万～9万元。

三、现场管理：4名，男性，30～40岁，大专以上学历，年薪约6万元。

1. 能现场指挥80～120人，精通木工设备及从开料到安装的全过程。

2. 能现场指挥80～120人，精通批灰、粗磨、细磨、喷底油全过程。

3. 能现场指挥60～80人，精通喷油工艺、包装过程。

4. 玻璃加工主管：能现场指挥80～120人，精通玻璃加工设备及从开料到斜边、直边、异形边、雕花、打砂、包装全过程。

四、开发科长、供应科长、质检科长：各1名，男性，30～40岁，大专以上文化程度，在制造业从事相关工作二年以上经验，年薪为6万～9万元。

五、电工：2名，男性，熟悉木工、玻璃、金属加工设备的电器维修、安装，懂空调保养优先，月薪为1700元。

六、维修钳工：4名，男性，28～35岁，熟悉生产家具的木工、玻璃、金属加工设备，能车、锐、锤、刨及电焊，月薪2500元。

七、修色喷油枪手：10名，男性，24～35岁，家具修色、喷油二年以上经验，计件工资，多劳多得。

八、文秘、销售助理：各1名，女性，22～30岁，普通话、粤语流利，专科以上文化程度，文笔流畅，制造业任职二年以上(会计基础优先)，年薪约2.5万～4万元。

应聘者请将个人学历、简历、身份证复印件和近照一张，寄往：××市××路××家具厂人事部张小姐收。邮政编码：×××××，咨询电话：××××××。

【评析】

这则招聘启事将招聘的职位、工种，对招聘人员的要求、待遇、联系方式等写得较清楚，其中对招聘人员的要求写得比较详细，包括性别、年龄、文化程度、工作能力、技术

等，应聘者可从中知道自己是否符合要求。

【案例 4-10】病例

找手表

本人不小心，丢了一块手表，现生活很不方便，拾获者尽快交给我。

王　立
2023 年 5 月 11 日

【评析】

这是一则寻物启事，存在以下毛病：第一，没有写清楚所丢手表的具体特征；第二，没有写联系方式；第三，语言缺乏礼貌。

4.4　海　　报

海报是向广大人民群众报道或介绍有关戏剧、电影、体育比赛或机关、团体、单位举办报告会、展览会、学术讲座、大型文娱活动的招贴文字。海报的形式和种类有很多，主要有戏剧海报、电影海报、体育海报、报告会海报、活动海报等。

4.4.1　海报的写作格式

1. 标题

标题写法一般有以下三种。

(1) 在第一行正中书写"海报"二字，字体大而且醒目，以吸引人们的注意。

(2) 直接书写活动内容，如"球讯""舞会""影讯""文学讲座""书法展览""画展"等，使人一看就知道是什么活动，以引起公众的兴趣。

(3) 在活动内容前加上举办单位，也有的在正标题前加上几句讲明目的、意义、精彩程度等较有文采的话作眉题，以渲染气氛，从而吸引群众。

2. 正文

为了使海报清楚明了、通俗易懂，正文一般采用分项式写法，逐项写出举办活动的目的和意义，活动的时间、地点、内容，参加对象、参加方式、注意事项、举办单位等。

3. 落款

落款写上举办单位名称和时间。如已把这部分内容写到标题和正文中，这里可以省略不写。

4.4.2　海报的注意事项

(1) 内容必须真实，不能为达到某种目的而夸大事实，甚至弄虚作假、欺骗公众。

 应用文写作教程

(2) 文字要力求简洁明了，行文直截了当，语言要带有一定的鼓动性。

(3) 作为张贴性的应用文，可根据内容需要配以象征性的图案或图画，做到图文并茂，以吸引观众。

【案例4-11】球讯

球讯

华东地区第二届"青春杯"大学生男子足球赛决赛将在我校进行。鹿死谁手，我们拭目以待。

比赛双方：××大学队对××大学队

比赛时间：××××月×日下午 3：00

比赛地点：本校足球场

【评析】

这则球讯写得简洁明白，比赛的性质、比赛双方、时间、地点一目了然。

【案例4-12】讲座

心理知识讲座

为丰富同学们的心理学知识、解开同学们心中的青春困惑，我们邀请××大学心理系李××教授前来我校讲授青春期的心理知识，届时李教授将当场回答同学们提出的问题，欢迎同学们参加。

时间：10月22日下午4：00

地点：本校梯形课室

校学生会

2023 年 10 月 20 日

【评析】

这是一则举办知识讲座的海报，开头写了举办讲座的意义，接着说明讲授者及讲座内容，最后写明讲座的时间和地点，明白具体，语言具有一定的感召力。

【案例4-13】病例

××京剧团将于本周应邀来校表演，演出主要节目有《白蛇传》《三岔口》等。

演出时间：本周星期六晚上 7:30—10:30

学生会自即日起每日上午 10:00 至下午 5:00 售票。

××大学学生会

2023 年 3 月 16 日

【评析】

这则海报未对京剧表演的具体地点和售票地点、票价进行说明，同时，语言略显平淡，缺乏鼓动性。

4.5 介 绍 信

　　介绍信，是介绍本单位派出人员前往有关部门商洽事情、联系工作或者参观学习、出席会议时所写的一种专用书信。它具有介绍和证明的双重作用。持信人可凭此同有关机构或个人联系、商洽某些事项。收信机构和个人则可从中了解来人的姓名、身份、政治面貌以及要办什么事情、有什么具体要求和希望等。

4.5.1 介绍信的写作格式

1. 标题

　　在第一行正中位置写"介绍信"三个字，字距要适度，字体要稍大一些。

2. 称呼

　　在第二行顶格写对方单位名称或对方负责人的姓名及称呼，后面加上冒号。

3. 正文

　　另起一行空两格写介绍信的正文内容，开头习惯用"兹""现"。正文中要说明被介绍人的姓名、身份、人数以及要接洽的事情和要求，也可以叙述其他事情。如要办理重要事项或带保密性的事项，还要写明被介绍人的政治面貌、年龄、职务、级别等。

4. 结尾

　　结尾写上"请接洽为荷""请予以协助为感""此致敬礼"等表示敬意或祝愿的话。

5. 落款

　　落款写介绍单位名称和日期，加盖公章。

6. 有效时间

　　在落款左下方加括号注明介绍信有效时间，天数要用汉字大写数字。

4.5.2 介绍信的注意事项

　　(1) 要写明被介绍人的真实姓名和身份，不得冒名顶替。

　　(2) 一份介绍信只用于联系一个单位，不可将盖有公章的空白介绍信发给外出人员自行填写。

　　(3) 接洽和联系的事项要写得简明扼要，尽可能用一句话概括，与此无关的不写。

　　(4) 书写要工整清晰，不得任意涂改。如有涂改，涂改处必须加盖公章。

【案例4-14】介绍信

介绍信

××××公司：

　　兹介绍我公司人事科科长×××同志等伍人，前往贵公司办理有关人事调剂事宜。请予接洽并支持为荷。

××××公司(公章)

2023 年 6 月 12 日 (有效期叁天)

【评析】

　　这是一封用于联系普通事务的介绍信，用一般的公文信纸书写。它准确地介绍了前往的对象、人数、办理的事项。条理清楚，格式规范。

【案例4-15】介绍信

××职业学院介绍信

×院〔××××〕第×号

××××：

　　兹介绍我单位(　　　　)位同志前往贵处，请接洽为荷。

××职业学院(公章)

××××年××月××日(有效期×天)

【评析】

　　这是一种事先印好的空白介绍信，只需按项填写。这种介绍信都自有存根，以供查考之用。

【案例4-16】病例

介绍信

　　兹介绍赵林等三名同志，前往贵单位联系学生实习事宜。

××学院(公章)

2019 年 9 月 8 日

【评析】

　　这则介绍信存在以下毛病：第一，没有写称呼；第二，没有结束语，结尾应写"请予接洽为荷"等表示谢意的话；第三，没有在落款的左下角用大写数字注明介绍信的有效期。

4.6 证 明 信

　　证明信，通称证明。它是以机关、团体、个人的名义证明某人的身份、经历或者证明有关事件的真实情况的专用书信。证明信对了解和考察有关人员和事件的真实情况有着重

要的证明、参考作用。

4.6.1 证明信的写作格式

1. 标题

标题是在第一行中间写上标题"证明信"或"证明"。

2. 称呼

称呼是在第二行顶格书写需要证明的单位的名称，加上冒号。

3. 正文

在第三行空两格起用简明准确的语言写正文。写正文时要针对对方所要求证明的事项、事件、人物等一一交代清楚。

4. 结束语

结尾时一般应紧接正文之后，或另起一行缩两格写"特此证明"或"此致敬礼"。

5. 署名

最后在正文的右下方署名，署名的下方写日期，加盖公章。必要时在左下方末尾处注明有效期。

4.6.2 证明信的注意事项

(1) 证明信的语言要求准确、清楚，讲究分寸。
(2) 态度要严肃认真，实事求是，事实要经得起检验。
(3) 不能用铅笔和红笔书写，若有涂改要加盖公章。
(4) 以个人名义写的证明信，要尽量言之有据，如对事实把握不大，则应写上"仅供参考"字样。

【案例 4-17】证明

证明

江西省××局：

　　我公司××同志，女，现年 21 岁，系××市××中等专业学校一九九八届毕业生，毕业证书遗失，现尚未办理补办手续。

　　特此证明！

南昌市××公司职教科(公章)
2023 年 10 月 9 日

【评析】

这是一份以组织的名义写的学历证明，它写清楚了该同志的年龄、性别、毕业的时间

及出此证明的理由。用词简明、肯定、准确。

【案例 4-18】证明

证明

××××学校:

你校数学教研组的×××老师,2015 年至 2022 年在我校工作,曾在 2017 年、2019 年被评为校先进工作者,2020 年被评为省优秀德育工作者。

特此证明!

××××学校(盖章)

2023 年 11 月 6 日

【评析】

这是一份以单位的名义写的个人工作经历的证明,它清楚地表明了这位老师曾获得的荣誉的真实性,让人从中能了解其工作的状态。

4.7 感 谢 信

感谢信是对单位或个人给予的关怀、帮助、支持、祝贺或勉励等表示感谢的一种书信。感谢信的使用范围很广,感谢相助、感谢捐赠、感谢祝贺、感谢鼓励、感谢探访,都可以使用。有单位给单位的、单位给个人的、个人给单位的、个人给个人的多种方式。感谢信可以张贴,也可以用信纸写好寄给报社、杂志社刊登或电台、电视台播出。

4.7.1 感谢信的写作格式

感谢信一般由标题、称呼、正文、结束语、署名和日期组成。

1. 标题

标题用较大的字体在第一行中间书写"感谢信"或"致××的感谢信"。

2. 称呼

称呼是第二行顶格写被感谢单位的名称或个人姓名,后面加冒号。

3. 正文

正文包括开头、主体、结尾三部分。

开头简要说明自己感谢的原因,比如感谢帮助、感谢捐赠等。必要时先说明自己的身份,免得给人突兀的感觉。

主体概述事情,简述对方给予的关怀、帮助、鼓励等,以及这些关怀、帮助等产生了怎样的作用、效果,并表示感谢。如接受了对方的馈赠,要将收到的款物一一写明,若寄上谢礼,也应在信内提及,以便对方查收。

结尾表明自己向对方学习的态度、决心,也可以写自己今后的努力等。

4. 结束语

结束语写上表示感激、敬意的话。另起一行空两格写上"此致""致以"，然后另起一行顶格写相应的"敬礼""最崇高的敬意""最诚挚的谢意"等。

5. 署名和日期

在正文右下方写发信的单位名称或个人姓名，署名下面写发信的年月日。

4.7.2　感谢信的注意事项

(1) 要对被感谢的对象和事件准确地叙述清楚，使对方的组织和群众能了解是什么人做了什么事，有什么好的影响。

(2) 要高度评价、赞扬对方的行为。

(3) 表示感谢的话要符合双方的身份；语言要真挚、朴实；表达决心要切合实际。

(4) 文字要简练，篇幅不能过长。

【案例 4-19】感谢信

致李志刚的感谢信

××青年职业学院：

　　我是一名正在上初一的学生，去年，一场特大洪水冲垮了我的家园、我的学校。后来，洪水虽然退了，但由于我家里再也拿不出钱来供我上学，家里一狠心，让我跟别人去打工。听到我的哀求声，正在我村访友的一位大哥前来劝说，并掏出二百元给我当学费，但他始终不透露姓名，并叮嘱他朋友也不要说，由于他的二百元钱和后来政府的救济款，我没有失学。今年一个偶然的机会，我才得知他的名字叫李志刚，是贵校九七级的学生，今特写此信，向他表示衷心的感谢，并请求学校对他这种乐于助人的可贵精神予以表扬。我决心在以后的日子里认真学习，以优异的成绩来报答他对我的无私帮助，学习他那乐于助人的高贵品质，做一个优秀的对社会有用的人。

　　此致

敬礼

江西省九江县×××镇××村张萍

二○二三年四月五日

【评析】

　　这是一封个人写给单位的、对他人给予自己帮助的感谢信。开头写明感谢对象的先进事迹，将事件的前因后果进行了简要的叙述，接着满怀感激之情赞扬对方的可贵精神，并请求感谢对象所在学校对其进行表彰，最后表示了向他学习的决心和态度。这封感谢信虽简短，但真诚得体。

【案例 4-20】病例

××中学领导：

①我的女儿在去年的一次车祸中，失去了左腿，使她成为残疾姑娘。②一年多来，老师和同学们无微不至地关心她，给她补课，替她交作业。③尤其是班主任董老师给她送来的"身残志坚"的条幅，成了激励她奋斗的座右铭。④老师和同学们关心残疾人、助人为乐的精神，是值得我们学习的。⑤在大家的鼓励和帮助下，我的女儿战胜了伤残，如今已能拐着拐杖走路了，她加倍努力学习，成绩在班级名列前茅。我们全家向董老师和同学们表示衷心的感谢，并请学校领导给予表扬。

学生家长：胡××

【评析】

从感谢信的写作要求来看，这封信存在的主要问题有：第一，没有标题，在第一行正中应写上"感谢信"三字；第二，写给领导者个人的信，称呼前加上"尊敬的"这样表敬意的词语；第三，开头要说明自己的身份并简要说明感谢的原因；第四，无结束语，应写"此致敬礼"之类的结束语；第五，署名下要写上发信的年月日；第六，从语言方面来看，第①句有语病，应改成"在去年的一次车祸中，我女儿×××失去了左腿，成了残疾姑娘"，信中第⑤句应放在第④句前，这样，这封信的思路才流畅。

4.8 表 扬 信

表扬信是以集体或个人的名义对某些单位、个人的先进思想、模范事迹表示赞扬的专用书信。表扬信的表达形式，通常是寄送给受表扬的单位，重要的、有社会价值的可以在报刊发表，也可以用大纸抄出在公共场所张贴。表扬信对于形成良好的社会风尚有重要的作用。它是宣传新人新事、颂扬团结互助、表彰先进思想的重要工具。

4.8.1 表扬信的写作格式

一般的表扬信可分为五个部分。

1. 标题

标题即正中写"表扬信"三个字或"×××对×××的表扬信"。

2. 称谓

称谓即写被表扬的单位、个人的名称。

3. 正文

正文另起一行，主要写表扬的具体内容，包括：叙述缘由，即叙述表扬对象事迹的发生、经过、结果，要突出主要事迹，反映先进思想；评价赞扬，即在叙述事实的基础上，论述其意义，评论其价值，对表扬者给予热情的赞扬和鼓励。

4. 结尾

如写给被表扬者的单位，结尾可提出表扬的具体建议，如"请在适当场合给予公开表扬"等；如写给本人，结尾可写表示祝愿的话，如"谨表示谢意"等。

5. 署名与日期

最后写上发信单位名称或个人姓名。日期写在署名的下方。

4.8.2　表扬信的注意事项

(1) 事实要具体，思想要突出。表扬的事件，如时间、地点、人物、经过等要叙述具体，充分反映动人的事迹和先进的思想。

(2) 评价要公允，赞扬要恰当。评价要恰如其分，客观地分析取得成就的各种因素，不空发表议论，不以偏概全，不夸张溢美。

(3) 态度要亲切，语气要热情。表扬信的感情色彩要浓，充满激情，语句流畅，生动活泼。

【案例 4-21】表扬信

表扬信

××中学：

昨天我食品公司从外地运回一批糕点、糖果等商品，因卡车有急事暂时将货物卸在仓库前的马路边。下午两点左右，我们正往门市部仓库里运时，忽然雷声隆隆，豆大的雨点落下来了，大家正急得不知所措时，贵中学一群放学回家的学生赶到，立即投入抢运货物的战斗中。他们扛的扛、搬的搬，使我们几千元的商品免遭损坏，我们万分感激，拿出糖果表示谢意，可他们坚决不肯接受，并且连姓名也不愿留下。

他们爱国家、爱集体，做好事不留名的优秀品质使我们深受感动，请贵校对他们的精神广为宣传，对他们的行为大力表扬！

××食品公司

2023 年 6 月 12 日

【评析】

这封表扬信先叙述了事情发生的经过，接着对学生的行为进行了高度的评价，指出意义所在，最后提议××中学对他们进行表扬，语言朴实，感情热诚、恳切。

【案例 4-22】病例

表扬信

××中学：

在开展"全民文明礼貌月"活动中，你校学生在学校领导、教师的带动下，为建设精神文明作出了可喜的成绩，在我市起了模范带头作用。为此，特授予你校"五讲四美标兵"的光荣称号。

希望你校全体师生发扬优良作风，戒骄戒躁，为取得更大的成绩而努力！

××市人民政府

××××年×月×日

【评析】

这是××市人民政府写给××中学的表扬信，信中对被表扬者给予了高度的赞扬，但对被表扬者的先进事迹缺乏具体的叙述，因此，对他们的评价有空发议论之嫌，向他们授予的荣誉称号也难以令人心服口服。

4.9 申 请 书

申请书是个人或集体向组织表达愿望、向上级领导或有关部门提出某种要求而撰写的一种专用书信。有申请参加某个组织的，有申请参加某项工作的，有请求解决某一实际问题的等。因此，申请书是个人、下级对组织或对上级、机关团体、单位请求的一种手段。

4.9.1 申请书的写作格式

申请书属于专用书信，它和其他专用书信的格式大体相同，通常包括标题、正文、落款三大部分。

1. 标题

标题写在第一行正中，一般直接用"申请书"作为标题，有的还可以加上事由在前，如"入团申请书""调动申请书"等。

2. 正文

这是申请书的主要内容，一般包括如下几项。

(1) 称谓。写上接受申请书的部门、组织的名称或有关负责人的姓名。要顶格写，以表示尊重。

(2) 正文中心部分。内容包括提出申请的理由、申请的具体事项及要求，有时还要表明申请人的态度或提出保证。要求理由充分，言简意赅，重点突出，有条有理。

(3) 结尾。申请书可以有结尾，也可以没有单独的结尾。结尾一般写表示致敬或要求的话。

3. 落款

在申请书的正文的右下方，写上申请人或申请单位的名称，在名称下面写上年月日。

4.9.2 申请书的注意事项

(1) 申请的事项应简明、扼要，申请的理由要充分、恳切。

(2) 要看准对象，根据接受申请书的有关部门或领导的情况来安排写法。对其不了解

或了解不详细的情况，要详写；反之，则要略写。

【案例4-23】申请书

开业申请书

××市工商局：

　　我是一名待业青年，2002 年高中毕业后一直在家闲居，我不甘心坐享其成，也不想过悠闲无聊的生活。2003 年 8 月，我参加了市劳动局主办的第 3 期家电维修培训班，刻苦钻研家电知识，学习家电修理技术。现在，我已掌握了维修国产和进口电视机、空调、微波炉等家电的技术，并取得家用电器维修职业中级等级证，为了减轻国家负担、给社会做点贡献，也为了改变依靠父母养活的状况，我申请开办个体户无线电修理门市部，请批准我的请求，发给营业执照。

　　开业后，我保证遵守国家的政策、法令，维护市场秩序，按章缴纳税金。

　　此致

敬礼

申请人：×××

2014 年 4 月 6 日

【评析】

　　这是一则申请开业的申请书。根据当事人的实际情况写出了申请目的、开业性质、经营方式、保证等，让有关人员一看便能明白。

【案例4-24】申请书

入党申请书

敬爱的党组织：

　　我志愿加入中国共产党。中国共产党是中国工人阶级的先锋队、是中华民族的先锋队，始终代表先进生产力的发展要求，始终代表先进文化的前进方向，始终代表最广大人民的根本利益，是中国社会主义事业的领导核心，党的最终目标是实现共产主义的社会制度。中国共产党以马克思列宁主义、毛泽东思想、邓小平理论、"三个代表"重要思想、科学发展观、习近平新时代中国特色社会主义思想作为自己的行动指南。中国共产党领导全国各族人民，在长期的反对帝国主义、封建主义、官僚资本主义的革命斗争中，取得了新民主主义革命的胜利，确立了社会主义制度，发展了社会主义的经济、政治和文化。十一届三中全会以来，党总结正反两方面的经验，解放思想，实事求是，实现全党工作重心向经济建设的转移，实行改革开放，把马克思主义的基本原理与当代中国社会主义建设的实践相结合，逐步形成了建设有中国特色社会主义的理论和政策、路线、方针，开创了社会主义事业发展的新时期。总之，没有中国共产党，就没有中国革命的胜利与社会主义建设成功。

　　作为一名团员、作为党的后备队的一员，我一直严格要求自己，用实际行动来证明团员的价值和团员的先锋作用。随着年龄与文化知识的增长，我对党的认识也越来越深，加

入到党组织中来的愿望也越来越强烈，所以我平时不断地加强自身修养，经常学习党的理论知识，用党性来武装自己的头脑；在实际行动上，积极与党中央保持一致，积极参加团的各项活动，时刻争做一名优秀团员。

进入××省团校学习以来，思想、学习、工作、生活等方面都进入了人生的一个新起点，尤其在思想上，对自己有了更进一步的要求，即争取早日加入到党组织中来。为了规范自己的行为，指正思想的航向，我争取做到以下几点。

一、思想上严格要求自己，在平时多学有关党的理论知识，多研究时事，时刻与党中央保持一致，用党员的标准来严格要求自己，争取做到思想上先入党。

二、努力学习文化知识，对于所学的每一门功课都一丝不苟、严肃对待，努力钻研，争取每一门功课都达到"优"，为以后走上工作岗位打下坚实的基础。

三、积极参加校、系、班开展的各项活动，尽量发挥自己的特长，兼顾校、系、班的利益，真正起到先锋模范作用。

四、在平时的日常生活中，时刻保持与同学的良好关系，热心主动地帮助有困难的同学，同时要求自己生活朴素、节俭，发扬党员的优良传统。

我将努力做到以上四点，并随时向身边的优秀同学看齐、向优秀党员看齐，始终以党员的标准来严格要求自己的一言一行。

如果自己有幸成为一名党员，那将是我最大的光荣。我将时刻牢记党员的责任，遵守党的纪律，严守党的秘密，认真履行党员的义务，争做一名优秀党员，为党和国家的建设事业贡献自己的一生。

如果因为自己还存在某些不足，暂时不能加入到党组织中来，我也不会气馁，我会更加严格要求自己，争取早日成为一名党员。

请党组织考验我！

申请人：×××

2023 年 2 月 28 日

【评析】

这是一份入党申请书。申请人首先谈了自己对党的性质、宗旨、指导思想和对党的历史的认识，由此表达自己对加入党组织的迫切愿望，对今后思想、工作、学习、生活等方面的打算，最后表示决心，即一颗红心两种准备。内容条理清楚，语言恳切。

【案例 4-25】申请书

申请书

××领导：

我想申请参加明年的成人大专夜大招生考试，以求得继续深造的机会，希望领导批准我这一申请。

此致

敬礼

申请人：×××

2014 年 2 月 9 日

【评析】

这是一封申请参加成人大专夜大招生考试的申请书，但申请理由写得过于简单，写了申请事项后，还要向领导保证在复习备考期间，决不影响本职工作等。

4.10　倡　议　书

倡议书是机关、单位、团体，或某个会议的代表、某一群体，为开展或推动某项活动或事业，向社会或有关方面首先公开提出、带有号召性的一种文体。

倡议书有个人发起和集体发起两种类型。无论是个人发起的倡议还是集体发起的倡议，都不是对一个人、一个小集体，而是对一个单位、一个部门、一个地区、一个系统，甚至是向全国发出倡议。它可以由广播电台、电视台播发，也可以在报纸刊物上登载。倡议书虽然没有任何强制性，但是有着特殊的价值和作用。倡议的目的是希望别人能够响应，加以倡议的事项大多属于新生事物或者长期停办而又急需复兴的事情，通过阐明所倡议事项的必要性和重要性，可以进一步加深人们对某项活动或事业的理解和认识，争取人们的响应和支持，从而在更大范围内调动群众的积极性和创造性，推动这一活动或事业的发展。

4.10.1　倡议书的写作格式

倡议书由标题、称呼、正文和落款四个部分组成。

1. 标题

倡议书的标题有三种写法：一是只写"倡议书"三字，居中排列；二是由发倡议的机关(单位)名、事由和文种(倡议书)组成，如《教育部、中国文字改革委员会等十五单位关于大家都来说普通话的倡议书》；三是在标题中概括倡议内容或明确倡议对象，如《树立师德风范，培育"四有"新人的倡议书》《致全国基层党组织和党务工作者的倡议书》。

2. 称呼

称呼即倡议对象的名称。写作时应当明确范围，语气应既庄重又亲切，如"全市广大教职工""亲爱的同学们"等。

3. 正文

倡议书的正文通常由引言、主体和结尾三部分构成。

(1) 引言。引言要简明扼要地写清楚发出倡议的根据、原因、目的和意义。这部分主要是为了让人们理解为什么要发倡议，使响应者的行动有明确的方向。

(2) 主体。主体要翔实地写明倡议的具体内容和要求做到的具体事项。要求应具体、实在，通常是分条或分段写，从几个方面提出，便于倡议对象理解和付诸行动。

(3) 结尾。结尾表明倡议者的决心和希望。

4. 落款

落款即署名和日期，应写明倡议者的名称和发出倡议的时间。

4.10.2 倡议书的注意事项

(1) 内容具有可行性。倡议书所倡导的事项必须是人们十分关心的事情，而且对推动当前工作具有现实意义。倡议书的内容应当是对国家、对人民有利而且可以办得到的事情，所提的条件和要求具有可行性。

(2) 语言具有号召性。倡议书要起到一种带动、宣传和鼓励的作用，语言应富有感染力和号召力，达到使有关方面积极响应倡议的目的。

(3) 发布应具公开性。为了扩大影响，起到宣传教育的作用，倡议书应公开张贴、广播，或在报刊刊登，或在一定范围的干部群众会议上宣读，以便让更多的人知道倡议书的内容。

【案例4-26】倡议书

净化网络环境的倡议书

当前，随着互联网和手机媒体新技术的不断涌现，网络谣言、违法信息传播方式越来越隐蔽，净化网络文化环境的任务依然十分繁重。网络文明关系全体网民的切身利益，关系社会主义精神文明建设，关系国家和民族的未来发展。为了营造良好的网络环境全体互联网从业者的共同责任。互联网协会向全行业发起倡议。

一、遵守法律，弘扬文化。自觉遵守国家法律、法规，弘扬优秀传统文化、文明道德准则，推进网络文明建设；

二、建立健全网站内部管理制度。完善信息内容审核机制，落实信息安全岗位责任，大力推进技术进步和创新，遏制网络不良信息传播，展营造良好网络氛围；

三、自觉履行法定义务，承担社会责任。坚持文明办网，构建绿色网络文化空间；

四、加强行业自律，不断提高社会公信力。建立受理举报制度，组织网络志愿者监督队伍，开设举报专栏、举报电话和举报邮箱，对网民反映的问题认真整改；

五、提高办网水平，制作、传播优秀的网络文化产品。建设传播先进文化的前沿阵地、提供公共文化服务平台，促进精神文化生活健康发展。

最后，请大家积极行动起来，从我做起，为绿色互联网做出贡献。

(落款)中国互联网协会

20××年×月×日

【评析】

本倡议书一开始交代清楚倡议活动的原因以及当时的各种背景事实，申明发布倡议的目的，然后清晰表明倡议的内容，结尾处表示倡议者的决心和希望。从内容、语言和发布，本文是一篇优秀的倡议书。

【案例4-27】倡议书

倡议书

同学们：

当万物回春、百花争先的时候，全国正掀起了向雷锋同志学习的热潮，03(1)班的同学

在校领导、学生处和班主任的支持下，把洗澡间、垃圾堆放处打扫干净，这是我校开展学雷锋的很好的开端。为使这活动在我校开花结果，我班向全校同学发出以下倡议。

(1) 各班都要做一至两件好事。

(2) 共同保持我校环境清洁，不乱倒饭菜、乱扔纸屑。

(3) 自觉遵守和协助维护学校的各项纪律，我们要用实际行动证明，雷锋精神永存祖国，永驻校园。

此致

敬礼！

03(1)班班委、团支部

2018 年 3 月 28 日

【评析】

这封倡议书存在的毛病有：第一，称呼要显得庄重而亲切，可写"亲爱的同学们"；第二，倡议的原因不充分，尤其其中写到本班所做的好事，有"王婆卖瓜自卖自夸"之嫌，而雷锋同志做好事是不留名的；第三，倡议(1)没有写清楚倡议的具体事项；第四，倡议书不用写"此致敬礼"。

4.11　求　职　信

求职信，是指求职人向用人单位介绍自己的情况，以谋求某一职务或岗位的书信，又称自荐信。它是在双向选择的新的用人机制下，为适应就业竞争需要而出现的应用文体。求职信能充分表达个人意愿，向用人单位展示自己的才能和特长；用人单位可以通过求职信了解情况，从而决定是否给求职者一个面试的机会，并进而决定是否录用。因此，可以说，求职信是求职者在求职的道路上迈出的第一步，也是关键的一步；它是求职者找到理想工作、实现人生价值的一座桥梁，也是人才市场解决人才需求问题的一种手段；它是求职人求职不可或缺的书面文字材料，也是用人单位对其进行考核并作出是否录用的重要依据。

4.11.1　求职信的写作格式

求职信的书写格式，一般由标题、称谓、正文、结尾语、落款、附件几部分组成。

1. 标题

标题可直接标明文种"求职信""求职书"，位置居中。

2. 称谓

称谓在标题下一行顶格书写。收信单位是单位或部门的，可直接写单位或部门的名称，如"××公司""××工厂人事科"。收信对象是单位联系人或单位、部门负责人的，则写上姓名、尊称或职务名称，"××先生""××小姐""××经理"等。有时，

还可以在称谓前面加上表示尊敬的词语，如"尊敬的××先生"。

3. 正文

正文另起一行空两格写，主要内容如下。

（1）求职的缘由。开门见山，首先说明求职的缘起，即为什么要向该用人单位求职，是通过何种途径获得该用人单位的招聘信息的。然后，根据用人单位所需和自己所长，提出所要应聘的具体岗位名称和职务，注意不可同时应聘多种不相干的职务。

（2）自荐人的基本条件。其中包括姓名、性别、年龄、籍贯、政治面貌、文化程度、职业等要素，要如实写清楚，特别要着重介绍自己的知识结构、业务能力、实践经历、工作成绩、基本素质、兴趣爱好等内容。这一部分是决定求职成败的关键。因此，要写得充分又具体。对于所学课程，可以列上几门最主要、最有特色的专业课，一些公共课、基础课不必写上。对于大学生来说，实践经历包括勤工俭学、课外活动、义务工作、参加各种各样的社团组织、实习经历和实习单位的评价等。这部分内容要写得详细些，写明你在社团中、在活动中做了哪些工作，取得了什么样的成绩。用人单位要通过求职者的这些经历考察其团队精神、组织协调能力等。兴趣爱好可以列上两三项，用人单位可就此观察求职者的工作、生活态度。

在写法上，这部分通常采用"简历"式的写法，将自己在不同时期的工作或学习情况特别是所取得的成绩反映出来，要注意对自身所具有的才能和专长的展示，即要揭示出才能、专长与所取得成绩之间的因果关系，使之紧密地结合起来。通过展示，能够充分反映出自荐人胜任某项工作的能力，从而令单位信服。

（3）被聘后的打算。这部分要用简明扼要的语言写明被录用以后应当如何去做。求职者应对自己所求职位有一定的了解，并可假设已被聘任，对应聘岗位提出自己的设想、目标及实现的具体措施。目标要明确，措施要有可行性。

（4）请求语。以诚恳的态度提出求职的愿望和要求。如希望对方给予回信的愿望以及能有一个面谈的机会等。

4. 结束语

结束语是以表示敬意或祝愿的话作为结束，另起一行空两格写"此致"，再转行顶格写"敬礼"。

5. 落款

在结尾语右下方写上姓名，可以用"敬上"或"谨上"等词以示礼貌和谦逊。姓名下面写日期。

6. 附件

附件是信后附上有关资料，如简历表、学历证书、资格证书、技术等级证、获奖证书以及能证明自己优势的有关材料。附件要有较强的说服力和凭证性。此外，还要注明求职人的通信地址、邮编和电话号码等信息，以便于联系。

4.11.2　求职信的注意事项

（1）实事求是。求职人在进行自我推荐时，应实事求是地介绍自己的学历、资历、专长等，用语谦虚有礼、不卑不亢，不能夸大或虚构，但也不能过分谦虚而将自己各方面的能力讲得平平淡淡，最好的办法是用成绩和事实代替华而不实的修饰语，恰如其分地介绍自己。

（2）目的明确。为达到获得职位的目的，求职者应根据用人单位的要求，所聘职位、工种的要求有重点地推荐自己，突出自己与工作要求相符的特长、性格与能力，突出自己的有利条件，还可以用简明的语言谈谈自己的兴趣、爱好、品质等。

（3）措辞得当。写求职信要注意到自己的求职身份，即你有求于对方，因此，在措辞上一定要讲究，要谦恭有礼，切不可粗心大意，引起对方反感。

（4）文字简洁，书写清楚、美观。每到招聘的时候，一个企业，尤其是大企业会收到很多份求职信和简历，工作人员不可能每一份都仔细研读，建议求职信只要一页纸就足够了。此外，求职信可手写，也可打印。手写切忌字迹潦草、龙飞凤舞，以免给用人单位留下办事草率、敷衍了事的不好印象。另外，求职信中千万不能有错别字。

【案例 4-28】求职信

求职信

尊敬的××公司××经理：

　　首先，为我的冒昧打扰向您表示真诚的歉意。在即将毕业之际，我怀着对贵公司的无比信任与仰慕，斗胆投石问路，希望能成为贵公司一员，为公司服务。

　　我是××理工学院计算机软件专业学生，将于今年 7 月毕业，在大学四年中，我努力学习各门基础课及专业课，并取得了良好的成绩(见附件)，英语已通过六级考试(见附件)，本人不仅能熟练地掌握学校的课程(JAVA、Python、C 语言等)，而且还自学了 Photoshop、3ds Max 等，专业能力强，曾获学校计算机软件设计比赛一等奖。

　　作为一名新时代的大学生，我非常注意各方面能力的培养，积极参加社会实践，曾在××保险公司做业务员、在×××做过星级训练员，还在××信息有限公司做过网络工程师，爱好广泛，有责任感，吃苦耐劳。

　　本人祈盼能成为贵公司一员，从事计算机管理等工作。诚然，我现在还缺乏丰富的社会经验和广泛的社会关系，如果公司给我机会，我会用我的热情、勤奋来弥补，用我的知识、能力来回报贵公司的赏识。

　　盼望您能给我一次面谈的机会，随信附上简历、学校推荐表、英语等级证书、获奖证书等的复印件。

　　此致

敬礼

张×敬上

二○二三年四月六日

联系地址：××理工学院计算机系 17 级 1 班

邮政编码：××××××

【评析】

这是一封求职信，是在不知公司是否招人的情况下写的，开头写得谦恭有礼，写明了自己求职的原因。主体部分介绍了自己的学习情况，突出了自己的专业技能，强调自己积极参加社会实践，有一定的经验。最后用恳切的言辞表达了自己的愿望和决心。用语谦恭有礼，不卑不亢。

【案例 4-29】求职信

<h2 style="text-align:center">求职信</h2>

××公司总经理先生：

　　您好！

　　我叫××，女，23 岁，将于今年 7 月毕业于××大学中文系。求学期间我就十分仰慕贵公司，近日多次从电视、报纸等媒体看到有关贵公司的报道，更激发起我到贵公司求职的渴望。

　　大学四年，我系统地学习了中文专业的所有课程，并选修过公关文秘专业的课程，取得了优良成绩，有较好的口头表达能力和写作能力，获得了我校第二届演讲比赛二等奖。为了适应社会的需要，我还利用业余时间学习电脑知识，能熟练地操作电脑，尤其是能熟练地操作和使用 Office。

　　在校期间我曾参加了英语系高年级选修课的学习并获得了优异成绩，英语已通过了六级考试，可以完成比较复杂的笔译与口译。

　　在校期间我能注意培养自己的综合素质，积极参加社会实践活动，曾任学生会的宣传干事，有一定的工作能力和社交能力。

　　我希望自己有幸能成为贵公司的一员，也自信能胜任秘书或相关职务。我知道，以公司的名望，求职者是人才济济，恳请公司给我一次机会，如蒙录用，本人一定忠于职守，竭尽全力为公司效力。随信附上本人简历及获奖证书、英语等级证书的复印件。

　　此致

敬礼

××大学中文系　××谨上

二〇二三年五月二日

　　通信地址：××××
　　邮件编码：××××××

【评析】

这是一封写给单位领导的求职信。求职人希望能得到秘书或相关职位的工作，因此针对职务的要求有重点地介绍了自己"较好的口头表达能力和写作能力""能熟练地操作和使用 Office"，体现出自己具有符合职务要求的能力和特长。信的开头表明自己的仰慕之情和关注，又无过分溢美之词，让人感到亲切。最后表明自己的诚意和决心，言辞得体。

【案例 4-30】病例

××公司：

　　我的运气真好啊！就在我即将毕业之际，贵公司正式开业投产了，首先我向贵公司表示热烈的祝贺！

　　我是全国闻名的××工业学校的应届毕业生，在校四年来，我德、智、体全面发展，各学科成绩一贯优异，专业基础知识扎实，动手能力强，除长期担任小组长外，还有多种爱好和特长，能讲善辩，能歌善舞，能写善画，各项球类都有一定的水平，大家夸我是"全才"，当然我不能因此而骄傲，但是，实事求是地说，我还真有两下子——说、拉、弹、唱、打球、照相，样样精通，至于水平嘛，都称得上"OK"！

　　到贵公司服务是我梦寐以求的事，我真希望美梦成真！企盼这一天的早日到来！

　　我有能力胜任各方面的工作，不知贵公司能否答应，恳请立即回复为要，以免误事。

　　顺致最崇高的敬意。

×××

2023 年 3 月 6 日

【评析】

　　这封求职信存在的毛病主要有：第一，在第一行正中应写上"求职信"三字；第二，正文的开头应首先说明求职的缘由，是通过什么途径获得该用人单位的招聘信息，然后提出所要应聘的具体岗位和职务；第三，介绍本人的基本条件时，缺乏针对性，重点不突出，华而不实，最好能用成绩和事实恰如其分地介绍自己的所长；第四，语言过于自誉，也缺乏求职者应有的自谦和礼貌，容易引起反感。

4.12 个人简历

　　个人简历是求职信的附件，用以说明求职者的个人情况、工作经历等，它是求职者找工作时的重要工具之一。

4.12.1 个人简历的写作格式

　　个人简历的内容一般包括个人资料、学历、工作经历、特长、能力、兴趣爱好、求职意向等。

　　(1) 个人资料，包括姓名、性别、年龄、联系电话等。

　　(2) 学历，一般写自己的最后学历，高学历者(硕士、博士)可从大学写起，也可以从中专或大专写起。

　　(3) 工作经历，根据个人工作情况的不同而重点突出说明工作的具体内容与经历，尤其是与求职目标相关的工作经历，一定要说出最主要、最有说服力的工作经历和最具证明性的为原工作单位获取的利润和相关成绩。一般是先写近期的，然后按照年代的顺序依次写出。在每一项工作经历中先写工作期限，接着是工作单位和职务，最好还要有证明人。

　　如果是刚毕业的大学生，可以写勤工助学、课外活动、义务工作、参加各种各样的团体组织、实习经历和实习单位的评价等。这部分内容要写得详细些，指明你在社团中、在活动中做了哪些工作，取得了什么样的成绩。

　　(4) 特长、能力、兴趣爱好，写这部分内容时，不可泛泛而谈，而应针对求职意向有重点地介绍。

(5) 求职意向，写清楚求职、应聘的职位和目标。

4.12.2　个人简历的注意事项

(1) 语言简洁精练，力求篇幅简短而富有感召力。
(2) 真实客观，不虚夸，不过谦。
(3) 针对性强，重点突出。

【案例4-31】个人简历

个人简历

个人概况

姓名：张明，出生年月：2000 年 7 月，毕业院校：××大学经济技术学院，专业：自动化联系电话：0791-××××××××，手机号：1390791××××，联系地址：××省××大学东区 4 栋 203，邮编：××××××

求职意向

从事生产过程自动化的控制、运行、维护、研发以及计算机网络硬、软件系统的应用、维护、开发等方面的工作。

教育背景

2017 年 9 月——2021 年 7 月就读于××大学经济技术学院

专业能力

主要专业课程有自动控制原理、现代控制理论、过程控制、拖动自动控制、微机原理、单片机原理、可编程控制器、计算机仿真技术、数字通信技术、信息论基础、现代控制技术。通过专业课程的学习，积累了很高的过程控制及检测的理论基础，掌握了生产过程自动化装置和系统的运行、开发、设计技术。

英语水平

具有较高的英语会话、阅读、写作能力，通过了国家英语六级考试。

计算机水平

对计算机硬件有较高的理论基础，并积累了丰富的实践经验，能熟练运用多种基础编程语言，如 C 语言、汇编语言、Java、Python。对于办公软件如 Office 组件、WPS 能够熟练地操作，对于图像处理，可以熟练地应用 Photoshop、Cool3D、CorelDraw。

精通 Dreamweaver、Fireworks、Flash 等制作网页的软件，完成了个人主页的制作并参与班级主页的建设，对网络的基础知识和应用技术有很深的掌握，并有一定的组网能力，特别是对 Windows 的网络实现有较深的了解。

实践经历

2020 年 5 月在××××卷烟厂生产实习

2019 年 8 月在××有限公司实习

2019 年 7 月在校工厂参加电子设计 914 伏稳压电源

2018 年 6 月在校工厂参加金工实习

获奖情况

2019——2020 学年获校级"优秀共青团员"。

个性特长

生活中的我待人诚恳、乐于助人、乐观，重信誉，能和周围的人融洽相处，敢于创新，不循规蹈矩，思维敏捷，头脑灵活，有一定的应变能力，能很快地适应新事物，自信，有责任心，有竞争意识，敢于向自我挑战。本人爱好广泛，喜欢踢足球，擅长吉他演奏，并有一定的文学功底，在德、智、体各方面做到均衡发展。

【评析】

这是一篇符合要求的个人简历。首先，个人简历的主要项目齐全而且安排得当。其次，能根据自己的求职意向，有针对性地介绍本人掌握的专业技能、现有的计算机水平、在校参加的实践活动以及个性特长。相信凭借这份简历他可以找到一份理想的工作。

【案例 4-32】个人简历

个人简历

姓名：××，性别：男，民族：汉，籍贯：××省××市，身体状况：健康，学历：本科，所学专业：外贸英语、金融，求职意向：教书、外贸、金融、管理。

教育背景

1991—1995 年××大学经贸外语学院外贸英语专业

1996—1997 年在职就读于××大学学习经济管理并结业(函授)

2000—今在职就读于对外经济贸易大学金融专业

工作经历

1995—1997 年，工作于××集团，先后任职总经理秘书兼翻译、该集团驻京办事处首席代表，主要负责集团公司的出口业务及国内外联络

1998—1999 年，工作于××文化艺术公司，任职经理助理，从事国际文化艺术交流

1999 年至今，工作于××公司，任职国际部经理，负责公司的进口业务及电子商务

自我评价

(1) 人品好，做事认真，讲求效率。

(2) 英语应用能力佳，拥有丰富的外事、外贸谈判经验。

(3) 多年从事国际贸易，对各个环节非常熟悉，拥有成熟的关系网络，能独立运作国际贸易的全部过程。

(4) 熟练应用计算机及常用办公软件如 Word、Excel、Access、Outlook 等，善于利用计算机来管理事务。

(5) 熟悉并能很好地应用国际互联网(Internet)，对电子商务有较好的理解。

(6) 有宏观发展、管理的理念和微观操作的能力。

其他

(1) 爱好广泛，尤喜音乐、摄影、计算机、旅游。

(2) 曾到德国、法国、意大利、比利时、奥地利等国家和中国香港、中国澳门地区参观考察。

【评析】

这则求职简历存在的主要毛病有：第一，介绍个人概况时，没有说明年龄和联系方式；第二，求职意向没有明确定位，尤其是教书这一求职意向，从所提供的教育背景和工作经历来看，求职人并不具备这方面的竞聘优势；第三，自我评价极佳，最好在介绍工作经历时，能提供最具证明性的为工作单位获取的利润和相关成绩。

课 程 思 政

本章介绍的日常文书本身具有"工具性"、"人文性"的双重特点，具有精神层面、行动层面、成效层面的育人价值。日常文书工作是一项非常严肃的政策性、业务性很强的工作，并且是具有机要性质的工作，也是一项很细致的文字工作。它是领导工作的重要助手，是行政管理工作的一个部分，是提高工作质量和工作效率的重要一环。要写好日常文书，需要注意两点：一、努力学习党的方针政策，提高政治思想水平和业务水平，勤勤恳恳，兢兢业业，热爱并认真做好本职工作，努力提高专业技术水平。二、提高文书处理工作的基本技能，钻研业务，精益求精，讲求实效。

思考与练习

一、病文修改题

1. 指出下面的请假条在写作上存在的问题，并予以修改。

请假条

尊敬的乐老师：

您好！

昨天晚上十一点钟，我家里打来电话，说我的爷爷病危，要我赶快回去，不然的话，可能会留下遗憾。所以，今天我就来找你请假，想请假一个星期，请乐老师能批准！

请假人：朱××

2023 年 9 月 27 日

2. 下面是一则征婚启事，请指出其在写作上存在的问题，并予以修改。

启事

堂堂男子，三十而立，身高 175 厘米，体魄健壮魁伟，大学本科毕业，干部家庭出身，经济生活优越，商海屡战五年，现任副经理之职，尚未结婚，思得佳偶，物色芳龄 25 岁上下、中专以上学历、品貌端庄、性情温顺之女士为妻，必须本市户口，职业可以不限，如蒙惠寄锦翠玉照，本人收到必然作复，赐函请寄××路××号××室×××收转，谢绝登门造访，谢绝电话咨询，邮政编码为 510051，特此敬告。

二、写作题

1. 刘英萍在学院运动场拾获黑色皮包一个，内有一串钥匙(共 5 把，2 把是铜制的，3 把是铝制的)、人民币 810 元(面值 100 元的 7 张，面值 50 元的 2 张，面值 10 元的 1 张)。请替刘英萍写一则招领启事。

2. 张英志原系××大学经历，理科本科毕业，现在江苏省××公司任职。由于公司工资制度改革，需要张英志出具大学本科毕业证书，但其毕业证书已丢失，故写信回学校，要求学校开具学历证明。请你代表××大学为其开具学历证明。

3. ××省××市清华方正公司现面向社会招聘软件开发员、市场营销员等若干名，请你根据以上职位，结合自身特长写一封求职信。

第5章　财经类文书

教学提示：财经类文书的种类五花八门，功能千差万别，新文种不断出现，在教学时应与所学专业结合起来有重点地学习，不要求面面俱到。

教学要求：本章介绍的文种只是经济活动中一些常见和常用的文书。对于概念性的内容一般要求了解，而对于和所学专业相关的文种一般要求准确掌握、应用自如，这是本章学习的重点和难点。

5.1　财经文书概述

财经文书是经济部门、企事业单位用来处理经济事务、传播经济信息、协调经济活动的格式相对固定的专用文书的总称。习惯上，它又被称作经济应用文。

经济活动是人类社会生活中最基本和最主要的一种活动。财经文书在这种活动中承担了信息载体和交际工具的重要作用。随着经济建设事业的飞速发展、经济交往活动的日益频繁、经济行业分工的不断细密、经济管理工作的日臻完善，财经文书的使用频率也越来越高，其价值也就越来越被人们所重视。

5.1.1　财经文书的特点

1. 实用性

实用，是财经文书的价值取向。任何财经文书都不是一般的有感而发，而是为事而作，力求能够解决实际问题。

对财经文书来说，如果能实实在在地解决一些实际问题，就一定会对经济工作有指导意义，也就具有较高的实用价值。

2. 真实性

财经文书是反映经济活动规律、解决实际经济问题的，它应当从实际出发，原原本本地反映客观事物的真实面貌、传递准确无误的信息。财经文书不能像文学作品那样进行艺术虚构，它必须实事求是，事必有据，反对歪曲事实、弄虚作假、夸大其词。

3. 效益性

经济活动与其他活动相比的一个根本区别就在于它必须讲求经济效益。文章是客观事物的反映，财经文书是直接反映、影响与作用于经济活动的，就必然与经济效益发生不解之缘。

4. 政策性

市场经济就是法制经济，有关的经济法规和经济政策就是经济运行的基本规则，也是财经文书写作的指导方针。这就要求财经文书的内容要体现和渗透经济法规和经济政策的精神，要以有关的法规和政策为依据去分析经济现象、研究经济形势、解决经济问题。

5. 时效性

财经文书要承担收集、编制、传递、应用经济信息的职能，发挥指导经济工作、解决实际问题的作用，在写作上就必须做到不失时机。商场如战场，在风云变幻的经济领域，捕捉有价值的信息，作出科学的预测和正确的决策，提出切实可行的措施方案，都必须以及时为先决条件，竞争中的成败往往就体现在"时间差"上。

6. 程式性

程式性主要是针对财经文书的格式与语言而言的。财经文书专业性很强，为了表达得准确得体，在长期的写作实践中，逐渐形成了各自不同的、相对固定的格式与写作规范。规范化是实现财经文书统一、完整、准确和有效的重要保证。

5.1.2 财经文书的作用

1. 指导作用

经济管理是一个多层次的系统结构。为了使各个部门各个环节的活动协调一致，就必须借助于财经文书及时地将党和国家的方针政策以及上级部门的指令、决策、任务、要求、计划等传达给下级部门，对基层单位的工作进行具体领导和指导，以便统一思想、统一行动、令行禁止、步调一致，用以维护正常的经济秩序，实现经济活动的有效管理。

2. 交流作用

基层单位要通过财经文书向上级部门汇报工作、反映情况、提出建议，主动接受上级机关的领导；单位之间、部门之间也要通过财经文书交流信息，加强横向联系，相互沟通，取长补短，促进竞争，获得支持和帮助。

3. 宣传作用

通过财经文书，可以对错综复杂的经济现象进行科学的研究与分析，以便总结经验，揭示规律，抓住典型，指导一般，对经济工作起到正确的导向作用。

通过财经文书，企业可以及时发布商品产、供、销方面的信息，加速商品流通，开拓市场，扩大销售，提高效益。

4. 依据作用

来自上级部门的财经文书常常是下级单位作出决策、开展工作的政策依据；来自下级单位的经济文书常常是上级机关制定政策、部署工作的情况依据。与有关方面发生权益关系而形成的经济文书则是维护自身合法权益的凭证，一旦发生经济纠纷，它们就会从法律

的角度出现，成为处理纠纷、分清违约责任的依据。有些财经文书还需要归档保存，以备查考。

5.2　市场调查报告

市场调查，是以市场为对象的调查研究活动。它是根据市场学的原理，运用科学的方法，有计划、有目的地搜集、整理、分析和研究市场环境和市场情况资料，从而了解市场、认识市场、获取市场信息。在此基础上写成的报告，就是市场调查报告。

市场调查报告是经济领域常见的应用文体之一。它为经济部门和企业单位进行市场预测、制定政策、作出经营决策、拟订计划提供重要依据，对提高企业的应变能力和竞争能力、促进市场营销活动、搞活企业和提高经济效益也起着重要作用。

5.2.1　市场调查报告的特点

市场调查报告是对市场的全面情况，或某一侧面、某一问题进行调查研究之后撰写出来的报告，是针对市场状况进行的调查与分析，因此有着不同于其他报告的特点。

1. 针对性

针对性主要包括两方面：第一，调查报告必须明确调查目的。任何调查报告都是目的性很强的，是为了解决某一问题，或是说明某一问题，因而撰写报告时必须做到目的明确、有的放矢，围绕主题开展论述。第二，调查报告必须明确阅读对象。阅读对象不同，他们的要求和所关心问题的侧重点也不同。

2. 新颖性

市场调查报告应紧紧抓住市场活动的新动向、新问题，引用一些人们未知的通过调查研究得到的新发现，提出新观点，形成新结论。只有这样的调查报告，才具有使用价值，达到指导企业营销活动的目的。

3. 时效性

要顺应瞬息万变的市场形势，调查报告必须讲究时间效益，做到及时反馈。调查报告只有及时到达使用者手中，使决策跟上市场形势的发展变化，才能发挥调查报告的作用。

5.2.2　市场调查报告的写作格式

市场调查报告的写作通常分为标题、前言、主体和结尾。

1. 标题

市场调查报告的标题种类很多：可以使用公文标题，如《关于××××年华东地区彩电市场的调查报告》；有的直接在标题中写明调查的单位、内容和调查范围的，如《天津自行车在国内外市场地位的调查》;有的标题直接揭示调查结论，如《首都自行车市场进入

饱和期》《出口商品包装不容忽视》等。还有的标题除正题之外，再加副题，如《2021 年商品出口情况调查——陶瓷品部分》。

制作市场调查报告的标题要做到言简意咳，用词准确、新颖、醒目。

2. 前言

前言部分用简明扼要的文字写出调查报告撰写的依据，报告的研究目的或主旨，调查的范围、时间、地点及所采用的调查方法、方式。这一部分应做到文字简短扼要。除此之外，有的调查报告为了使读者迅速、明确地了解调查报告的全貌，还在前言里极简要地列出一个报告的摘要。

3. 主体

主体部分是报告的正文。它主要包括三部分内容。

1) 基本概要

该部分是对调查结果的描述与解释说明，可以用文字、图表、数字加以说明。对情况的介绍要详尽而有准备，为结论和对策提供依据。

2) 结论或预测部分

该部分通过对资料的分析研究，得出针对调查目的的结论，或者预测市场未来的发展、变化趋势。该部分为了条理清楚，往往分为若干条叙述，或列出小标题。

3) 建议和决策部分

经过调查资料的分析研究，发现了市场的问题，预测了市场未来的变化趋势后，应为准备采取的市场对策提出建议或看法。

4. 结尾

这是全文的结束部分。一般写有前言的市场调查报告，要有结尾，以便与前言互相照应，综述全文重申观点或是加深认识。

市场调查报告的结尾，一般有两种处理：一是对较简单的市场调查报告，可与对策建议合写；二是对较复杂的市场调查报告，有时有必要单写结尾，主要与引言相呼应，重申全文的基本观点，增强决策者的紧迫感。

总之，市场调查报告应讲究时效，防止以偏概全，注重分析与归纳。

5.2.3　市场调查报告的写作要求

(1) 切忌将分析工作简单化即资料数据罗列堆砌，只停留在表面文章上，根据资料就事论事。简单介绍式的分析多，深入细致的分析及观点少，无结论和建议，整个调研报告的系统性就很差，使分析报告的价值不大。只有重点突出，才能使人看后留下深刻的印象。

(2) 切忌面面俱到、事无巨细地进行分析。把收集来的各种资料无论是否反映主题，全都面面俱到、事无巨细地进行分析，使读者感到杂乱无章，读后不知所云。一篇调研报告自有它的重点和中心，在对情况有了全面了解之后，经过全面系统地构思，应能有详有略、抓住主题，深入分析。

(3) 报告长短根据内容确定。确定调研报告的长短，要根据调研目的和调查报告的内容而定。对调研报告的篇幅，做到宜长则长，宜短则短，尽量做到长中求短，力求写得短、小、精。

附：××市场营销协会曾为典型的市场调查报告拟定一标准大纲，其内容大体如下。

一、导言

1.1 标题扉页

1.2 前言

1.2.1 报告的根据

1.2.2 调研的目的与范围

1.2.3 使用的调研方法

1.2.4 致谢词

二、报告主体

2.1 详细的目的

2.2 详细的解释方法

2.3 调查结果的描述与解释

2.4 调查结果与结论的摘要

三、附件

3.1 样本的分类

3.2 图表

3.3 附录

【案例5-1】市场调查报告

化纤市场：价格下滑库存增加

价格下滑，产销率明显下降，库存增加，一年多来，我国化纤业未能摆脱困境。据中国纺织总会统计，涤纶短纤维 3 月份市场价每吨 1.40 万元左右，比 1 月份下跌了 2 000 元，与去年同期相比，每吨下跌 1 万元。腈纶纤维 3 月份的产销率仅 73.03%，比 1 月份下降了 12.93 个百分点；库存占当月产量的 85.12%，则比 1 月份上升了 55.59 个百分点。其中腈纶短纤(棉型)价格由 2.1 万元/吨下降到 1.64 万元/吨，降幅为 21%。全国 33 家涤纶丝生产企业的产销率仅为 82.98%。其中涤纶长丝 15DDTY 由去年 5 月 2.85 万元/吨下降到 1.53 万元/吨，降幅近半，据专家分析已逼近谷底；涤纶短纤(1.5D)价格由 2.25 万元/吨下降到 1.4 万元/吨，降幅为 37%。粘胶纤维全国 12 家生产企业 3 月份产销率为 88.43%，比 1 月份上升了 34.92 百分点，但由于人棉纱布产量下降导致对粘胶纤维的需求减少，粘胶纤维虽然产量月月下降，仍产大于销。粘胶短纤价格由 2.2 万元/吨下降至 1.58 万元/吨，降幅为 28%。

化纤市场不景气，累及上游产品聚酯切片由紧俏转为滞销，自去年 4 月最高 2.3 万元/吨接连回落之后再度下沉，至今年 5 月中旬已由年初的 1.56 万元/吨跌落至 1.02 万元/吨，跌幅高达 34.6%。

化纤市场同时受到来自外部的冲击，如国外化纤产品大量低价竞销，挤占我国的化纤市场；周边国家和地区布市萧条，化纤价格普遍下滑等。经过持续一年多的下挫，部分化

纤产品的价格已接近历史低点。一些业内专家预测，如无特殊因素，它们的价格不久当步出低谷、走向平稳。

【评析】

这篇市场调查报告有两大特点：一是立足点高，眼界开阔。文章所用资料多为来自权威部门的全局性统计资料，立论、分析基础坚实。作者分析化纤市场价格下滑、库存增加的原因，没有局限于对下游市场变化的分析，而是考虑到国际市场变化和用户购买心理等多种因素对化纤市场的影响，眼界较开阔。二是行文布局，注重实效。文章首段用简练的语句概括了化纤市场的现状，次段用统计数字进行说明，证实首段的概括。接下来分析现状形成的原因：下游需求锐减、来自外部的冲击。最后是简单的预测。全文思路简洁、结构紧凑，没有花拳绣腿。这大概也是报纸文章应有的特点。

【案例 5-2】市场调查报告

酒店竞争不靠竞相削价

酒店竞争既然不应以竞相削价作为筹码，那么酒店应该靠什么在市场中取胜呢？

不同星级的酒店都有自己特定的目标市场和相应的消费群体。给酒店确定准确的目标市场，是拓展客源的第一步。正像一家普通的招待所不可能承办大型国际活动一样，酒店如果漫无目的、饥不择食地"拉客"，结果只会事倍功半。

为顾客提供真诚、优质的服务是酒店工作永恒的主题。去年银都酒店成功地组织接待了上百次国际性大型会议，酒店为每场会议都额外委派一名销售代表作为店内全陪员，负责全面组织、协调、接待工作，力求让每一位客人对"银都"都留下良好的印象。而对客户的节日问候，使客人倍感温馨。在"银都"，标准化、规范化服务与超常服务、个性服务达到了完美结合，许多客户由衷地说："在银都消费物有所值"。

勤俭节约一贯是中国人治家兴业的好传统。酒店家大业大，稍一疏忽，浪费惊人。在银都酒店各行政部门，公文纸都是两面使用，光这一项就可以节省相当大的费用。无怪乎许多员工骄傲地说："银都取得的利润有相当一部分是大家节约出来的。"

从这点点滴滴，我们依稀见到银都酒店成功的轨迹。酒店竞争靠什么，当然是见仁见智，但愿××市的酒店在这场竞争中都能立于不败之地。

【评析】

这篇市场调查是对酒店竞争力的调查，但在本文中，内容不够充分，列举事实不足，层次也略显混乱，若使用小标题层次就更清晰明了。

5.3　可行性研究报告

可行性研究报告是指对经济决策项目或拟建项目可能采取何种方案，从各种有关事实、例证、数据的搜集和分析研究，确定其是否合理、可行的书面报告。

"可行性研究"是这种报告写作内容上的重点和特点。它是通过周密的调查，对经济决策项目或拟建项目的合理性和必要性进行分析论证，最后作出严格选择，提出最佳方案。这里的调查、分析论证、选择三个环节中，调查是前提，分析论证是核心，选择是目

的。没有调查，就无法分析论证：没有分析论证，就无法选择出效益好、价值高、切实可行的方案。

5.3.1 可行性研究报告的作用

可行性研究报告，将研究成果用文字表述出来，为领导决策提供依据和参考，也可作为今后开展某项经济工作的蓝本。一般地说，拟建大中型建设项目、利用外资、引进技术设备和改造技术设备项目，都应有可行性研究报告。可行性研究报告的作用，具体地说，有以下几点。

(1) 为经济部门和企业的领导提供建设项目的决策依据。

(2) 为回答上级主管部门和有关部门的质疑而提供重要依据。

(3) 为编制经济计划、安排任务指标提供可靠的依据。

(4) 为落实经费、向银行贷款或向国家有关部门申请拨款提供依据。

(5) 为与拟建项目的有关部门和单位签订协议提供依据。

5.3.2 可行性研究报告的特点

1. 材料的真实性

可行性研究报告是进行决策的重要依据，它的所有材料要绝对真实和可靠，否则，就会变成"不可能"或造成重大的决策失误。

2. 有力的论辩性

可行性研究报告需对拟建项目的合理性与可行性进行分析论证，因而具有很强的论辩性。这种论辩性，一是它的技术资料和数据能够说明问题，有很强的说服力：二是往往采用理论和事实、宏观和微观、长远与现实、政治和经济等相结合的论辩手段，多角度、多层次地来论证某一拟建项目的可行性。

3. 范围的广泛性

可行性研究报告的范围相当广泛。就其内容范围而言，一个拟建项目可行或不可行，往往涉及规模、资源、原材料、燃料、设施、设计方案、环境保护、生产组织、劳动定员、职工培训、投资、资金来源、产品成本、产品销路、财务评价等方面，而每一方面又包含许多具体内容。

就其学科范围而言，一个拟建项目往往涉及地质学、建筑学、工艺学、经济管理学、美学以及环境保护、交通运输、财务分析、生活设施、就业、治安、文化、教育、卫生等自然科学知识和社会科学知识。总之，它的内容和学科范围之广，是其他任何文种都无法与之相比的。

5.3.3 可行性研究报告的写作格式

可行性研究报告一般由标题、正文、报告单位(报告人)和日期组成。

1. 标题

标题一般由拟建项目和文种组成。如《××工程项目可行性研究报告》《建设××厂可行性研究》《关于筹建××市××公司的可行性报告》等。

2. 正文

正文由前言、主体、结论组成。

1) 前言

前言包括建设项目提出的背景、依据、投资的条件、经济意义，并说明可行性研究的范围、要求、现有的基础和研究目的等。

2) 主体

这部分是分析论证，是一篇可行性研究报告的核心内容部分。它主要包括以下部分。

(1) 市场调查。这是可行性研究的前提。如果市场调查的结果是否定的，那么拟建项目就"不可行"。

(2) 拟建项目的规模和发展规划分析。它包括：产品名称、规格、技术性能、用途和价格分析；国内外需求分析；产品在国内国际市场上的地位、竞争能力的分析；发展前景分析。

(3) 技术研究。这是可行性研究的基本内容。它包括：资源和物资供应以及公用设施；厂址选择，包括地理位置和建厂条件、气象、水文、地质、地形、水电供应、交通运输等情况；设计方案，包括生产技术的选择和设备选型，拟建项目的土建结构和工程量估算，项目布置总图，公用辅助设施，内部运输方式等比较、选择；技工劳力的统计与训练，包括技工与劳力的种类、数量，技工与劳力的培训方案；环境保护，包括环境现状、改造和保护，治理三废的方案，防震防火等安全措施；拟建项目的实施计划，包括勘察设计和进度，设备订货、制造的周期和进度，工程施工周期和进度，调试和投产时间等。

(4) 资金来源分析。拟建项目的资金来源，一般有四种，即政府拨款、银行贷款、单位自筹、各种方式的集资。对这些资金来源、筹措方式、资金到位的时间与数量、资金偿还、流动资金的利用等进行分析。

(5) 经济效益分析。分析拟建项目投资的收支、盈亏情况。拟建项目投资的目的在于取得好的经济效益。即使前述四个方面的分析可行，而经济效益分析的结果却是亏损的，那么拟建项目就不可行，即告取消。因此，可行性研究报告的写作，务必十分重视经济效益的分析，力求充分、客观、周密。这部分分析包括：销售计划，要分析三五年甚至更长时间的生产量及所需原料、劳动力和其他生产费用；管理计划，分析管理人员的工资、办公经费、科研经费及其他杂费；总投资额，分析工作资金(现金、盘存预算)、不动产(土地、房屋、机器、设备等)、开办费(调查研究费、组织登记费、职工培训费等)；年终损益，包括销售收益，生产、管理、债务、税务支出，毛利、纯利或亏损；现金收支，分析每月或每年度现金收支情况，预告现金的需要和积累；资产负债情况，分析某段时间资产、负债和投资者剩余价值情况；投资盈利分析，利用各种比率的关系来显示某一时期盈利或亏损情况；盈亏分析，分析某一生产量上，生产收益恰好补偿生产费用，如生产量增大，收益即多于支出，相反，形成亏损；风险分析，分析市场和生产条件因各种因素变化的影响，来推算对盈利的影响。

(6) 社会效益分析。拟建项目的开办，在经济效益分析的同时，还需分析社会效益。要分析该建设项目将会对社会产生何种影响。

3) 结论

这是可行性研究报告在主体部分进行分析论证后所作的结论或综合评述的意见。结论是一份可行性研究报告的目的，经济决策项目或拟建目的是否可行，最后要看可行性研究报告的结论。

结论应鲜明地提出可行还是不可行的意见，作为经济部门或企业领导是否投资的决策依据。可行性研究报告的正文后，往往还有附件、附图、附表。

3. 报告单位(报告人)和日期

在正文右下方或标题下，写上报告单位(报告人)和日期。

5.3.4 可行性研究报告的注意事项

1. 材料要充分

可行性研究报告的写作，必须对经济决策项目或拟建项目进行全面深入的调查，掌握全部的第一手的材料。研究报告中有关厂址范围、周围环境、水文地质、交通运输等各种技术资料和经济数据，要具体、充分，并经过核实。

2. 事理相结合

可行性研究报告既要有具体的数据和事例，又要有分析说理，事与理高度统一。分析说理必须建立在事实的基础上，才能显得有力，令人信服。

3. 多拟预案

可行性研究报告应多拟制几个预案，相互进行比较，以供领导审议、抉择可行的最优方案。

4. 讲究结构的严谨

由于可行性研究报告涉及面广、内容多，安排结构较为困难，因此在写作时，要求注意层次的清晰、逻辑的严密，使整篇报告形成一个完整、有序的系统。

【案例 5-3】可行性研究报告

中日合资中国松山立德粉有限公司可行性研究报告

广东省××设计院××××年×月

第一章　总论

第一节　概述

本项目为中外合资经营项目，项目合作期为 20 年。本项目由广东省××经济技术发展公司(甲方)、日本国××产业株式会社(乙方)、日本国××物产株式会社(丙方)两家合资经营。

本项目于××××年 4 月份由广东省××工业总公司向日本提出，6 月份中日两国两方开始就项目有关合作事项进行洽谈，并就技术引进、生产工艺等进行初步探讨，对投资环境和建厂地点进行实地考察。双方认为中国有丰富的资源和良好的投资环境，日方××产业株式会社拥有生产优秀立德粉的先进生产技术和丰富经验，具备合作基础，双方在 1988 年 12 月签署了合作意向书。

中日两国双方在××××年 4 月至××××年 10 月相继签订了第一次、第二次会谈纪要，对项目的合资、投资、生产规模、产品方案进行了探讨。

本项目经广东省外经委批复立项并呈报中国××工业总公司及中国经贸部。中国××工业总公司和经贸部分别于××××年 4 月 29 日和××××年 7 月 19 日批复立项申请并要求切实做好可行性研究。××××年 10 月中日两国双方举行了第二次会谈，确认了下列几个问题。

(1) 厂址：选定在中国广东省××镇广东省经济技术开发区内。

(2) 生产规模：年产 1500 吨优质立德粉。

(3) 产品方案：双方认为产品方案的选择应是技术先进，是日本国××株式会社最好的优质产品。经双方协商同意本项目首期产品确定为可直接用于涂料生产的优质立德粉。

(4) 关于设备和工艺的选择：双方同意选用日本国××制炼株式会社的先进工艺和技术，并由该株式会社负责项目的工艺、技术、设备设计、制造、运输、安装、调试和试产。同时，合资各方同意本项目的设备采用合作设计、合作制造的方式，合作制造的具体方式和内容在××制炼株式会社和××电机株式会社提交报价书后具体商定。

(5) 原料来源：中国广东××厂生产的 2#粉作为合资公司的原料。

(6) 产品销售：公司产品 100%外销，其中 70%由日方负责销售，30%由中方负责销售，销售价在合资合同中商定。

(7) 投资比例和资金筹措：本项目总投资约为 300 万美元，双方投资比例仍按原定日方 70%(乙方 35%，丙方 35%)，中方 30%。甲方为本项目提供的 1.2 万平方米的土地使用费为××万美元，其他出资形式另行商定。

此外，对合资公司的名称、董事会组织、福利设施等问题也达成了初步协议，并委托广东省××设计院完成本项目的可行性研究工作。

××××年 10 月双方第四次会谈，日方做了有关冶炼设备及自套电气工程报价，两项报价已达 200 多万美元，占总投资 300 万美元的绝大部分，影响了本项目的可行性。为了使本项目可行，经双方研究决定，在不影响生产线工艺性能的条件下尽量采用中国设备、材料，并尽可能在中国加工设备以求降低投资。同时双方对工艺设备、化检设备、机修设备、电气工程作了明确的分工。

××××年 12 月，双方第五次会谈，主要内容是项目的估算、合作制造设备的有关事项等。

会谈中，日方的初报价为 99.76 万美元；中方的初报价为 105.17 万美元(包括全套自套辅助工程)。此外其他费用 32.92 万美元，土地费用××万美元。流动资金 33.5 万美元，项目总投资达 322.4 万美元，超出投资 22.4 万美元，为压缩这部分投资，经各方努力减少费用并把小部分由日方提供的设备改为由中方加工，总投资压至 300 万美元。

第二节　项目的建设条件

一、原料条件

生产立德粉的原料由中国广东××厂提供。

二、外部条件及自身条件

本厂设在××镇技术经济开发区。离厂 2 公里处设有 110 千伏的变电站，供电是有保证的。

本厂为火法冶炼厂，工业耗水量极少，××地区市政保证供应用水。

本厂北侧是广深公路、广深铁路，离黄埔港也不远，交通运输极为方便。此外，厂区场地平整工作已结束。

本厂的生产工艺流程由生产立德粉历史悠久，具有世界先进技术水平的日本国××制炼株式会社提供，由该社负责提供主要生产设备及生产技术控制设备并提供安装、调试服务。

第三节　企业建设技术经济效果

基建投资估算为 266.01 万美元，建成投产后年销售收入为 345 万美元，扣除生产成本 281.82 万美元，年所得税 6.32 万美元，正常年利润为 48.33 万美元，按正常生产年计算基建投资偿还期为 5.39 年。经济效益还是较好的，项目是可行的。

从技术方面看，本厂引进的是具有世界先进水平的日本国××制炼株式会社的立德粉生产线，其产品是国际市场畅销、价格较高的产品。本生产线的引进对充分利用我国资源和加快立德粉的深度开发是非常必要的。

综合技术经济指标见表(略)

第二章　冶炼工艺(略)

第三章　总图运输

第一节　区域概况(略)

第二节　总平面布置(略)

第三节　道路运输及设备(略)

第四章　公用辅助设施及土建工程

第一节　给排水(略)

第二节　电力、电控及仪表、电信(略)

第三节　机修设施(略)

第四节　通风(略)

第五节　土建工程(略)

第六节　生活福利设施和宿舍(略)

第五章　环境保护(略)

第六章　企业生产组织劳动定员和职工培训(略)

第七章　总投资(略)

第八章 资金筹措(略)

第九章 成本

第一节 成本估算原则和条件(略)

第二节 生产成本计算(略)

第十章 财务分析

第一节 产品销售收入(略)

第二节 税金(略)

第三节 利润和股金分自(略)

第四节 贷款偿还(略)

第五节 财务平衡表(略)

第十一章 经济效果

第一节 内部收益率及净现值(略)

第二节 主要投资效果指标(略)

第十二章 不确定性分析

第一节 盈亏平衡分析(略)

第二节 敏感性分析(略)

第十三章 综合评价

综合上述,本项目在技术上的引进是成功的,本生产线是具有世界先进水平的,可以提高我国立德粉在国际市场上的竞争力,而且对加快我国立德粉行业的深度加工起到极大的促进作用。

本生产线的引进在经济上也是有相当的效益,产品的价格接近现行日本××产业株式会社生产的立德粉的价格,该价格远远高于我国出口的混合级立德粉的价格。

本厂经过测算与分析,全部投资的内部收益率为 22.79%,投资回收期为 5.39 年,当生产能力达到 39%时,盈亏平衡,表明企业有较好的经济效益和抗风险能力,项目是可行的。在敏感性分析中,在成本增加 20%或价格下降 20%时,抗风险能力差。虽然价格下降幅度较大的可能性较小,但在生产经营中,对产品价格的降低和经营成本的增加要引起足够的重视,加强企业管理,及时采取对策,以保证企业的经济效益。

第十四章 存在问题及建议(略)

(资料来源:王勇. 项目可行性研究与评估[M]. 北京:中国建筑工业出版社,2011.)

【评析】

本例为中外合资项目可行性研究报告,因项目前期工作情况较为复杂,所以报告的第一章第一节概述部分按时间顺序介绍了合资三方的五次会谈情况,合资方式、投资总额、中外各方投资比例和投资金额等内容,随着对五次会谈情况的介绍,也一一交代清楚。这与一般的可行性研究报告分条列项介绍合资方式等基本情况的写法略有不同。本例其余各

部分的内容、结构都合乎常规，唯有一处措辞似可斟酌："综合上述，本项目在技术上的引进是成功的。"项目还处于论证阶段，尚未正式实施，就断言引进成功，措辞欠妥。

5.4　经济活动分析报告

经济活动分析报告是以科学的经济理论为指导，以国家有关经济政策为依据，根据计划指标、会计核算、统计工作的报表资料以及调查研究所掌握的情况，对本部门或本企业的经济活动状况进行科学的分析，作出正确的评估，以指导经营管理，提高经济效益的书面报告。

5.4.1　经济活动分析报告的作用

经济活动分析报告，对于经济部门和企业进行科学、有效的经济管理，具有十分重要的作用。这些作用，主要有以下几项。

1. 帮助人们认识经济规律

通过经济活动分析报告，可以使决策者认清经济规律，按经济规律来制订切实可行的生产和经营计划，减少盲目性和随意性。

2. 促进企业提高管理水平

经济活动分析报告，可以使经济部门和企业对已经过去或正在进行的经济活动作全面、正确的了解，便于及时掌握动态，总结成功的经验及其原因，发现矛盾，找出差距，从而肯定和推广经验，吸取教训，改善经济管理。

5.4.2　经济活动分析报告的写作格式

一般来说，经济活动分析报告的结构分为标题和正文两部分。

1. 标题

标题主要有两种。第一种是完整式标题，主要是由分析单位、分析时限、分析内容和文种等几个要素构成。这种标题还可以有所变化，如省略时间或"报告"两字。宏观经济活动报告通常是不写单位的，有的还加上"关于"两字，也有的标题不写"分析"或"分析报告"，而写"意见""建议""看法""说明"等。第二种是简要式标题。它只概括分析报告的主要内容，而省略了单位名称、分析时限和文种等几项内容。另外，还经常使用正副标题，如《××进出口公司××年度经济活动分析报告》以及《关于取消××进口的建议》。

2. 正文

正文分为前言、主体和结尾三块来写。

(1) 前言部分。实际上是经济活动分析报告的总概述。或概括介绍贸易经营情况；或

交代一些背景材料；或用一系列统计数字进行对比。总之，开头写法不确定，但一定要简练概括，紧扣分析的内容。

(2) 主体部分。不同种类的经济活动分析报告，主体部分内容的要求也不一样。全面分析报告主要包括基本情况解说，取得了哪些成绩，以及存在的问题和提出的合理的建议和评价等内容组成。专题分析报告要对某一专题进行单一的分析。

(3) 结尾部分。是对全面分析的总结，提出搞好企业经营管理的期望或要求，如果主体部分有此内容就不必单独写作结尾段，根据主体部分的分析自然结尾。如果有报表或计划表及情况说明可作为附件留在主体分析之后。有的经济活动分析报告还有落款，一般有两项内容：一是标明撰写经济活动分析报告的单位名称或人员姓名；二是标明写作日期。

5.4.3　经济活动分析报告的注意事项

1. 要准确、全面地掌握材料

所用的材料可靠、系统，是做好分析工作的基础。进行经济活动分析，必须占有足够多的资料，还要对资料进行认真的核实和查对。

2. 要合理地运用分析方法

分析方法有很多种，常用的有以下三种。

(1) 对比分析法。这是通过具有内在联系，因而具有可比性的因素的比较，发现问题，判明是非，作出评价，得出结论的分析方法。

(2) 因素分析法。这是通过分析影响经济活动的各种因素，并测定它们对经济活动的影响程度，从而认识经济活动的特点，探明经济活动取得成果或出现问题的原因的分析方法。

(3) 动态分析法。这是以发展的眼光对经济活动的变化情况及其趋势进行研究，就今后的经济活动提出各种设想和措施的分析方法。

【案例 5-4】经济活动分析报告

×××公司流动资金使用情况分析

×××公司是生产小型交流电动机的专业公司，近年来，该公司生产连年发展，品种不断扩大，销量大幅度上升，为国家提供了大量的积累和外汇收入。同 20××年相比，20××年该企业工业产值(按不变价)增长 2.2 倍，产量增长 2.2 倍，品种规格增长 2.3 倍，质量稳步提高，已有 38%的产品达到国际标准。产品不仅畅销全国，还远销欧美和东南亚。近两年，出口电机共达××万台，创外汇×××万美元，税利总额达×××万元。

但从资金使用上分析，还存在一定的差距。定额流动资金周转天数 20××年为××天，比 20××年缓慢××天，相对多占用流动资金××万元。

一、流动资金周转缓慢

(1) 产品降价，销售收入减少，影响流动资金周转××天。

(2) 产品直接对外后，资金结算方式改变，使流动资金周转缓慢××天。

该企业公司的出口产品原由外贸公司经销，产品完工后，工贸双方立即结算，付款周

期最长××天。去年，公司直接对外，外贸公司代理发运和外汇结算，要等商品上船 6 个月后，外商将货款汇入，再由外贸公司按月结算，货款回笼的出口商品占用资金达×××万元，影响当年销售收入××万元，比 20××年缓慢××天。

二、定期资产占用额上升

(1) 由于出口产品品种增加，国内进口轴承、出口包装物资储备增多，而使资金多占用××万元。

(2) 库存材料结构不合理，主要材料储备偏低，辅料储备偏高，以致 20××年该公司曾一度出现停工待料现象。

(3) 产品单位成本增加。以可比产品按加权平均计算，20××年单台成本平均为×××元，比 20××年增加××元，20××年库存量×××台，成品资金多占用××万元。

(4) 产销率降低，成品库存上升。其中 A 系列电机 20××年平均产销率仅为××%，比 20××年减少××%，即相对减少销售×××台，平均多占用资金××万元。B 系列电机……(略)

三、几点建议

为进一步挖掘资金潜力，减少资金占用，加速资金周转，提出如下设想。

(1) 抓采购供应计划的管理，特别是在制订一般辅料采购计划时，优先考虑现有库存，逐步使库存偏高的材料资金压下来，可压低×××万元以上。

(2) 抓产销率的提高，如能使产销率提高到 20××年××%的水平，则成品库存量可比 20××年库存量减少二分之一，即可压缩××万元资金占用。实现这项目标，应着重抓生产均衡率，同时，抓产品验收、装箱、发运、托收结算各道环节的协调工作。

(3) 通过外销贸易谈判，争取缩短货款回笼结算期限。以该公司与德国××公司业务为例，产品发出后，货款实际回笼期达 8 个月。如趁订贸易协定谈判的机会，促使外商同意改为信用证结算方式，则可缩短结算在途期 4 个月，再与代理出口的外贸出口公司协商，货款当月划付，则又可平均缩短半个月的结算在途期，从而加速资金周转。

×××公司

××××年×月×日

【评析】

这篇例文前言部分首先概述取得的成绩，然后提出存在的问题，在对问题进行分项分析后，提出了几点建议。文章层次清晰，内容翔实，对今后工作具有很好的借鉴作用。文章整体把握较好，语言简洁。

5.5 经济合同

合同是平等主体的自然人、法人及其他组织之间设立、变更、终止民事权利义务关系的协议。经济合同是指平等民事主体的法人、其他经济组织、个体工商户、农村承包经营户相互之间为实现一定经济目的，明确相互权利义务而订立的合同。

5.5.1　经济合同的作用

(1)　有利于当事人实现经济目的。当事人签订经济合同，都是为了实现特定的经济目的，为了保证某一项经济活动的顺利完成，为了取得一定的经济效益。合同所规定的内容反映着双方当事人的需要，是为双方当事人的经济目的的实现服务的，合同履行的过程，也就是经济目的得以实现的过程。

(2)　有利于保护当事人的合法权益。经济合同依法成立，即具有法律约束力。如果当事人之间发生纠纷，为维护各自的合法权益，可把合同作为依据，对照条款进行交涉，甚至诉诸法律。

(3)　有利于维护社会经济秩序。经济合同制度的实施及有关法规的颁行，是促进社会主义市场经济的繁荣、维护社会经济秩序的重要措施，有助于社会各部门、行业、组织及各生产经营环节紧密衔接起来，突破种种限制，使经济活动在客观经济规律的引导下，有秩序地进行。

5.5.2　经济合同的特点

1. 内容合法性

经济合同是具有法律效力的文书，其作用的发挥要以合法为前提，内容不合法，就被视为无效合同。另外，对经济合同的订立和履行、变更和解除、违约责任等，国家都以法规的形式做过规定，从合同的签署、履行到纠纷的调解、仲裁，都必须依法进行。

2. 格式规范性

经济合同不能随意撰写，对经济合同的主要条款及不同种类的经济合同所应具备的主要内容，《经济合同法》中都有明确的规定。

3. 条款完备性

在经济合同中，当事人双方的权利、义务和责任都要分别写清，对任何一种可能出现的情况都要有所顾忌。条款要全面、周详，不能有所遗漏。

4. 措辞严密性

为避免在经济合同的履行中产生不必要的争执，也为了避免留下漏洞，使别有用心者找到钻空子的机会，经济合同的语言要十分准确、严密，不能有模棱两可或含糊不清的情况出现。

5. 平等互利性

签订合同的双方或多方的法律地位是平等的，合同是自愿协商的产物，合同内容也应是等价有偿的。

6. 协商一致性

合同的签订是一个协商一致的过程。合同的内容只有表达当事人彼此一致的意愿，其

条款才能成立。

5.5.3 经济合同的写作格式

1. 标题

标题主要用以明确合同的业务性质，即写明这是哪一类合同，如食油定购合同、购销合同、工程安装合同。有的合同还在标题下方书写合同的编号。

2. 当事人

当事人也叫立合同人。在这个部分，应写明签订合同的当事人名称，有的还应写上各方负责人的姓名。名称应按营业执照上核准的全称来写，不应写简称，更不能写别人不了解的代称、代号。为使正文部分行文方便，可在括号中注明一方为"甲方"，另一方为"乙方"，如有第三方可称"丙方"，在对外贸易合同中，有的称一方为"卖方"，另一方为"买方"，无论哪一类合同，都不能将当事人称为"我方"和"你方"。

3. 正文

正文包括四个部分。

1）开头

开头简单说明签订合同的目的或依据。常用的表述句式为："为了……"或"根据……"若选用"表格式合同"，则依据国家工商局或有关部门制定的合同规范文本的要求，填写有关内容。

2）主体

这是反映合同的正文内容的核心部分，在此要逐条写明双方议定的各项条款。经济合同应具备的主要条款有如下几项。

(1) 标的。标的是合同双方的权利和义务所共同指向的对象。它可以是某种实物或货币，也可以是某项工程、劳务、科技成果或专利权等。

(2) 数量和质量。数量是衡量标的尺度，是确定双方权利和义务大小的标准，是履行经济合同的具体条件之一，数量的规定要准确，法定计量单位要明确。质量是标的的性质和特征，也是履行经济合同的具体条件之一。在合同中详细写明标的质量的技术要求和标准等，对于保证和检验标的质量有着重要意义。

(3) 价款或者酬金。这是指合同标的的价格，是合同双方当事人根据国家法律、法规、政策和有关规定，对标的议定的价格，是合同一方以货币形式取得对方商品或接受对方劳务所应支付的货币数量。

(4) 履行的期限、地点和方式。履约期限就是合同的有效期限，是合同法律效力的时限和责任界限，过时则属违约。日期用公元纪年，年、月、日书写齐全。地点是指当事人履行合同义务、完成标的任务的地点。履行方式是当事人履约的具体办法，如借贷合同的出资方要以提供一定的货币来履约；劳务合同的某一方要提供某种具体的劳动服务，如照看小孩、打扫卫生等。

(5) 违约责任。就是合同的当事人不能履约或不能完全履约时，所要承担的经济责任和法律后果，具体包括违约金、赔偿金和其他承担责任的法律形式等。经济合同的其他条

款如下：①不可抗力条款，包括不可抗力事故的范围、后果等；②解决争议的方法，此条款要约定在履行合同发生争议时解决问题的方式和程序，要明确注明是通过仲裁解决、协商解决还是诉讼解决。

　　3)　结尾

这个部分主要写明合同的份数、保管人以及需报送的主管机关，有的还需说明合同的有效期限、附件及如有争议应由哪个机构仲裁等问题。

　　4)　落款

落款应有以下两项内容。

署名当事人分别签署各自的名称，并加盖印章。如有鉴证机关，也应署名加印。

日期在署名的下方应注明合同签订的日期。

5.5.4　经济合同的注意事项

1. 合法

订立合同，必须依法办事。当前存在的较突出的问题是有的合同内容违反国家的法律和政策。这类合同不仅不受法律保护，有的还要依法追究法律责任。

2. 合理

合同必须贯彻平等互利、协商一致、等价有偿的原则。任何一方都不得把自己的意愿强加给对方。

3. 合格

合格即合乎合同的一般写作格式和必备的主要条款。

4. 完善、明确

不仅格式和主要条款要完善，每一条款的内容也要尽量周密严谨，避免发生漏洞。如标的物不仅要写明数量和质量，而且要写明计量单位、质量的技术要求和标准等。

5. 做好调查研究

一份合同能否成立、有效，能否全面履行，必须满足基本的有效条件。这些条件包括当事人要有合法资格，订立合同必须遵守国家法律，贯彻平等互利、协商一致、等价有偿的原则，履行法定的手段。而要做到这些，必须在写作前做充分的调查研究。

【案例 5-5】经济合同

××市××商场企业经营责任制合同书

为深化企业改革，探索搞活商业企业的新路子，调动经营者和职工的积极性，××商场实行"百元利润计酬"的企业经营责任制。

××商业管理局(以下简称甲方)决定聘任×××同志(以下简称乙方)经营××市××商场。为明确甲乙双方的责任，特制定本合同。

一、甲方将××市××商场委托给乙方经营，经营期为 4 年。自××××年 1 月 1

日起至××××年 12 月 31 日止。

二、自合同生效之日起,乙方为××市××商场经营者,是企业的法人代表,拥有充分的企业经营、机构设置、人事安排的自主权;自有资金支配权;企业内部收入分配形式和办法决定权;在保证企业资产完整和增值的前提下,有对闲置资产的出租和处理权,但必须报甲方备案。

三、乙方在经营期间,必须完成本合同的各项目标。(略)

四、乙方在经营期间,在保证实现合同规定的逐年增长上缴利润指标的前提下,实行取消工资、奖金,企业按利润、商品按毛利、职工按销售额定计酬率的"百元利润计酬"分配办法。

(1) 在经营期间,企业实现基期利润国家按现行税率征所得税 55%,增长利润的所得税减为 35%,其余 65%部分留给企业,原则上用于发展生产和集体福利。

(2) 由于奖金在税前列支,将原核定的调节税率 24%调整为 31.1%;二步利改税核定的利润基数和基数利润的调节税仍按 3∶7 分成的办法不变。

实行工资总额同利润挂钩。(略)

乙方完成或过利润目标,按不同档次发给个人收入。(略)

五、经营者在经营期间内完不成合同目标,按下列规定处罚。

(1) 当年完不成合同利润目标,扣罚经营者全年个人收入的 50%。

(2) 完成当年合同利润目标,其他二项指标每少完成一项,扣罚经营者个人收入的 1/4。

(3) 经营者连续两年完不成合同利润目标,扣罚其第 2 年的全部个人收入,发给基本生活费每月 50 元。甲方有权中止合同,并撤销委托经营证书,另行安排工作。

(4) 乙方在经营期间,由于重大决策失误,或重大过失,给企业和国家造成重大损失的,要承担经济法律责任。

(5) 经营期满,有问题商品占库存的比重超过 8%时,每增加 1%,扣罚经营者个人全年收入的 2.0%。

(6) 企业在 2018 年年底要实现服务质量分类分级管理的一类企业,每延缓一年,扣罚经营者个人全年收入的 30%。

六、由于国家政策发生重大变化或发生人力不可抗拒的因素,确需变更合同时,双方可协商修订合同或作出补充规定,经公证后,具有法律效力。

七、乙方由于意外原因,不能继续经营本企业,提出申请后,经甲方会同财政等有关部门检查确认后方可终止合同。

八、经营期满,由甲方对乙方的经营进行评价,审核企业的资产增值,评审结果作为对乙方的考核依据。

九、自合同生效之日起,双方均不得随意变更、中止或解除合同。如甲方随意变更或中止合同,造成乙方不能继续经营,由企业按乙方的基本工资发至合同期满。如乙方随意变更或中止合同,甲方有权扣回乙方经营期间得到的全部个人收入。

十、本合同经甲乙双方签字,经××市财政局会签和履行公证手续后生效。

甲方:××商业管理局   ×××(签字)(盖章)

乙方:×××(签字)(印章)

××××年×月×日

【评析】

例文是一份经营责任合同，正文共十条，用条款式写法。正文分两大部分：前言部分写明实行企业经营责任制及订立合同的目的。条款部分分别明确合同期限、乙方权利、经营目标、管理形式、处罚、经营责任、合同变更、终止及生效程序等。条款清晰，权、责明确，行文具体，操作性强，是一份写得比较好的条款式合同。

5.6　项目意向书

意向书是双方或多方当事人就某一协作问题进行初步接触后，所形成的带有原则性、方向性意见的书面材料。

意向书又称"草约"，是双方或多方希望达到某种目的，在进入实质性协商之前，把初步接触后的一致性意见记载下来，作为下一步签订协议书或合同的基础，其本身不具有法律效力。

意向书的适用范围与协议书一样广泛，可以适用于国家机关、社会团体、企事业单位，也可以适用于经济、军事、政治、科技等活动。凡双方或多方在正式签订协议书或合同之前，把商谈过的一致意见记载下来，都可认定为意向书。

5.6.1　项目意向书的写作格式

1. 标题

常用的标题有三种形式：一是文种式标题，即写明"意向书"三字；二是简明式标题，由事由和文种两项组成，例如，"关于合作办学的意向书"；三是完全式标题，一般由合作双方名称、合作项目和文种三项组成，如"×××和×××合作经营××度假村意向书"。

2. 导语

导语内容包括：一是签订意向书的单位；二是明确指导思想和政策依据；三是规定总体目标，最好用承上启下的惯用语结束引言，导出正文。

3. 正文

正文是意向书所要实现的总体目标的具体化，一般以分项排列条款的形式来表述，各项条款之间的界限要清楚，内容要相对完整，既不要交叉叠叙，也不要过于琐碎，更不能有所疏漏。

正文后部一般以"未尽事宜，在正式签订合同或协议书时予以补充"作结语，以便留有余地。

4. 尾部

尾部是各方谈判代表签字、签订时间和抄印份数、报送单位等。

5.6.2 项目意向书的注意事项

(1) 不要表现出单方对关键问题的要求。一方对项目中的关键问题的要求不宜写入，以便在下一步洽谈时，能进退自如，取得主动。

(2) 凡要上级或其他部门才能解决的问题，不能写入意向书。

(3) 不要写入超越工作范围的意向条款，也不要写入与国家现行政策和法规相抵触的内容。

(4) 思考要周密，用词要准确，特别是不要随便使用肯定性的词句，尤其是关系到双方权益的问题，务必慎用肯定性词句，以便留有余地。

【案例5-6】项目意向书

关于开展技术经济合作意向书

×××对外开放办公室(甲方)与×××有限公司工贸发展部(乙方)，经双方协商同意，确定如下技术经济合作关系。

一、合作范围

双方就以下范围进行长期的技术经济合作。

(1) 高科技产品开发。

(2) 农副产品深加工与综合利用。

(3) 外贸出口。

(4) 合办第二产业。

(5) 项目开发。

(6) 技术咨询。

(7) 高新技术以及资金等方面的引进合作。

二、合作方式

双方本着互惠互利、利益共享、风险共担的原则，根据具体项目协商采用具体的多种合作方式。

三、合作程序

由双方商定在适当时间，组团考察，根据考察结果共同拟订合作项目、方式、内容和步骤。

四、甲乙双方的义务

(1) 甲方负责提供其资源、项目及资料和项目的落实。

(2) 乙方负责提供合作开发项目的技术资料，组织有关技术力量，以及协调开发项目的有关关系。协助或代理甲方的产品出口，合作项目产品的出口，甲方所需或双方合作项目所需的设备、技术的引进。

(3) 双方确定具体的联络人员，进行经常的联络工作。

五、(略)此意向书一式四份，各执两份

甲方：×××对外开放办公室　　代表：高××　　一九××年×月×日

甲方联系人：黄××　　电话：××××××　　传真：××××××

邮编：××××××　　地址：××省××市××珞135号(印章)

乙方：×××有限公司工贸发展部　　代表：李××　　一九××年×月×日

乙方联系人：李××　　电话：××××××　　传真：××××××

邮编：××××××　　地址：深圳市××珞××大厦206室 (印章)

【评析】

这是一则写得较好的技术经济合作意向书。标题由事由(项目)和文种构成。导言写明签订意向书的单位，并用承上启下惯用语导出技术经济合作的各项意向。正文写合作的范围、方式、程序和双方义务等方面的意向性意见。各条款以数码标出。各条款内容只确定了原则意向，不涉及具体细则。文尾写意向书份数、双方代表的签字及联系方式等通联信息。全文目标具有导向性、条款只表现出原则性，为下一步进行实质性、具体性的项目洽谈奠定了基础。

5.7　营销策划方案

策划就是企业的策略规划，为了企业整体性和未来性的策略进行的规划，它包括从构想、分析、归纳、判断，一直到拟定策略、方案的实施、事后的追踪与评估过程。或者说，激发创意，有效地运用手中的资源，选定可行的方案，达成预定目标或解决一个难题，就是策划。

策划和计划不同，它有为达到目的的各种构想，这些构想和创意是新颖的，是要与目标保持一致的方向，有实现的可能。在市场营销中，把策划过程用文字完整地书写出来就是营销策划方案。

5.7.1　营销策划方案的写作格式

1. 标题

营销策划方案的标题通常由两部分构成：策划的对象名称和文种。如《××汽车 2023 年上市营销策划方案》。策划方案的标题必须写清楚、具体，比如，"如何开拓鞋油市场"这样的标题就不够完整、明确，应该改为"××市 2020 年 6 月至 12 月××鞋油营销策划方案"。

2. 文头

在标题的下方依次排列这些内容：策划案的名称、策划者的姓名、策划案完成的日期、策划案的目标。策划案的名称和标题相同，策划者的姓名除了策划者的名字之外，隶属的单位、职位均应一一写明。策划完成的日期如果有修改，也要写明修改日期。策划案的目标写得越明确越具体越好。比如，在 2020 年 6 月至 12 月间，××市××鞋油国内市场占有量提高 20%。

3. 正文

营销策划案的正文由策划案的详细说明、市场状况分析、策划案内容三个部分组成。

1) 策划案的详细说明

这是策划案的开头部分，也是最主要的部分。它包括策划的缘起、背景资料、问题点与机会点、创意的关键等，作概括的说明。一般将这些内容放在前言中。

2) 市场状况分析

市场状况分析包括如下内容。

(1) 整个产品市场的规模。

(2) 各竞争品牌的销售量与销售值的比较分析。

(3) 竞争品牌各营业渠道的销售量与销售值的比较分析。

(4) 各竞争品牌市场占有量的比较分析。

(5) 消费者年龄、性别、籍贯、职业、学历、收入、家庭结构的分析。

(6) 各竞争品牌市场区域与产品定位的比较分析。

(7) 各竞争品牌广告费用与广告表现的比较分析。

(8) 各竞争品牌促销活动的比较分析。

(9) 各竞争品牌公关活动的比较分析。

(10) 各品牌定价策略的比较分析。

(11) 公司的利润结构分析。

(12) 公司过去 5 年的损益分析。

3) 策划案内容

一份完整的营销策划案，除了市场状况的分析之外，还要有公司未来的经营方针策略，如价格是采用低价、高价，还是追随价格；量化的销售目标；推广计划，推广计划包括目标、策略、每一策略的实施计划；市场调查计划；营销管理计划；损益预估。

5.7.2 营销策划方案的注意事项

(1) 层次逻辑清晰，文字简洁明确，构思客观实际。

(2) 市场分析部分尽可能准确描述出顾客的现实需求与潜在需求。

(3) 产品或服务的市场定位明确。

(4) 营销组合完整，切实可行。

5.8 业务会谈纪要

业务谈判纪要，是记载谈判的指导思想、谈判目的、谈判主要议程、谈判内容和结果的书面记录性文件。

业务谈判纪要是在谈判记录的基础上整理而成的，集中反映了谈判的基本精神和议题、结果，是下一步签订协议或合同的依据。有些谈判纪要经过会谈双方签字确认后，还可以作为意向书出现，从而起法律依据的参考作用。

5.8.1　业务会谈纪要的作用

(1)　是与会代表向领导汇报工作的依据，会谈结束后，与会代表均要向领导汇报会谈的情况和会谈的结果，此时的会谈纪要便是汇报的依据。

(2)　是作为下一次签订合同或协议的依据。有些合同或协议的签订，是要经过多次双方会谈、反复磋商才能正式签订的。因此多次会谈后的纪要，就成了下一次签订正式合同或协议书的重要依据。

(3)　对双方具有约束力。会谈纪要经双方签字确认后，对双方都有一定的约束力，但不如合同那样具有法律效力。

5.8.2　业务会谈纪要的写作格式

业务会谈纪要的写作格式由标题、正文、结尾三部分组成。

1. 标题

业务会谈纪要的标题经常用一个偏正关系的短语来表示，为了写得明确，常常在"会谈纪要"前冠之以某项会谈的名称，一般用"关于……的会谈纪要"的句式。如"关于补偿贸易的会谈纪要""关于改换装运口岸的会谈纪要"。标题下方写上会谈日期。

2. 正文

正文分前言和主体两方面。

(1)　前言：写明会谈双方的全称及简称 (为了行文方便，可以在全称后面加上括号，注明"甲方""乙方")，写明会谈时间、会谈地点、与会人员及会谈的事项内容。如："中国××公司(以下简称甲方)与×××国×××公司(以下简称乙方)就××问题于××××年××月×日在××(地方)进行友好会谈，现将会谈达成的一致意见，纪要如下："。

(2)　主体：这是会谈纪要的主要内容，应分条列明双方会谈协定的具体事项。如果是逐笔售定的贸易方式，会谈纪要则按交易的品名及规格、数量、包装、价格、付款条件等分条列明；如果是其他贸易方式，则按会谈内容分项列明。

3. 结尾

在正文下方写上甲乙双方单位的全称，代表签字盖章。

5.8.3　业务会谈纪要的注意事项

1. 必须忠实于会谈记录

会谈纪要是在会谈记录的基础上，根据会谈议程、会谈的内容和结果进行整理而形成的纪要。因此在整理会谈纪要时，必须忠实于会谈记录，尤其是对会谈中谈及的贸易做法、坚守原则、事项内容、具体步骤等需要双方共同遵守实行的内容，必须用准确的文字

客观地表述出来，不能随意加上撰写者的主观意愿或要求。

2. 分条列明，突出重点

整理进出口业务会谈纪要时，不必按发言人的先后顺序来整理，而是按照会谈的内容分项进行整理。为了突出重点，对于逐笔售定的贸易方式，会谈可按照商品的品名及规格、数量、包装、价格、支付方式等形式分条列明；如果是其他贸易方式，则按会谈内容分项列明。

3. 语言简洁明确

会谈过后进行纪要，其目的是要在繁杂的会谈内容中整理出主要的或重要的事项内容，以便今后工作的检查或为签订合同做准备。因此在整理纪要时，语言力求简洁，同时会谈纪要经过签字后，对双方都有一定的约束力。因此语言的表达也必须明确，不可有任何歧义。

【案例 5-7】会谈纪要

【例文】

关于合资筹建××化纤厂的会谈纪要

××××年××月××日

中国××公司(以下简称甲方)与德国××企业(以下简称乙方)就双方合资筹建××化纤厂的问题于××××年×月×日在××市进行洽谈，经过双方的友好会谈，双方就合资筹建化纤厂的有关事宜取得了一致意见，现将会谈达成的一致意见，纪要如下。

一、甲乙双方为发展中国的化纤工业，同意共同投资××万元人民币在中国××省××市的市郊合资筹建一个中型的化纤厂。

二、甲方以土地、厂房、辅助设备和流动资金共××万元人民币作为投资，约占总投资的 51%，乙方以外汇资金、先进机器设备和技术作为投资，约占总投资的 49%。

三、关于利润的分配原则，乙方认为他们的投入既有资金和设备，又有技术，应该占 68%，甲方则认为应该按投资比例分成，最后决定另定时间再进行协商确定。

四、合资生产的××产品，乙方应承担在国际市场上销售年产量的 65%，其余的在中国国内市场销售。

五、中国与德国合资创办的化纤厂，名称暂定为"××化纤厂"，工厂设正副厂长各一人，正厂长由甲方委派，副厂长由乙方委派，工厂自备有关的工作人员 3～5 人，工资标准另定。

六、董事会由甲方代表、乙方代表，中国纺织进出口公司××分公司、××市有关工作部门代表及德国××有关部门代表共 9 人组成全董事会推选董事长 1 人，副董事长 1 人全每年召开董事会两次，研究和讨论工厂的重大问题。

七、有关未尽事宜，另行约期协商解决。

甲方：中国××公司　　法人代表××　　　乙方：德国××企业　　法人代表××

【评析】

这是一则典型的商务会谈纪要，条理清晰，重点突出，语言简洁。在例文中突出了忠实记录的特点，又将业务会谈所达成的一致信息详细地记录了下来。

【案例5-8】病例

×××股份有限公司和×××股份有限公司的业务会谈纪要

×××股份有限公司(以下简称甲方)与×××股份有限公司(以下简称乙方)于×年×月×日在×××公司本部举行商洽，就双方的合作事宜达成如下共识。

1. 投资总额、注册资本双方初步讨论了合资公司的投资总额及注册资本，分别为×××万元和×××万元。

2. 双方出资比例、出资方式。

(1) 出资比例。

双方初步商定按甲方占合资公司注册资本的 50%，乙方占合资公司注册资本的 50%的出资比例建立合资公司。

(2) 出资方式。

甲方以土地作为出资的一部分，其余以现金作为出资，如与×××高新技术产业开发区(以下简称为开发区)商谈土地价格时，应有乙方代表同时参加。乙方以技术转让费作为出资的一部分，其余以现金作为出资，至于技术转让费的作价，有待于将来谈判时确定。

3. 公司名称：×××有限责任公司。

4. 董事会及董事。

董事会由双方各出×名董事组成，共×人。甲方建议董事会设董事长和副董事长各 1人，由中、外双方每×年轮换担任，每隔×年。董事长由甲方担任，副董事长由乙方担任。为避免董事会表决时出现僵局，双方对重要程度不同的事项的决策办法在合资公司章程中确定。

5. 总经理、经理层。

甲方建议合资公司设总经理和副总经理各 1 人，第一个×年总经理由乙方提名，董事会任命，副总经理由甲方提名，董事会任命，对总经理、副总经理的提名权每×年轮换一次。

6. 合资公司的员工来源。

甲方认为中国有十分丰富的劳动力资源，同时甲方承诺向合资公司提供部分熟练工人、精通业务的技术及管理人员。

7. 产品及零部件报价(略)。

8. 商标双方初步商定合资公司的商标需重新设计，但原则如下。

(1) 有利于合资公司的形象建立。

(2) 有利于强化双方现有商标在中国市场的影响力。

9. 产品销售

(1) 国内销售。

双方认为在合资公司建立的初期，合资公司的产品由甲方现有的销售网络代理。但合资公司应逐步培养自己的销售队伍。

(2) 海外销售乙方原则同意其海外销售网络代理销售合资公司的产品。

××股份有限公司代表：(签字)

××股份有限公司代表：(签字)

××××年×月×日

【评析】

这篇会谈纪要的错误有以下几点：第一，标题没有写明会谈的名称；第二，正文的前言内容不全面；第三，正文的主体内容不完整；第四，结尾格式不正确并缺少单位印章。

课 程 思 政

市场经济条件下的经济合同主要表现为以下两种类型：

其一，国家通过政府机构或设立企业、委托代理人直接参与经济活动或经济关系，或者当事人直接受制于国家政策或政府意志订立合同而形成的合同关系。这类关系的一方或双方当事人是国家机关或必须执行国家政策的主体，合同内容需要体现国家的政策或政府意志。

其二，平等的国家机关或财政主体之间的经济协作关系。作为在行政或财政上互相没有隶属关系的所谓平等国家机关或财政主体，它们在利益或政策驱动下，在平等互利的经济协作中为明确相互权利义务并保证协作事项的实现而订立的协议，也属于经济合同和经济法调整的范围。

思考与练习

一、简答题

1. 财经文书的特点与作用是什么？

2. 市场调查报告的含义是什么？

3. 请简述合同的写作要求。

4. 请简述意向书写作的要求。

二、写作题

1. 下面是××市××商场的一次会议记录，请根据有关内容，写一份经济活动分析报告。要求符合格式要求，内容可做合理想象。

时间：20××年5月18日上午8:30

地点：××商场综合楼十二楼会议室

主持人：商场副总经理张××

参加人：郑×、李×、赵××、周××、……

记录人：王××

内容：

张总：今天请大家来，谈谈最近市场与商场纺织品的形势，议议有关情况和对策，请大家畅所欲言。

郑×：最近纺织品产品结构开始逐步调整，横向联合得到了较快发展和加强，农村纺织品市场蓬勃发展，城市市场开始松动……

李××：今年国内纺织品市场更加多变，……纺织品流通渠道已完成开放型格局，纺

织工业自销体系逐步壮大，城乡集体、个体纺织品交易市场空前发展，并向专业化、集约化过渡……大型商业主渠道占有率有所下降，如我们商场的销售就越来越困难……

李×：纺织工业原料供应情况复杂，棉花、棉纱、羊毛、腈纶、锦纶等都较去年偏紧，加上成品、半成品出口要货量有所回升、国内市场货源可能不足……

赵××：今年将是经营更加困难的一年。"冷滞"和短缺的矛盾，表现在工业生产上，主要是原料缺口大，产品资金得不到满足，流动资金周转慢。表现在商品经营上，主要是市场需要的商品进不来，库存积压的商品出不去，畅销商品货源越来越少，滞销商品积压越来越多，老百姓购买纺织品越来越挑剔……

周××：当然，也有好的现象，如名牌产品"×××"牌棉内衣裤重塑形象后，销路很好。

张总：大家谈了许多，很透彻。针对上述情况，我看我们商场应该……

郑×：对！应该……

2. 下面是一些因写作不规范、不严密而引起争议的合同条款，阅读后回答后面的问题。

(1) 一份购销合同规定：××针织品厂供给××服装商场男女羊毛衫各 500 件，"分二、三两个季度发货。"合同签订后，××针织品厂在 6 月份给××服装商场发货 400 件，8 月份发货 600 件。由于此时已到夏季，是羊毛衫的销售淡季，××服装商场以××针织品厂不讲信誉、两个季度没有均衡发货为由，要求退货，××纺织品厂拒绝退货。试问此条款该如何写，××服装商场才有充足的理由退货？

(2) 某戏院联营合同中对各方的责任是这样规定的：①甲方负责筹集"三材"，并负责设计戏院的图纸：②乙方负责购买砖瓦石块及其他用料。请问上述条款有什么毛病？该怎样写才能避免经济纠纷？

(3) 某商场(甲方)与某林场(乙方)签订了一份黑木耳购销合同，合同规定：乙方必须在××年××月××日前，为甲方提供 500kg 优质黑木耳。合同履行中该条款引起双方争议，请分析此条款怎样规定才可避免争议？

(4) 某合同中规定的"违约责任"中写道："乙方不能按期交货，每延期一天，应偿付甲方 1%的违约金。"该条款有何不妥？

(5) 某服装店为某工厂加工劳保棉上衣，由厂方提供棉布，并协定"节约归己"，后来有节余，双方都认为应归自己。该合同应怎样规定，才能避免争议？

第6章 宣传类文书

教学提示：宣传类文书只是一个比较广义的概念，在实际使用中它们应分属不同的类别。

教学要求：通过本章的学习，让学生了解新闻、广告文案、产品说明书和导游词等的概念以及宣传类文书的特点及一般的写作方法。

6.1 宣传类文书概述

本章因新闻、广告文案、产品说明书和导游词等都具有宣传功能这一共同特点，因此将它们放在一章中讲解。

6.2 新　　闻

什么是新闻？不同的文化背景，不同的意识形态，有不同的回答。

古代甲骨文和金文中就有"闻"字，画着一个人竖着一只大耳朵，呈"掩口屏息静听之状"。新闻自然就是"新听到的消息"。

"新闻"一词，早在我国唐朝时就出现了。唐人孙处玄曾说过"恨天下无书以广新闻"(《新唐书》)。据资料记载，西方最早使用"新闻"一词的是苏格兰国王詹姆士一世。他于1423年旅行回来后对友人说"我把可喜的新闻带给你。"他首次使用了"news"一词。不过，无论是孙处玄还是詹姆士一世，他们所说的新闻大抵是指新听到的事，与今天的新闻概念还不相同。到南宋的《京本通俗小说》，已把新闻作为"最近消息"解。1622年创刊的英国《每周新闻》则以北 (north)、东(east)、西(west)、南(south)四字的第一个字母拼成 news 来解释"新闻"一词，意指四面八方的消息。

关于新闻的定义，据不完全统计，有170多种。一位外国记者曾说，有多少个新闻记者，就有多少个新闻定义。因此，中外新闻界对新闻的定义五花八门，难以尽举，较典型的有以下几种。

(1) 强调"事实"。如徐宝璜认为："新闻者，乃多数阅者所注意之最近事实。"(《新闻学》)范长江认为："新闻就是广大群众欲知、应知而未知的事实。"(《记者工作随想》)

(2) 强调"报道"。较典型的是陆定一的看法，他说，"新闻的定义，就是新近发生的事实的报道。"(《我们对于新闻学的基本观点》)这一定义强调了"报道""事实""新鲜"三个方面，应该说是比较全面的概括，因此得到了广泛的认同，国内许多新闻学教材和写作教材长期沿用了这个定义。

(3) 强调"传播"。如"新闻是新近变动的事实和传播"(1978年《辞海》)。

(4) 强调"信息"。如复旦大学宁树辛教授认为，"新闻是经报道(或传播)的新近事

实的信息。"

以上几种均是较严肃的、较严格意义上的新闻定义。还有一种对新闻的界定，严格地说不是定义，它只是强调新闻的"反常""猎奇"这一面。如："狗咬人不是新闻，人咬狗才是新闻。"(博加特，美国《纽约太阳报》采访主任)"能让女人喊一声'啊呀，我的天呀'的东西，就是新闻。"(爱德华，美国堪萨斯州《阿契生布环球报》主笔)

而曾做过《纽约先驱论坛报》采编主任的斯坦利·瓦利克尔则认为，新闻是建立在三个"w"——妇女(women)、金钱(wampum)和私事(wrongdoing)——基础上的，与性、金钱和犯罪有关的事实的报道。

综合上述种种看法，我们不妨把新闻定义为："新闻是对新近发生或发现的有社会意义的能引起广泛兴趣的事实的传播。"

6.2.1　新闻的作用

新闻报道的作用首先是满足受众对信息的需求。在信息社会里，新闻的这种作用更加突出了。其次，新闻具有"意识形态"的特性。可以说，新闻事业一开始就与政治上层建筑有着密切联系，只不过后未披上了商业的面纱而已。西方资本主义国家一直鼓吹新闻自由，但这种自由不是绝对的，是有前提的。我们的新闻事业虽也走向了市场，成了信息产业，但同时也是上层建筑，新闻媒介是党和人民的"耳目"和"喉舌"。最后，新闻是新闻媒介的主体内容。如报纸版面内容，是由新闻、评论、副刊、广告四大部版块构成的。这是我国《申报》于 1872 年提出的，至今仍适用。在这四大版块中，新闻在稿件的篇数上、在版次和版位上都占主导地位，起主导作用。报纸的销量、广告收入的多少以及整个报社的经营效益的好坏都要依靠新闻报道的质量高低。

6.2.2　新闻的特点

1. 事实性

新闻报道是以现实中新近发生或发现的客观事实为对象，是以客观事物最新变动状态的信息为内容的，因此客观事实的变动是新闻之母，是新闻的本源，离开了事实，新闻就不复存在。即便是新闻评论，也是来源于新闻事实和对新闻事实的评论。新闻的事实性特征同时要求其内容是具体的，常说的"新闻六要素"便是从"事实"的角度着眼，即何时(when)、何地(where)、何人(who)、何事(what)、何因(why)、何果(how)，简称"5W1H"。

2. 真实性

真实是新闻的生命。新闻报道的生命和魅力在于向受众反映客观外界变动的真实情况，真实是新闻报道赖以发挥良性作用的基础和前提。

3. 新鲜性

新鲜性可以说是新闻的本质属性。新闻的新鲜性主要包括时间新和内容新两方面。

首先是时间新。新闻是"易碎品"，今天的新闻是金子，昨天的新闻是银子，前天的

新闻是垃圾。时间新对新闻工作的方方面面都提出了较高的要求。就记者而言，要求具备较强的新闻敏感；要求具备积极的"抢新闻"意识，不能只"消极待命"；要求具备熟练的采访写作综合能力等。就记者的"装备"而言，要求具备现代化的技术设备和条件；就写作而言，要求记者善写短新闻，或根据题材实际写先简后详的连续报道。此外，简化审稿制度，改革新闻媒体内部体制也与新闻报道的"快"密切相关。

其次是内容新。新闻是新近发生的事实的报道，但并非凡"新近发生的事实"均可成为新闻，只有内容具有"新鲜性"的才有可能成为新闻。

4. 时效性

在实际工作中，新闻常和"抢"字在一起。"抢新闻""抢消息"很生动地反映出新闻特别注重时效的特点。和其他文种相比，新闻的优势就在于反映现实的速度快、时效性强。在当今信息时代，新闻的时效性更被人们所关注。无论在世界的哪个角落，一件偶发的事件，往往在发生后的几小时、几分钟甚至几十秒钟内，就会通过报纸、广播、电视和网络，传到全世界。再好的新闻，如果延误了发布的时机，就有可能成为废纸一堆。

6.2.3 新闻的分类

新闻体裁的分类，历来不统一。一般而言，新闻体(这里仅就新闻报道体裁而言)大体有以下几类。

1. 消息

消息是对新近发生的有社会意义的事实进行简明扼要、迅速及时的报道的一种新闻体裁。它篇幅短小，特别讲求时效。消息又有报刊文字消息、广播消息(口播和录音新闻)、电视消息(口播和声像新闻)等。从不同的角度分，消息有不同的类型。

2. 通讯

通讯是一种运用多种表达方式，具体、生动、及时地报道具有新闻价值的人物、事件、情况和问题的新闻文体。它和消息均是主要的新闻报道形式，是记者的常规武器。通讯也分报刊文字通讯、广播新闻专题、电视新闻专题等。从表现形式和内容来看，通讯也可分成多种类型。

3. 特写

新闻特写是一种"再现"新闻事件、人物或场景的形象化报道。它强调视觉印象，以描绘为主要手法，往往截取事件发展进程中的某个片段、细节或画面，绘声绘色，给人以特写镜头般的印象。新闻特写有报刊文字特写、广播特写和电视特写。

4. 深度报道

关于深度报道，一般认为它不是一种独立的体裁，只是一种报道方式，它是完整反映重要新闻事件和社会问题，追踪其来龙去脉，揭示其实质意义的一种深层次的报道方式。各种新闻体裁都可做深度报道，几种体裁的融合往往更适合做深度报道。

5. 述评与评论

述评，指在对新闻事实进行如实报道的同时，用夹叙夹议的方式，对形势、事态、问题发表看法，进行分析与解释，从而揭示新闻背后的原因及意义的报道形式。其特点在于既报道新闻事实，又发表观点，是事实与评论的结合。

评论，指针对社会上出现的具有倾向性的新现象、新问题，进行具体地评述和分析说明的议论文章，表明作者主张、赞成什么和反对什么，以评判正误、分辨是非，从而帮助读者提高认识、改变观念。

本章重点介绍消息的写作。

6.2.4　消息的写作

1. 消息的概念

因消息在新闻诸文体中使用频率最高、使用数量最多，是新闻报道中最常用的文体，故人们常把消息称为新闻。狭义的新闻即消息。

2. 消息的特点

1)　用事实说话

用事实说话既是消息的一个重要特征，也是消息写作的一种基本方法，又是客观报道的基本形式。事实是最有说服力和感染力的，只有事实内容是客观的，报道形式是客观的，新闻才具有可信性，才能充分发挥作用。

当然，消息也是要表达观点和倾向的，不能是没有立场、观点的纯客观的"有闻必录"。一般的情况是作者通过对事实的选择和叙述，较间接地流露自己的观点和倾向，寓观点于事实之中。通过讲事实，显示事实本身的逻辑。因此，作者应少发或不发直接的议论。要发议论，只能是必要之处的"点睛"之笔。

用事实说话的具体方法有很多，如以小喻大、对比衬托、不偏不倚、再现场景、细节运用、非感情色彩的中性语言等。

2)　以叙述为主要表达方式

这一特点亦与"用事实说话"相关。消息通常不对人物事件做浓墨重彩、精雕细刻的描写，因为"记者的舌头是缩在后面的"，所以也不用或少用直接的议论和抒情。叙述是其主要的表达方式。

3)　简明扼要

消息一般篇幅较短，几十字、上百字即可，故列宁曾称之为"电报文体"。特别是现在，人们生活节奏快、时间观念强，希望在最短的阅读时间里获取尽可能多的信息。因此，"短"要建立在"实"的基础之上，长而空不行，短而空不行，空洞无物的短，更不行。

把消息写短是一门学问。消息写短的方法很多，如一事一报法、浓缩(概括)事实法、取其一角法、化整为零法(纵向分解和横向分解)、变更体裁法、先简后详搞连续报道等。此外，消息的时效性很强，对"时间新"的要求很高，要求争分夺秒，迅速完稿。

3. 消息的类型

消息的类型多种多样，从不同的角度看，有不同的类型。

按新闻所报道事件的性质来分，有事件性新闻和非事件性新闻。事件性新闻是对新近发生的事件的报道，时间性强，如动态消息、特写性消息等。非事件性新闻与事件性新闻相对，报道的是一个阶段持续发展的事物。如综合消息、经验性消息、述评性消息等。按报道内容分，有政治新闻、经济新闻、科技新闻、军事新闻、体育新闻、教育新闻、文艺新闻、社会新闻等。按媒体分，有文字消息(报纸)、广播消息、电视消息、网络消息等。按篇幅分，有长消息(1000 字左右)、短消息(500 字左右)、简讯(200 字以内)等。按新闻与读者关系来分，有硬新闻和软新闻。现在国内比较通行的是按写作特点来分类，把消息分为动态消息(包括会议消息)、综合消息、经验性消息(典型性报道)、述评性消息、人物消息、特写性消息、新闻公报等。近几年，新闻写作中又出现解释性消息、预测性消息等。下面对常见的几种消息种类略作介绍。

1) 动态消息

动态消息是同经验性消息(典型报道)等相对而言的，类似西方新闻界的硬新闻。它报道新近发生的大大小小的事情，反映新情况、新成就、新问题、新气象等，也包括会议活动在内。它一般以一地一事、一人一事为对象，篇幅短小，文字简洁。有短到几十字、两三句话的，称简讯或简明新闻。概括起来，它有以下几个主要特点：以事物的最新变动为主要着眼点；以实时性与重要性为主要的价值取向；以突发性事件为主要报道内容；以客观叙事为基本特征；以开门见山、一事一报为主要写作原则；要给人以动感和现场感等。

2) 综合消息

综合消息就是综合反映带全局性的情况、动向、成就和问题的报道。它涉及的面较广，声势较大，能给人较为完整的印象。它要求占有全面、充分、典型的材料，既有面的形势、成就、趋向，又有典型事例的说明、分析，讲求点面结合以及观点和材料的统一，善于将概貌的介绍与具体事例的叙述结合起来，做到既有深度，又有广度。概括起来它也有以下几个特点：它所涉及的新闻事实不像动态新闻那样直观易见，往往有一定的隐蔽性；它要通过综合新闻事实来表现新闻主题；它注重点面结合、多角度地反映客观事物和人物的面貌；注重背景材料的运用，重视新闻根据、新闻来源的交代注重分析，但又以客观的方式来表现，作者尽量不直接出面发表议论。

3) 经验消息

经验消息就是报道典型经验，用以推动全局、指导工作的一种消息体裁。它既有概括的观点，又有具体的做法，它偏重于交代情况、叙述做法、反映变化、总结经验。其篇幅一般比其他体裁要长，但不宜贪大求全，应注意其针对性。这类消息贵在题材重大、典型，提供的经验具有普遍的意义。写作时要着眼于政策，避免陷入事物性与技术性之中。

4) 述评消息

述评消息是用叙议结合的方式来反映国内外重大事件的一种消息。它的特点是既叙述事实，又评论分析，事实材料要丰富、典型，评论、分析要讲究逻辑，言简意赅。叙述和议论要紧密结合，防止有述无评、只评不述、述评脱离，其"评"这种消息中的地位和目的、文章对时间的要求、文章篇幅等方面均与新闻评论不同，应注意区别。

5) 简明消息

简明消息又叫简讯。简明消息并没有自己独特的报道对象和特殊的写作方法，它其实就是篇幅特别短小的动态消息，通常只有一二百字，有时甚至只有几十个字。

由于人们对短新闻越来越重视，现在无论报纸、电台还是电视台，都特意安排一定的版面和时间专门发表简讯。

简明消息的特点一是精短，二是迅速，二者又是相互统一的。由于它的篇幅短到了极致，写稿时出手就比较快，编辑编发也很快，所以简讯有时又被称为快讯。简明消息常以"集束"的形式发表。电台和电视台常有"下面播报一组简讯"的说法，报纸则开辟有"新闻集纳""今日快讯""国际短波"等栏目，专门发表简明消息。

4. 消息的写作格式

一篇消息通常由消息标题、消息头、消息导语、消息主体、消息背景、消息结尾以及署名等部分组成。

1) 消息标题

消息的标题是新闻的眼睛。美饰新闻的"眼睛"，制作"吸睛"的新闻标题，是记者、编辑采编新闻的一项基本功。古今中外好新闻中的名文佳作层出不穷，值得我们学习和借鉴。随着当代社会的发展、新闻写作的进步，"吸睛"的新闻标题制作技巧也有待于进行探讨和创新。

标题的类型分为单一型和复合型：单一型一行主题，复合型多行标题。

多行标题分为"肩 主"结构、"主 副"结构、"肩 主 副"结构。

何谓肩题？肩题也叫眉题、引题或上辅题。它放在主题的上面(横排)或前面(竖排)，只能与主题搭配才能存在，是从属于主题的"先行官"。肩题的作用如下。

(1) 用来交代背景和原因。

(2) 用来说明主题的意义和内容。

(3) 用来介绍主题内容的方法。

(4) 用来烘托主题的气氛和力量。

2) 消息头

报纸上刊登的消息，其开头部分往往冠以"本报讯"或"新华社上海 7 月 20 日电"之类的字样，这就是消息头。消息头是消息的标志，消息头的形式主要有"讯"与"电"两大类。"讯"，主要是指通过邮寄或书面递交的形式向报社传递的新闻报道。凡是报社通过自身的新闻渠道所获得的本埠消息，一般都标明"本报讯"。记者或通讯员为一家报社写稿，一般应在消息的开头部分冠以"本报讯"三个字。假如你的新闻报道是从外埠寄来的，还应该标明发布新闻的时间和地点，例如"本报南京 7 月 19 日专讯"；若是通过航空邮寄的，也可以标明"本报北京 7 月 18 日航讯"。

"电"，主要是指通过电报、电传、电子邮件、传真或电话等形式向报社传递的新闻报道。例如"本报南宁 7 月 18 日专电"。各家新闻通讯社向报社传递新闻信息时，多数采用这类形式。这被称之为"电头"。电头一般由发布新闻单位的名称(多数用简称)、发布新闻的地点、发布新闻的时间和发布新闻的形式，这几个必不可少的要素组成。例如"新华社上海 7 月 20 日电"。在这里，"新华社"是新华通讯社的简称，此处表示这条消息是由新华社发布的；"上海"是新华社的一个分社的所在地，此处表示发布新闻的地点；"7 月 20 日"是发布新闻的时间；"电"即表示此消息是采用电传形式发稿的。

由此可见，"讯"与"电"只是在传递手段上有所区别，其性质与作用是一样的，为了叙述的统一与方便，我们把它们统称为"消息头"。

消息头有以下作用。

第一，使消息明显区别于其他文体。

第二，它是"版权所有"的一种标志。

第三，表明消息来源，以便读者判断。

第四，消息头与新闻发布单位的声誉紧密联系在一起。

3）消息导语

一般来说，新闻导语就是以凝练的文句揭示新闻要旨，吸引受众阅读全文的新闻开头第一段或第一句话。美国哥伦比亚大学新闻系教授曼切尔说："我写新闻，有一半甚至更多的时间用于琢磨导语。"

消息头之后紧接导语。导语是以简练而生动的文字介绍新闻事件中最重要的内容，揭示消息的主题，并能引起读者阅读兴趣的开头部分。故而，导语有三大使命：一是介绍最重要、最精彩的事实；二是揭示消息的主题；三是引起读者的阅读兴趣。

如果消息很短，只有一个自然段，通常第一句话就是它的导语。如果消息不止一个自然段，一般第一个自然段是它的导语。导语是消息的精华，它表达的是消息中最新鲜、最重要的内容。导语短小精悍，用最少的语言传达尽可能丰富的信息。从导语中所含消息要素的多少来分的六要素导语，就是消息六要素齐全的导语，也称全型导语。从导语的发展来看，也是第一代导语。如萨莫亚·阿庇亚 3 月 30 日电南太平洋沿岸有史以来最猛烈、破坏性最大的风暴于 3 月 16 日、17 日袭击了萨莫亚群岛，结果，有 6 条战舰和其他 10 条船只要么被掀到港口附近的珊瑚礁上撞得粉身碎骨，要么被掀到阿庇亚水域的海滩上搁浅。与此同时，美国和德国的 142 名海军官兵，有的葬身珊瑚礁上，有的则被埋在远离家乡万里之外的无名墓地上。

六要素导语的长处是具体、完整。它可以独立成一条消息。其缺点是内容太多，主次不分，重点不突出，故有人讥之为"晒衣绳"式导语。

部分要素导语即导语中只包含"六要素"中的部分要素，也称微型导语或第二代导语。该类导语通常突出"六要素"中某一要素，组合与之相连的一两个要素，单纯含某一个要素的导语较少。如"欧洲大战于昨天拂晓爆发""约翰·肯尼迪总统今天遭枪击身死"之类的导语，可说已极简洁，但在突出"何事"的同时，也包含了"何时"或"何人"等要素。

五种常见导语的特点如下。

(1) 叙述式导语，就是用叙述的方法，把新闻中最重要、最新鲜的事实简明扼要地写出来。这种导语是当前最常用的写法，既有简练、明快的优点，又有干巴、死板的不足，因优大于劣，在导语中一直占绝大多数。

(2) 描述式导语，就是在导语写作中适当地运用白描的修辞手法，使导语生动、形象，增加现场感。这种导语多用于事件性新闻，有利于表达、烘托主题，而且非常简练，往往只用一两笔加以勾勒。要避免滥用华丽辞藻，保持导语简洁、明快的特征。

（3）引语式导语，就是引用某人、某些人或某文中的一两句能揭示主题或表达主要事实的原话作导语。这种导语观点鲜明，主题突出。导语中的引语正是深刻地揭示主题。这种导语，最常见的是引用领导人或权威人士、知名人士的一两句最重要的话。

（4）提问式导语，是把消息中已经解决了的主要问题，先简明扼要地用疑问句式提出来，然后用事实做简要回答，以引起受众的注意和深思。问题要提得鲜明，回答得具体、确切，从而揭示主题。提问式导语要注意抓住受众普遍关心的和与群众生活有直接关系的问题、受众未知而欲知的问题、对一些现象存在疑问的问题。

（5）评论式导语，是对消息所报道的主要事实进行简要评论，揭示其内涵和重要意义，增强宣传效果。导语中的议论，一般在叙述新闻事实之后，水到渠成地由记者直接发表议论。也有的议论抒发了记者对所报道新闻事实的情感和态度。

4）消息的主体与结尾

（1）主体。主体是消息的躯干，它紧接导语之后，是消息的重要组成部分。

主体的作用和功能有两个：一是对导语进行解释、深化和具体化。对导语中涉及的内容，进一步提供有关细节和背景材料，使其更清楚、明确、具体。二是补充新的事实。导语中未提及而又能表现新闻主题的事实和其他要素，便由主体补充出来。

主体部分的写作要注意以下几点。

第一，紧扣消息主题取材。主体部分内容较多，故而要重视材料的取舍。应紧扣导语中所确立的主题来选用材料。若与主题无关或无太大关系，即便具体、生动、感人，也应舍去。

第二，叙事宜具体、内容应充实。有人因消息是简明扼要的，要求篇幅短小、语言简洁，所以消息写得太概括、太抽象，空空洞洞大而无当的导语之下，是几条干巴巴的"筋"，读完了还不知道这篇消息讲了什么东西。消息虽不似通讯细致、深入地报道事实，但应使受众对新闻人物和事件有较完整而真切的了解，应传达出较具体的新闻信息。

第三，叙述宜求生动，行文善兴波澜。消息主体内容在要求具体、充实的基础上，还应力求生动。

消息主体写作应尽量避免平铺直叙，可运用生动形象的描述，灵活多变的手法和自由灵活的层次、段落安排。

（2）结尾。结尾亦是消息的有机组成部分，并非可有可无。虽然并非任何消息都有单独的结尾部分，但好的结尾，无疑对表现事物的完整性和逻辑的严密性、对突出和深化主题，均有重要作用。常见的结尾方式有小结式、展望式、补充式、含蓄蕴藉式、卒章见义式等。

5）消息的背景材料

狭义的新闻背景，仅指写作过程中涉及的与新闻人物和事件发生、发展相关的历史、原因和环境、条件等方面的材料。广义的新闻背景，除此之外，还包括对导致新闻事件发生、发展的广阔的时代背景的了解，也包含向记者提供消息、介绍情况的人的背景。背景材料运用得好，可以解释、烘托和深化主题，可以代替作者的议论而使报道显得客观，可以补充情况、介绍知识、增添情绪。

背景材料在消息中位置灵活，可独立成段，也可穿插于导语、主体或结尾之中。

背景材料主要有三类。

(1) 对比性材料。主要通过对比衬托，以突出新闻事实的意义，阐明某一主题、表明某种观点。通过对比，突出矛盾和差异，显出特点和价值。

(2) 说明性材料。它往往是对与新闻事实相关的政治背景、地域背景、历史背景、思想状况或物质条件等情况做介绍和交代，用以说明事物产生的各种因素，揭示事物发生或变化的意义。

(3) 注释性背景材料。它往往对产品(物品)的性能特点、科技成果、技术性问题、名词术语、文史知识、风俗人情等进行注释、介绍，以帮助受众掌握消息内容、增长知识和见闻。

6) 消息的结构

消息的结构通常指两个方面的意思：一是指消息的构成，即一篇消息稿内容上的结构成分，一般由标题、消息头、导语、主体、背景、结尾几部分组成；二是指消息的结构形式，即作者对已过滤的新闻材料进行总体性安排或布局的方式。

消息的结构形式主要有以下几种。

(1) 倒金字塔式结构。倒金字塔式结构是一种头重脚轻、虎头蛇尾式的结构，它把最重要的材料放在篇首，最不重要的材料放在篇末，从导语至结尾按重要性程度递减的顺序来组织安排新闻材料。

倒金字塔式结构便于受众迅速掌握全篇之精华，满足受众尽快获取最新消息之需求。

(2) 时间顺序式结构。这结构形式又叫编年体结构。

(3) 对比式结构。这种结构重在通过对比，揭示差异，从而突出新闻主题。

(4) 提要式结构。这结构通常把新闻中最重要的事实概括到导语中，然后将多项需并列出示的内容以提要形式，用数字程序一一分列出来。

6.2.5 消息的注意事项

1. 消息必须迅速

消息这种新闻体裁区别于其他新闻体裁的显著特点之一，是迅速报道新近发生或者发现的事实，向受众提供多方面的新信息。

同样道理，在新闻竞争异常激烈的当今世界，消息如果不及时，立即就成了"旧闻"，成为过时的东西而不受欢迎。所以，新闻(消息)被称为"易碎品"。好比一个花瓶，做得确实好，它摔碎了，价值也就没有了。一条消息，你若是慢吞吞地写出来，好是好，但它已经过时，没有人再看再听，变成了废品，价值也就不存在了。因此，评价消息的价值，不能不考虑"快"这个因素。

2. 消息必须准确

迅速不等于可以草率马虎，置真实性于不顾。新闻报道要取信于民，必须真实。首先对事实的认识要准确，这是应当坚持遵循的一条原则。其次，对事实的表达要准确。

3. 消息必须明了

明了，就是使人一目了然、一听就懂，没有疑问。要使消息明了，必须实现新闻写作

的通俗化，通俗就是根据群众的水平和需要，使群众容易理解和接受的意思。

西方新闻界对新闻写作的要求是："解释！解释！解释！不要让读者去猜。"美联社的写作手册上强调："尽量使用常用词语。记住，美联社的工作并非在于扩大读者的词汇量。如果你不得不使用一般读者可能不熟悉的词，那就必须加以解释。"

4. 消息必须简短

明了不等于必须把篇幅拉长，语言不精练，材料堆砌，始终是消息的大敌。

美国最大的通讯社——美联社，在它的《编辑手册》中也明文规定："不学会把文字写得简洁有力的人，不必想为美联社写作！"

有话则短，无话则免。这不仅是新闻工作者应当记取的，一切公务人员乃至全体公民都是应当记取的。因为它反映了人的素质的提高，也符合当今世界提高办事效率的需要。

【案例 6-1】体育消息

法甲-内马尔助攻梅西，巴黎 1-1 提前四轮联赛夺冠

北京时间 2022 年 4 月 24 日 3:00(法国当地时间 21:00)，2021/22 赛季法甲第 34 轮焦点战展开角逐，巴黎圣日耳曼主场 1-1 平朗斯，丹索两黄被罚下，梅西世界波打破僵局，扳平比分，巴黎提前 4 轮夺得本赛季法甲冠军。

巴黎最近 6 次对阵朗斯取得 3 胜 2 平 1 负，本赛季首次交锋巴黎客场 1-1 战平朗斯。本场比赛之前巴黎在还剩下 5 轮的情况下领先第二名马赛 15 分，本场保持不败即可夺冠。梅西、姆巴佩和内马尔联袂首发，纳瓦斯把守球门。

【评析】

这篇例文从消息的角度讲是一个格式齐全的例子，它包括单行标题、消息头、导语、主体、结尾和背景材料等。材料清晰，结构安排合理，语言流畅。

【案例 6-2】消息

意大利足球队半决赛失利

今天在那不勒斯举行的第十四届世界杯足球赛半决赛中，阿根廷队在最后的"点球大战"中以 5:4 淘汰了意大利队。比赛一结束，圣保罗体育场响起一片无可奈何和充满悲怨的呐喊。片刻，在阿根廷球迷的高歌狂欢之后，看台上却异常地安静，意大利球迷毫无表情、沉寂无言地离开了球场，留下了一地的红色喇叭和一些撕碎的国旗。

意大利球迷几乎衰竭的呐喊声在互射点球时又再度爆发。每当意大利队员罚球时，看台上一片寂静，进球后则立刻响起全场的欢呼声。而当阿根廷队员罚球时，球迷震耳欲聋的欢呼声如山呼海啸，似乎要把阿根廷队掀出场外，即使这样仍未能挡住阿根廷人走向胜利。前三轮点球，两队队员均射进，后两轮阿根廷队门将戈耶切亚如有神助，接连将多纳多尼和雷纳两个射球扑出。今天表现甚佳的阿根廷队灵魂人物马拉多纳在第四轮中又射入一球。赛后，一队阿根廷球迷在大街上又唱又跳，几乎人数相同、神情木然的黑衣警察则护卫两旁。

赛前数小时，赛场外已车水马龙，聚集了不少球迷。球迷的呐喊声从比赛前 40 分钟就已开始，一浪高过一浪，并在开赛后第十七分钟时达到了高潮。当时，意大利队发动了

一次快攻，德那波利、多纳多尼、维亚尼配合默契，最后由斯基拉奇射球入网。意大利队以1∶0领先。

可是，意大利队应了"乐极生悲"这个词，势头渐衰，球迷的呐喊也渐渐失去声势。意大利队的表现可用马拉多纳的话一言以蔽之："意大利队上半时踢得不错，可下半时他们全垮了。"在下半场和加时赛中，意大利队一向强大的中场却显得群龙无首，很难把球传到对方的门前，素来稳健的清道夫2号巴雷西也急不可待地屡次杀至前场。意大利队的确失去了章法，甚至在阿根廷队14号米斯蒂被罚下场后，也组织不起有效的进攻。

意大利门将曾加今天也失了水准，他在前五场比赛中不失球的纪录在第六十七分钟时被阿根廷8号卡尼吉亚一记头球所打破。他在互射点球决胜负时，也显得信心不足，优柔寡断，有几次连扑球的动作都没有。

【评析】

这篇消息从内容上说缺少消息头和导语，此外，层次结构也有些混乱。

6.3 广 告 文 案

广告，顾名思义，就是广而告之的意思。但这不是广告的科学定义，广告有广义和狭义之分。广义的广告包括经济广告和非经济广告。经济广告，是指有关促进商品或劳务销售的经济信息。非经济广告，是指为了达到某种宣传目的的非营利性广告，如政府公告、宗教布告、教育通告与文化、市政、社会经济团体的启事、公告、声明、布告，以及个人的遗失声明、寻人广告、征婚启事等。

《中华人民共和国广告法》第一章(总则)第二条规定："本法所称广告，是指商品经营者或者服务提供者承担费用，通过一定的媒介和形式直接或间接地介绍自己所推销的商品或者提供的服务的商业广告。"

美国《广告时代周刊》将广义广告定义为："个人、商品、劳务、运动，以印刷、书写、口述或图画为表现方法，由广告者出费用做公开宣传，以促成销售、使用、投票或赞成为目的。"狭义广告指经济广告，即商业广告，是为了推销商品或服务、获得利润，属于营利性广告。美国广告主协会给其下的定义是："广告是付费的大众传播，其最终目的为传递情报，改变人们对于广告商品之态度，诱发其行动而使广告主得到利益。"

我国《辞海》对广告的解释为："向公众介绍商品，指导服务内容和文艺节目等的一种宣传方式，一般通过报刊、电台、电视台、招贴、电影、幻灯、橱窗布置、商品陈列的形式来进行。"简言之，现代经济广告的定义可概括为：广告是广告主有计划地通过媒体传递商品或劳务的信息，以促进销售的大众传播手段。这个定义包括以下四点。

(1) 广告对象是广大消费者，是大众传播，有广而告之的意思。

(2) 广告内容是有计划地传递商品或劳务信息。

(3) 广告手段是通过媒体(如报纸、杂志、电台、电视等)进行的。

(4) 广告目的是为了促进商品或劳务的销售，取得利润。

1880年，鲍尔斯成为美国第一位广告文案撰稿人，此时广告文案的名称就出现了，但是究竟什么是广告文案，却没有一个准确的定义。

　　广告文案是已经定稿的广告作品的全部的语言文字部分。广告文案是广告创意的执行和深化，而创意无定规。在广告创意的决定性前提下，广告文案的具体操作并不一定都以完整的结构作为写作的硬性追求，可以应创意的需要对构成部分进行取舍。

6.3.1　广告文案写作的目的

　　广告文案写作的目的有以下几方面内容。

1. 企业形象的塑造和企业个性的建构

　　在社会环境、公众心目和市场环境中，为企业塑造一个合乎企业"类"的特性，更能体现企业自身特点的新形象。这个企业形象具有能够让广告作品的受众感知到企业为公众、社会、环境所做的努力，能让他们从众多的企业中明晰地分辨出来的，能得到受众好感和肯定的外在形象和个性特点。

2. 品牌形象的塑造和品牌个性的建构

　　品牌形象和品牌个性的塑造与建构基础在于产品，其目的是为了发展产品、销售产品。在产品的基础上，广告者借助于广告运动、广告文案撰写等活动，建立和传播产品的形象与个性。一旦产品的形象和个性得到了受众一定程度的认同，产品和公众、目标消费者之间就建立起了一种相互间的默契，产品就形成品牌效应和品牌规模。

3. 打开产品知名度

　　产品的制造者在完成产品的制造过程以后，如何将产品投放到市场上是一个最紧迫的任务。在现代生活方式中，人们产生消费行为的动机十分复杂，不能一概而论。但是，无数的调查和事实说明"酒香不怕巷子深"的时代已经过去。人们以对产品的知晓度作为进行消费活动的一个重要的前提条件。打开产品知名度，使之妇孺皆知，是产品进行市场导入期的一个主要的广告目的。

4. 建立产品的美誉度

　　知名度不等于好感度和美誉度。妇孺皆知的产品并不见得能产生好的销售业绩。因此，通过广告活动和广告作品的传播，形成受众对产品的好感，建立较高的产品好感度和美誉度，才能产生品牌忠诚或重复消费。

5. 配合促销活动

　　有许多广告作品的制作目的，直接就是为了配合企业的促销活动，扩大促销活动的销售业绩。因此，广告文案写作在此时的直接目的是扩大促销活动的知名度，掀起人们的消费热潮，最终扩大产品的销售业绩。

　　随着现代人生活方式和消费心态的变化，以形成消费为重要目的的广告活动在不同对象、不同区域、不同时期的运作中各有不同的直接的或间接的目的，因此，广告文案的写作目的还可进一步扩展和细分。

6.3.2　广告文案的写作格式

广告文案的组成一般包括标题、广告正文、广告口号、广告附文等。

1. 标题

标题是广告的生命。标题不好，谁都不爱看，也就谈不上广告对消费者的吸引。因此，一则广告的成败，在很大程度上取决于它的标题的质量。

1)　广告标题的作用及种类

广告标题的作用主要表现在以下三个方面。

(1)　一个好的标题能引起消费者的注意，获得立刻打动人心的效果。

(2)　好的标题不仅本身有吸引力，还能把消费者引向看广告的正文和全篇，从而收到预期效果。

(3)　广告标题有利于突破广告结构上的单调，用丰富多彩的表达形式，加深广告宣传的印象。正是鉴于广告标题上述的宝贵价值，因此，一位优秀的广告作家总是要经过十几次、几十次甚至上百次的反复推敲，捕捉最能扣人心弦的标题。标题的种类很多，主要有以下几种。

(1)　直接性标题。这种广告标题可以直接告诉顾客，产品对你的收益，无需再读正文。例如，美国煤气联合会的广告是这样写的：唯独这种煤气能向你提供一大桶一大桶的热水，比普通的快三倍。这里首先提到的是产品(煤气)，接着是它向顾客所提供的收益，如果再加上广告正文反而显得多余了。

(2)　间接性标题。它不同于直接性标题，其唯一目的是让读者去看广告正文。这种标题，往往是以情趣和富有戏剧性来吸引顾客的。如"火箭般的六十年代的光辉形象"，形容汽车开得快，以吸引消费者观看正文。又如，"发光的不完全是黄金"，美国一家银器制造商，用了这句谚语引人注意，正文是说明他们制造的银器也是发光锃亮的。再如，"妈妈来呀！……我饿"，这个标题富有情趣，诱人转读正文。做妈妈的都爱她的孩子，听到孩子喊饿，就会马上拿一些东西给他吃。广告的正文是介绍他们的麦片营养好，而且立刻可以煮熟。

(3)　复合性广告标题。它是把直接性广告标题和间接性广告标题结合起来。复合性广告标题虽然失去了一些引人好奇的价值，但却能使读者马上明白是什么产品使他们好奇。例如，狮球牌花生油在香港销售量居首位。他们精心设计的间接标题是"家中一分子，个个都中意"，直接标题是"狮球牌花生油"，用一只可爱的动画小狮子，代表"狮球牌"与家庭成员之间的感情，它已成为家庭的一分子，在厨房里帮助主妇烹饪，在餐桌上帮助婆婆哄小孩吃饭，使"狮球牌"人格化，从而加强广告的感染力。这类广告标题常用于前两种标题不易表达的内容。

2)　标题的写作要求

(1)　简单明了，引人注目，摆明事实，能够立刻对读者发挥作用。

(2)　能用文字或其他暗示使漫不经心的读者引起兴趣，激发其潜在需求。

(3)　突出特点。介绍商品须符合商品的特色，所宣传的产品将能满足读者一个或几个

欲望。

（4）有独创。对文字应精心选择，句式、语气和表现方法能别出心裁，注重商品的标记性和象征性，必须竭力避免使用令人乏味的陈词滥调。

（5）富有趣味。要同消费者的利益、兴趣、感情联系起来，迎合其好奇心和模仿性，唤起其心灵上的共鸣。

（6）标题与广告中的其他内容，如插图、正文、产品的性质等协调一致。

2. 广告正文

一位资深广告作家在撰写广告正文之前对自己想要写什么往往早已胸有成竹。在选定了最佳的标题并拟定了广告的最终形态之后，他便开始准备撰写广告正文了。广告的正文，基本上是大标题和副标题的发挥。例如，大标题是"花钱取暖和获得舒适的两个新途径"，那么，就要求在正文里解释这是为什么。广告正文的作用就是驱使读者走向广告所宣传的目标。为了达到这一目的，一般采用以下三种办法。

第一，通过建议引起读者的兴趣。

第二，提供令人信服的情报，要易于领会并能加强读者对占有这一产品的欲望。

第三，使读者想要目睹一下所宣传的产品，亲身试一试，至少能接受广告作家在广告中所介绍的产品形象。

1）撰写广告正文应达到的目的

（1）对标题许诺内容的阐明。

（2）对许诺内容的证实。

（3）与同类产品相竞争的优点。

（4）欲达到的行动目的。

2）广告正文的写法

（1）公文体。常见的形式如开业启事、通知海报、招聘与业务声明等。公文体在写作上要求表述恰当、严肃庄重，事由、项目、条件和注意事项要交代清楚，文字结构条理明晰，标点、句段表述正规、严格。

（2）简介体。简明扼要地介绍商品的特长，配合图片，加深印象。

（3）新闻体。发掘广告内在的兴趣性，借题发挥，显出新鲜别致的味道，但要注意严肃，防止过分夸大其词。

（4）论说体。用充分的论据和雄辩的逻辑，宣传产品的优点。

（5）对话体。用对话问答的方式说出宣传产品的意思，针对性强，逐点解释，较有说服力，听起来也比较亲切，多用于介绍价值较高、消费者尚不太了解的新商品。对话体广告要求对话写得生动、有趣，且要符合对话者的身份。美国《广告与商业》一书曾列举过一个"蹩脚"的对话广告，现照录如下。

"安娜，我听说你买了一台新的搅拌式洗衣机。我早就听说过这机器里配上了平衡往复式搅拌器。它洗的衣服真的更干净吗？"

"我应该说，确实是这样，玛利。它洗的衣服确实比别的机器干净。你瞧，这种新式的搅拌器是全自动的，是按一种新的原理发动的。它不仅能让衣服在机内打滚，循环洗涤，而且还有一个偏心凸轮对衣服不断地拍打。而这种拍打的动作则是其他自动洗衣机都

不具备的。这一拍打的动作让水从九个不同的方向轻轻地渗进脏衣服。所以你从未见过任何洗衣机能洗出比搅拌式自动洗衣机更干净的衣服了。"

像这般对机械原理的描述，通过两个典型的家庭妇女的对话表达出来，不仅是索然无味，而且是难以令人置信的。人们不相信两个家庭妇女会像两位机械工程师那样地交谈。因此，这则广告是失败的。

(6) 证书体。搬出权威方面的鉴定、奖评，或知名人士的赞扬、见证、一定数目的使用情况的统计资料等，来表达、证明广告宣传的内容，具有定论性和说服力。这类体裁多用于名牌产品、高级精密仪器和药品等。例如，某某药品经什么有威望医院的多少次临床试验，总有效率达百分之多少等，这就比那些"质量可靠，疗效显著"的空洞口号更有说服力。

(7) 描写体。在一篇广告中描述一种产品或介绍一个服务项目及其特点，这对广告作家来说是一个严峻挑战。如果写得不好，它会使人感到难以忍受的乏味；反之，优秀描述性的广告，则能唤起鲜明形象和深刻印象。

(8) 幽默体。用幽默的笔法和俏皮的语言，在活泼逗趣之中宣传商品，能很有效地引起人们的购买欲望，并能加深消费者的记忆。但并不是所有的商品都适合于应用幽默体广告的。在大多数情况下，利用幽默性广告只适宜于推销低档商品、日用品，而不适合推销高档商品、生产资料。

(9) 小说体。用故事的形式写广告文字，事情不能太复杂，但也要有点曲折，最好说明由某种商品或服务解决了矛盾、难题，颇能引人入胜，揭示真正意图。

(10) 戏剧体。采用短剧，借用对话和语言的艺术形象和感染力，进行广告宣传，往往能收到较好效果。

(11) 诗歌体。用诗歌做广告，富有感情色彩，形象魅力、语言节奏和韵律谐调，易读好记，能加深印象。苏联大诗人马雅可夫斯基曾创作了大量脍炙人口的"广告诗"，至今仍有相当大的影响。

除了以上几种表现形式外，广告正文的写作还可以有许多形式。值得注意的是，广告正文的表现形式就如同广告运作中的其他的环节一样，越独创越有效，广告文案人员要写出有效的广告正文，还需要在前人创造的基础上，创造出更多的表现形式。并且，在许多情况下，我们写作广告文案，是两种甚至更多种表现形式配合运用的。

如何才能算一则好的文字广告呢？国外广告界提出了一个广告文字的"AIDAS 公式"，具体来说，就是一则好的广告，在文字效果上应当吸引注意(attention)、刺激兴趣(interest)、引起欲望(desire)、促成购买(action)、买后满足(satisfaction)。

3. 广告口号

1) 广告口号的概念

广告口号，也叫广告语、广告主题句、广告中心词、广告中心用语、广告标语等。它是企业和团体为了加强受众对企业、商品或服务等的一贯印象，在广告中长期反复使用的一两句简明扼要的、口号性的、表现商品特性或企业理念的句子。它是基于企业长远的销售利益，向消费者传达一种长期不变的观念的重要渠道。

2) 广告口号的作用

(1) 广告口号首先是企业、商品、服务与受众之间的认知桥梁。

(2) 加强受众对企业、商品和服务的一贯印象。

(3) 通过多层次传播，形成口碑效应。

(4) 传达长期不变的观念，在改变消费指向的同时，产生长远的利益。

3) 广告口号的写作

广告口号的写作原则，是对文案人员写作广告口号的规定性。这个规定性，应该在广告口号的特征和写作注意的基础上获得。广告口号的特征为：信息单一，内涵丰富，句式简短，朴素流畅，反复运用，印象深刻。如果要使我们写作的广告口号具有这样的特征，就必须注意以下几点。

(1) 简短易记，口语风格。这是广告口号写作的最重要的规定性。要用平常语，用消费者在日常生活环境中所运用的亲切、平易近人的语言，要用大众化的、普遍性的语言种类。如"雀巢咖啡，味道好极了""戴博士伦，舒服极了""牛奶香浓，丝般感受"(德芙巧克力)这些具有相当大的影响力和流行面的广告口号，都是运用了平常语言，运用了消费者的语言。过于书面化的语言或过于方言化的语言，会造成一定的传播障碍。

(2) 用词朴素，合于音韵。这里的用词朴素，指的是写作广告口号所运用的词汇，词性平易近人而不是华丽、空泛。这里的合于音韵，不仅指句子是否押韵，而且指广告口号是否体现了音韵之美、流畅之美。如"钻石恒久远，一颗永流传"(钻戒)、"不在乎天长地久，只在乎曾经拥有"(雷达表)、"喝孔府宴酒，做天下文章"(孔府宴酒)、"晶晶亮，透心凉" (雪碧)，都是用词朴素、富于音韵美的广告口号。

(3) 突出个性，观念前瞻。这里的个性，是指广告口号本身的形式和内容上的个性。没有个性的形式和内容是不能引起受众的关注和记忆的。如"我的眼里只有你"(娃哈哈纯净水)、"真诚到永远"(海尔电器)、"灵感点亮生活"(西门子)等，都是具有个性的广告口号，让受众过目难忘。

(4) 情感亲和，渗透力强。广告口号就必须在情感亲和上下功夫，将企业的理念、企业为消费大众所做的努力、企业对消费者的关切用情感性较强的形式告诉消费者，使情感渗透形成某种内在的亲和力。如"滴滴香浓意犹未尽"(麦斯威尔咖啡)、"只选对的，不买贵的"(雕牌)、"人头马一开，好运自然来"(人头马)等。

4) 广告标题和广告口号的区别

广告标题和广告口号之间是有重要区别的。只有认清了这些区别，才能在具体的操作过程中把握好如何利用这两者创作出优秀的广告文案。

(1) 表现功能不同。广告口号是为了加强企业、商品和服务的一贯的、长期的印象而写作的，而广告标题是为了使广告作品能得到受众的注意，吸引受众阅读广告正文而写作的。

(2) 表现风格不同。广告口号因为要着力于对受众的传播和波及效应的形成，在表现风格上就要立足于口头传播的特征，其语言表达风格就要体现口语化特征，自然、生动、流畅、给人以琅琅上口的音韵节奏感。而广告标题比起广告口号来，它的表现功能要求它新颖、有特色、能吸引人。

(3) 运用时限、范围不同。广告标题是一则一题，在每一则广告中，标题都是不同的。因此，运用时间短暂。而广告口号是广告主在广告的长期过程中的一贯的运用，它在一个企业或商品的广告战略中被长期地运用，被广告运作过程中的每一则广告作品所

运用。

4. 广告附文

广告附文也称广告尾文、广告随文。广告附文是在广告正文之后向受众传达企业名称、地址、购买商品或接受服务的方法的附加性文字。因为是附加性文字，它在广告作品中的位置一般居于正文之后，因此，也称随文、尾文。

附文对广告正文起补充和辅助的作用。同时，也起到促进销售行为的实施作用。当广告的标题、正文和口号已经使目标消费者产生了消费的兴趣和渴望时，如果在广告附文中表现了商品的购买或服务的获得的有效途径，使得他们能以最直接的方式、在最短时间之内得到商品，消费者就会乘着兴趣产生消费行为。因此，广告附文可促进消费行为的迅速完成，广告的销售目的就能如期达到。

附文的具体表现内容大致分以下几个部分。

(1) 品牌名称。

(2) 企业名称。

(3) 企业标志或品牌标志。

(4) 企业地址、电话、邮编、联系人。

(5) 购买商品或获得服务的途径和方式。

(6) 权威机构证明标志。

(7) 特殊信息。

奖励的品种、数量，赠送的品种、数量和方法等。如需要反馈，还可以运用表格的形式。

6.3.3 广告文案的注意事项

1. 真实性

广告的语言必须科学、真实，只有对产品做实事求是的介绍，才能赢得顾客的信任。据传，从前有两家酒店，为抢生意、招揽顾客，各自在门口贴出广告。前者的广告是"本店以信誉担保，出售的完全是陈年佳酿，决不掺水。"后者则做如下广告："本店素来出售的是掺水一成的陈年老酒，如有不愿掺水者，请预先说明，但饮后醉倒概与本店无关。"结果，承认"掺水一成"的酒店比那家标榜"决不掺水"的酒店生意要兴隆得多。同样是做广告，前者言过其实，使人无法相信，而后者却客观地承认酒掺了水，与此同时也巧妙地标榜了自己的商品，从而做活了生意。一般说来，读者对他们可读到与听到的广告都是将信将疑的。他们容易脱口而出："又是广告宣传。"这样你宣传的内容就没有多大价值了。因此，重要的是要让读者相信广告所宣传的内容，否则宣传内容大部分都白费心机。因此在撰写广告文字时，不要讲得过分死板，方式要灵活，要避免讲过头话和绝对话，例如："一旦使用这种洗衣粉，你将对任何其他牌子的洗衣粉永远不会感到满意。"另一方面，可以提供说明产品功能的证据，或者由公认的权威，通过科学论证来证实，增强商品的信誉度。

2. 简明性

广告文章的重心和广告其他成分的重心一样，就是宣传的目标。凡是有助于实现这个目标的文字和陈述都应保留，而一切与此无关的都应抛弃。但要做到这一点并不容易，需要反复修改。如有可能，应尽量使用短句而不用长句，如果非用长句不能确切地表达含义时，也不要放弃长句而不用。文字要生动，要通俗易懂，使读者能用同样的词汇向别人介绍你的产品。

3. 针对性

要使广告具有说服力，还必须有针对性。人们看了广告之后，并不会像你所期望的那样，马上作出反应。一则成功的广告应能把广告希望读者或听众所得到的印象，或所采取的行动表达得特别清楚。为了达到这一目的，有的广告经常运用"莫失良机，从速购买"等一类词语，其实这样的宣传效果并不大。美国通用电气公司，在圣诞节期间刊登了一则推销大摆头真空吸尘器的广告，其对象是家庭妇女，目的是让她们的丈夫买一台作为圣诞节礼物送给妻子。广告的全文则是别出心裁地教主妇们如何向丈夫们暗示，才能有把握得到丈夫的节日馈赠。文章的最后一句还写道，"这样一来，你家的圣诞节将是有史以来最快乐的也是最清洁的节日。"这里增加"最清洁的"一词，就更突出广告的说服力。

4. 生动性

国外广告学家曾做过这样一个实验，在两个擦鞋机面前各挂出一块小广告牌，一个标题是"请坐，擦鞋"，另一个是"约会前，请擦鞋"。结果，后者因语言生动，并能引起人们的联想，比前者的效果要好很多。又如，上海盛锡福帽店，一跨进店门，迎面就看到一条"走遍数省无觅处，得来全不费功夫"的广告，颇能唤起顾客的购买欲望。再如，上海牙刷厂在试销"长命牌"牙刷时，贴出广告"买第一把长命牌牙刷的人，要有不怕上当的勇气"，结果激发了人们的好奇心，购者踊跃。

5. 新奇性

一个可以引发人们好奇心的广告会吸引很多人来阅读。商业广告要突出主题，立意要新颖，但又要防止单纯地一味求新、求异，为创意而创意。如某电子秤的广告 "公道不公道，只有我知道"，迅达电梯的广告为 "伴您步上新高度"，均为好案例。

又如 "假如她有双臂的话……"，画面上一碟燕麦片旁，立着一尊世人熟知的维纳斯雕像，此为美国一家公司为新出品的燕麦片做的广告。米罗岛上的"维纳斯"是世人注目的美的偶像，从地下发掘出来时，双臂即已被损，此广告的潜在语是告诉我们：假如她有双臂的话，她肯定会拿起燕麦片品尝……这个创意是何等的幽默、浪漫、大胆！然而，又很含蓄。此例立意新颖，富有个性，值得我们思考。

6.3.4　广告文案写作与其他文体写作的区别

1. 广告文案写作与文学写作的区别

(1) 文学写作的目的与广告文案写作的目的不一样。可以说，形式本身的创造便是文学写作的一个重要目的。让读者陶醉在对文学形式的审美过程之中，也是文学写作者的写作意义之一。

广告文案写作却不是。只有传达广告信息、获得与受众特别是目标消费者沟通的、能促使消费者产生购买行为和购买愿望的文本形式，才是符合广告文案写作目的的文本形式。

(2) 写作行为在目的性上的重要区别，导致了两种写作行为在写作的主客体关系处理上的区别。广告文案写作虽然不完全否定写作者的主体因素，如每一个文案撰稿人都有其处理原材料、发现新主题、创造新形式的独特之处，但广告文案写作首先注重的不是如何表达撰稿人的思想、体现撰稿人的才情，而是如何运用才情将信息处理、表达得更准确、更完美、更有吸引力。写作者的主体性是为客体表现服务的。

(3) 文学表现手段的运用。例如，在柯达胶卷广告文案中，写作者为了加强文案的吸引力，诱导受众读完整个文案，往往采用文学的表现手法。这种笔法、语言、句式的运用，只是为了让受众在文学的氛围里得到感染。文学的表达，在这里完全只是广告作品实现自身目的的手段。因此，具有文学才华的写作者如果不将广告最终目的作为运用文学创作手段的试金石，就有面临失败的可能。

2. 广告文案写作与新闻写作的区别

因为我国一些广告文案撰稿人是从媒介改行后进入广告行业的，因此，很多人用写新闻的写作方法和写作要求在写作广告文案。实际上，两者虽然都是写作，且广告文案写作也可以运用新闻式的标题、新闻式的写作方法来达到文案的时效性，但两者之间还是有很多重要区别的。

(1) 新闻写作的一个最本质的特点，是它的真实性。在新闻稿中，信息内容必须是完全真实的，包括时间、地点、人物、场景、结果等，决不允许有一个因素的虚假或虚构。但是，广告文案写作的真实性要求与新闻写作的真实性要求在范围、尺度、对象等方面都有本质不同。广告文案写作的真实是信息内容的真实，在《广告法》里，对广告信息内容的真实性问题有了一个明确的规定。如果违反了《广告法》中对有关信息的真实性要求，就是违法的广告作品。与此同时，《广告法》对表现形式和表现风格上的真实性要求又只是艺术真实的尺度。在表现方法上，并不要求体现现实的、完全的真实，而是允许虚构。

(2) 新闻作品的发表和传播，有一定的媒介制约。一般来讲，目前只在大众媒介的报纸、杂志、广播、电视上发表和传播。而广告文案写作作品的发布和传播，对媒介无特殊要求。除了主体媒体(即报纸、杂志、广播、电视)之外，在媒体的运用方面，尚有其他一些非主体媒体，如户外广告媒体直邮、广告网络广告等。广告文案写作的媒体运用范围远远超过了新闻写作的运用范围。

(3) 新闻写作强调作品所体现的时效性。时效性是新闻作品的生命。因此，新闻写作者在信息内容的时效性把握方面是新闻写作的一个重要环节。广告文案写作对时效性问题没有要求，它所传达的信息内容可以是任何一个时期所发生的。特别是在表现形式上，为了有效地传达广告信息、加强广告信息的亲和力，广告写作甚至可以特意地营造一个合适的时代背景。

【案例6-3】广告

世界之窗

深圳世界之窗文化旅游景区毗连锦绣中华与中国民俗文化村，开业于 1994 年，占地 48 万平方米，集世界奇观、自然风光、民俗风情、民间歌舞于一园，再现了一个美妙的世界。

园内景区分为世界广场、亚洲区、大洋洲区、欧洲区、非洲区、美洲区、现代科技乐园、雕塑园、国际街等九大景区。景观采用自由比例，或精致微妙，或气势恢宏，埃菲尔铁塔高 108 米，巍然耸立，游人可乘观光电梯到塔顶，饱览深圳和香港风光；尼亚加拉大瀑布飞流直下，声势浩大，颇让人有身临美洲之感……每当夜幕降临，华灯初亮，由世界民族歌舞组成的大型广场综艺晚会即在世界广场拉开帷幕，把景区活动推向高潮。

"你给我一天时光，我给你一个世界！"

单位：深圳世界之窗有限公司，电话：(××××)××××××××

传真：(××××)××××××××

【评析】

这是一则旅游广告，条理清晰，内容充实，语言富有吸引力。广告口号更能抓住阅读者的眼球。

6.4　产品说明书

产品说明书是生产部门向消费者介绍和说明产品成分、构造、性能、特点、主要技术参数、使用方法、作用、维护保养等使用知识的应用文体。

产品说明书的作用如下。

1．指导消费

产品说明书告诉消费者如何使用产品，使消费者准确掌握操作或使用的方法。在当今社会，国际国内市场竞争非常激烈，产品更新换代的速度越来越快，许多新产品如电子产品、医药用品、机器设备等，知识性、科学性、技术性较强，生产部门附产品说明书，可以使消费者迅速掌握使用方法，避免发生意外或损坏产品。

2．宣传推销

一份好的产品说明书还可以起到宣传作用，它实际上是一种广告，起到推销产品、提供科技情报、传播技术知识的作用，使生产企业和部门的产品扩大影响、增加信誉、迅速占领市场。

6.4.1　产品说明书的写作格式

产品说明书的格式不一，内容简单的、普及型的产品，可单纯用文字直接印在产品包装物上；内容比较复杂的、鲜为人知的产品，可以印成小册子，图文并茂。

产品说明书的内容也因物而异，各有侧重。有的强调功能和用量，有的强调构造和使用方法，有的强调数据和规格。由于产品说明书主要是帮助消费者了解产品功能并正确地使用，因此，必须紧紧扣住产品功能和使用方法的介绍和说明。

一般来说，产品说明书由标题、正文、落款三部分组成。

(1) 标题。标题由产品名称和文种组成，如《 999 洋参含片说明书》。有些说明书还写明生产厂家、品牌、注册商标、产品型号或代号，使消费者产生深刻印象。

(2) 正文。这是产品说明书的主体内容部分，一般说明产品的功能和特点、材料或成分、使用方法或用量、保养和维修、规格和指标等。

(3) 落款。写上生产企业或单位的名称、地址、电话号码、电报挂号、传真号码、开户银行的账号、生产日期(产品批号)等。根据需要，或写在文末，或置于封面。

有些产品说明书还有附录，是与产品使用及保养维修有关的资料，如有关图表、保修卡、信誉卡、维修记录卡、维修点、用户意见反馈卡等。

6.4.2 产品说明书的注意事项

1. 突出重点

产品说明书具有实用性特点，要突出如何使用等重点内容。尤其是对用户最关心与有疑虑的问题做简明的重点说明。如对电气产品，说明的重点是安全性能和安全使用方法的药品的说明，重点是使用注意事项。

2. 实事求是

产品说明书具有科学性特点，必须以客观的态度，实事求是地反映产品的使用价值，不允许夸大其词，弄虚作假，或隐瞒、歪曲产品的真实情况，以取信于消费者。

3. 通俗易懂

产品说明书是让消费者了解并掌握产品的功能和使用方法，因此，语言表达要通俗，便于理解。即使是专业性较强的说明书，也不需对技术数据、操作过程和专业术语等做多方论证、详加深奥的介绍。有些外销的产品，还要在中文说明书后附同样内容的外文说明书。

【案例 6-4】产品说明书

××健胃消食片说明书

[药品名称] ××健胃消食片

汉语拼音 ××jiàn wèi xiāo shí   piàn

[成分] 太子参、陈皮、山药、麦芽(炒)、山楂、辅料为羔糖、糊精、硬脂酸镁。

[性状] 本品为薄膜衣片，除去包衣后显棕黄色；气略香，味微甜、酸。

[作用类别] 小品为厌食类非处方药药品。

[功能主治] 健胃消食。用于脾胃虚弱，消化不良。

[用法用量] 口服(须咬碎)，一次 3 片，一日 3 次。

[规格] 每片重 0.8 克。

[贮藏] 密封。

[包装] 铝塑包装，8 片/板×4 板/盒。

[注意事项]

1. 忌食生冷辛辣食物。

2. 本品为成人治疗脾虚消化不良症用药，对于小儿脾胃虚弱引起的厌食症，可以减量服用，一次 1～2 片，一日 3 次。不能吞咽片剂者，可将该药品磨成细颗粒冲服。

3. 厌食症状在一周内未改善，并出现呕吐、腹痛症状者应及时向医师咨询。

4. 按照用法用量服用。

5. 药品性状发生改变时禁止使用。

6. 儿童必须在成人的监护下服用。

7. 请将此药品放在儿童不能接触的地方。

8. 如正在服用其他药品，使用本品前请咨询医师或药师。

[有效期] 2 年

[批准文号] 国药准字 Z 2001××××

[生产企业] 企业名称　××药业股份有限公司

地址：××省××市××区

邮政编码：××××××

电话号码：××××－×××××××

【评析】

语言简练、内容完整、通俗易懂是这篇商品说明书的特点。商品说明书的写作目的就是让人们尽可能多地了解所介绍的商品的知识，进而指导人们使用，因而语言必须平实易懂。

6.5　导　游　词

　　导游词是导游人员在引导游客游览活动中对有关事物进行解说的应用文字。它属于解说词一类。解说包括解释和说明两种表述方式。解说词以说明为主要表达方式，以记叙、议论、描写、抒情为辅助表达方式，以解说事物、剖析事理，给人以知、教人以用为目的。常用的有展览会的解说词、推销产品的解说词、旅游风光片和科教片的解说词、导游人员的解说词等。导游词是导游员的工作用语，是一种具有旅游业的职业特点的专门用语。

　　导游词有书面形式和口头形式两种。书面形式与口头形式之间的关系如同剧本和演员台词之间的关系，书面文字是口头表达的依据。我们所讲的导游词是适合导游人员口头表达的书面形式的导游词，导游人员根据实际需要可以灵活运用。

6.5.1　导游词的作用

1. 引导游客游览和欣赏

人们外出旅游，不论是出于何种目的，在观光游览过程中总有一种求新、求奇、求美、求知、求乐的心理。他们到了异国他乡，人生地不熟，又有文化差异的隔阂，要满足游客的需求，必须充分发挥导游人员的导游作用。导游词，可使游客开阔眼界，增长知识，获得物质和精神的享受。

2. 对旅游商品的形象宣传

旅行社所推出的商品，与市场上销售的一般性商品不同，它是由旅游线路和服务构成的。这种商品在旅游者亲自游览之前是看不到的，而且是无法试用的。因此，旅游宣传和推销在旅游市场竞争中占有重要地位。利用旅游广告、图片、文字材料、电视片等进行宣传和推销是主要的，但通过导游词进行宣传和推销也是不容忽视的，因为导游词在宣传和推销旅游产品方面有其独特的作用。精彩的导游词是旅游商品的形象说明书和生动的活广告，它可以使旅游商品锦上添花，具有很强的诱惑力和感染力，在旅游者的心中可以留下深刻而美好的记忆。旅游者的亲身感受、现身说法，对人们有更大的说服力，可在潜在的旅游者中引起连锁反应，起到一般广告无法起到的作用。精美的导游词如同文学作品一样可以广泛流传，人们在欣赏的同时，可以将潜在的独特意识转化为实际的旅游行动。

3. 供阅读者品读、增智

导游词不仅可供导游人员讲解，让游客在游览过程中增智悦神，而且还可以作为文学读物，置于案头枕边，供人阅读欣赏，令人心驰神往。

导游词是旅游文学中的一个新品种、一朵奇葩。千姿百态的旅游景观，具有丰富的知识性和很高的审美价值。大自然和人类社会是一本百科全书，旅游者可以从中学到各种知识。大自然和人类社会又展现出各种美，比如自然景观的形象美(雄、奇、险、秀、幽、奥、旷、野)，色彩美，动态美，听觉美，视觉美，象征人文景观的工艺美、协调美、风情美、意境美。通过精彩的导游词、如诗如画地描绘，给人以亲临其境的感受，使人获得悦耳、悦目、悦心、悦意、悦志、悦神的审美享受。

6.5.2　导游词的特点

导游词是导游人员引导游客观光游览时所用的解说词，它的性质决定了它具有写实性、实用性、文化性和艺术性等特点。

1. 写实性

导游词属于写实性的应用文体，它是对游客观光游览对象的解说。无论解说的对象是客观景物，还是客观事实，都是一种客观存在。即使是传说故事，它也是一些社会历史文化的积淀，而不是导游人员毫无根据地凭空编造出来的。所以，导游词应遵循客观真实和历史真实的原则。如果为了吸引游客，激发其游兴，违背真实，胡编乱造，就会造成弄虚

作假、欺骗游客的不良后果。

2. 实用性

导游词的创作主要目的是为了实际应用，必须符合导游人员讲解的需要和游客倾听的需要。因此，导游词在用词、造句、表达方式等方面都有特殊要求。它用词比较浅显易懂，除了一些专业词语之外，一般不用深奥艰涩的词语。它的句式比较简短，说者顺口，听者顺耳，一般不用附加成分很多的复杂的长句。它的表达方式比较直截了当，易于听懂，一般不用曲折隐晦的表达方式。导游词的生动、形象、幽默等，也是为了让游客爱听。

导游词是游客视觉和听觉的补充，在观光游览活动中，游客的视觉和听觉极活跃，充分发挥作用，以获取最大量的信息。但是，听觉和视觉均有一定的局限性，有些事物无法看到，有些声音无法听到，这就需要导游人员用精妙的讲解予以弥补。导游词是实际景物的观赏与形象解说的统一。书面形式的导游词通过导游人员转化为口头形式，所以，在创作时就要注意口头表达和听觉艺术的特点，不仅说起来朗朗上口，听起来声声入耳，而且要优美动人，令人爱听。

3. 文化性

导游词还具有传播知识、讲明道理的功能，以满足旅游者求知的需要。所有的导游词尤其是介绍建筑古迹、人文景观的导游词，较多地解说该景观的历史文化积淀，具有浓郁的民族、民俗文化特色。

4. 艺术性

导游词在写作风格上有两种形式，一种是直白式，以客观介绍、说明为主，如同平实的说明文，另一种是艺术式，犹如文艺性的散文或文艺性的说明文。在写作过程中，可以充分运用多种修辞方式，把导游词写得具体、生动、形象，富有较强的艺术感染力。精湛生动的导游词更能充分发挥语言艺术的魅力，达到良好的导游效果。

5. 宣传性

一些介绍自然景观、建筑古迹的导游词，较多地解说其地质、地貌、构造特色、保护措施等方面的情况，具有鲜明的科普宣传色彩。

6.5.3　导游词的写作格式

导游词通常由标题和正文组成。导游词的标题通常由以下三种方式构成。

(1) 景点名称和文种名称构成。如《××博物馆导游词》《×××解说词》。

(2) 单独由景点名称组成。如《六和塔》。

(3) 双行标题形式，正标题介绍景点特色，副标题景点名称和文种。如《清代华北民居建筑瑰宝——灵石王家大院导游词》。

导游词的正文通常先说明总景点的名称、成因或来历，然后按照游览路线、方位，依次解说各个景点的名称、成因及其他特色。

6.5.4　导游词的注意事项

(1) 把握特色，准确解说。要认真观察、研究景物，准确把握景与景、物与物之间的共同点和不同点，方能准确解说各景物、各景点的个性特色。

(2) 分清主次，有序解说。要根据游客的行走路线或景点的结构特点，或先总后分或先主后次或移步换景，有序地展开解说。

(3) 依景作词，"景""词"并美。导游词的语言风格应当与景点风格一致，如张扬爱国主义的人文景观，导游词的语言要凝重昂扬。如江南山水风光，导游词的语言要抒情优美，这样才能使"景"与"词"相映生辉，"词"与"景"共美。

【案例 6-5】导游词

清代华北民居建筑瑰宝
——灵石王家大院导游词

女士们、先生们，王家大院马上就要到了。在参观大院之前，我先把王家大院的一些背景信息告诉大家，以便过一会儿更好地去品味这座民居瑰宝。

王家大院位于灵石县域以东 12 公里的静升镇，大运高速公路、东厦公路从东边穿过，西边不远即是南同蒲铁路，交通十分方便。王家大院是当今极少见的保存完好的清代民宅大型建筑群，由历史上灵石县四大家族之一的太原王氏后裔于清代前期所建。据说王家是在元代仁宗皇庆年间(1312 年)从太原迁来。第一代始祖王实以做豆腐起家，其后王家子孙宗支繁衍，渐成巨族，不仅殖产经商，家业累巨，而且加官晋爵，步入官场，成为以商业兴、以文学著、以官宦显的豪门望族。王氏数代衣锦还乡、荣归故里后，以重金招聘能工巧匠，修建了舒适豪华的住宅。

从顺治到嘉庆年间，在将近 200 年的时间内，先后建起二巷五堡一条街。有文字依据可考的有，康熙二十四年(1664—1665 年)分别建起"拥翠""袭芳"两条巷；雍正年间修建起"钟灵"巷、崇宁堡；乾隆年间是王家鼎盛时期，先后修建起"东南堡""下南堡""红门堡"三个大型住宅区；嘉庆十六年(1811 年)修建起高家崖堡建筑群。这二巷五堡的建筑面积达 15 万平方米，划为省级文物保护单位的有红门堡、高家崖、孝义祠、当销院、宜安院、王氏宗祠乐楼等，建筑面积达 45 000 平方米。

今天我们参观的是高家崖和红门堡，前者辟为"中国民居艺术馆"，后者辟为"王氏博物馆"，两处共有大小院落 54 座、1052 间。王家大院自 1997 年开放以来，很快成为旅游热点，受到建筑学、历史学、社会学、工艺美术、影视、摄影等多方面专家学者的高度评价，获得"民居瑰宝""民间故宫""民居大观园""天下第一院""建筑艺术博物馆"等多种赞誉。特别值得一提的是我国古建筑学权威郑孝燮老先生，先后七次来王家大院考察，并深有感触地题词："国宝，人类宝，无价之宝，百来不厌，百看不厌，预祝史上一层楼。"

王家大院已经到了，我们下车去参观吧。

【评析】

这篇导游词语言简练流畅，对所介绍的景点把握较好，知识性强，有条有理，丰富而

不杂乱。

【案例6-6】导游词

六和塔

各位团友，我们现在要去游览的景点是六和塔。我们现在来到了六和塔前。塔前有一座二龙抢珠的石坊。再看雄伟壮观的塔身为平面八角形。这座楼阁式砖木结构的塔，占地867平方米，塔高59.89米，外观13层，每两层为一级，实际塔内只有七级。每级之间，有螺旋形阶梯，回旋上升，可直登至塔顶。塔内还有南宋的石刻佛经。每层塔壁的须弥座上雕刻着花卉人物、鸟兽虫鱼等各式图案。清乾隆十六年(1751)，乾隆皇帝来到六和塔，在塔内每层各书匾额，第一层"初地坚固"，第二层"二谛俱融"，第三层"三明净域"，第四层"四天宝网"，第五层"五云扶盖"，第六层"六鳌负载"，第七层"七宝庄严"。塔内共有226级台阶，从外到里分外、回、内、小四分。各层木檐由下而上层层向上递减，使檐上明亮、檐下阴暗，一明一暗，衬托分明，宜于远眺，这说明我国古代建筑艺术中，已注意到了登高远眺的艺术构思。在塔的每层檐角上还挂有104个大铁马，起风时，铁马会发出悦耳的声音。

观赏六和塔的全貌要走一段小小的山坡。我们先来介绍一下六和塔的来历。关于它的来历，民间一直流传着许多美丽的传说。有一种传说是古时候，钱塘江里住着一个性情暴躁的龙王，它喜怒无常，常常使潮水涨落无定。江水泛滥，淹没了沿江两岸的房舍良田，人民饱受其害。后来有个名六和的小伙子，发誓要与龙王争斗，率众搬石填江，终于制服了龙王。从此，江边的荒滩又重新变成了良田，年年五谷丰登，人人得以过着安居乐业的生活。后人为了纪念这个勇敢的小伙子，就在六和填江的地方，造起了这座以六和命名的六和塔。另一个传说是春秋战国时，列国纷争，弱肉强食，当时七国中势力最强的秦国，常常借故欺侮邻近的弱小诸国。纵横家苏秦就往来游说于齐、是、燕、韩、赵、魏六国之间，使六国和好联盟，合纵抗秦。据说当年这六国君主的结盟大会，就是在这钱塘江畔的月轮山上召开的，后人就在此建塔纪念。因六国联合，故六和塔又叫"六合塔"。这些虽然都是传说，但它表达了杭州人民对这座古代建筑的珍爱。

各位团友，六和塔虽然是宗教建筑，但它体现了我国古代劳动人民的智慧。据有关文献记，六和塔初建时规划很大，塔身共有九级，高170米左右。据传此塔初建时，北宋建筑名匠喻皓参加了计划，他所著的《木经》是我国著名的古建筑著作，书中对宋代建筑的结构、装饰、营造方式等，都有详细记载，六和塔就是按照《木经》的建筑方式建造的。六和塔顶上，当时还装有塔灯，在钱塘江上夜航的船舶，都利用它作为指示方向的航标。六和塔建成后，到了北宋宣和二年(1121)就完全毁于兵火。现存的塔身是南宋绍兴二十二年(1153)开工重建的，历时11年，至南宋隆兴元年(1163)才全部竣工，但高度远不如前，只有七级了。清代光绪二十六年(1900)修建外木檐时，光搭一个施工用的脚手架就花了两年时间。可见在当时技术十分困难的条件下，建造这样浩大的工程是相当艰巨的。新中国成立后，国家于1953年、1971年和1990年分别进行了三次大修，并在塔内装上手栏杆和电灯。六和塔自南宋重建迄今，虽经多次修缮，但整座塔身基本上保持着南宋时期的风貌。

六和塔还有不少文物古迹。塔后侧壁上有石刻镇海神像，是明代万历年间重刻的。塔

左侧有"敕赐开化之寺"石碑，是南宋碑文。塔后高台上，有清乾隆皇帝游塔时手书的六和塔塔碑。另外，据《水浒》记载，梁山泊英雄花和尚鲁智深在南征后，因不服朝廷统治，就在六和塔"听潮而园，闻信而寂"，死后葬于开化寺。那位在山东景阳冈上赤手打死猛虎的行者武松，后来也老死在这里。故旧时六和塔内，曾有鲁智深和武松的画像。最近，在月轮山上又建起了一座"中华古塔集萃园"，使前面的古塔与后面的塔群相映生辉，给六和塔增添了新的游览内容。

【评析】

这篇导游词尽管内容很多，但条理混乱，旅游目的地知识点介绍不全面，介绍的层次也略显混乱。

课 程 思 政

本章介绍的广告文案，其表现形态也是多种多样，各类创新的广告发布平台也是层出不穷，但不管平台还是形式，广告主的投放目的都是一样的，效果为先。广告播出与新闻内容一样呈现在媒体时段上，一旦播出，同样是媒体内容的重要组成。作为内容之一，广告所推荐的产品或服务必须客观、真实、准确，广告创意的导向、质量、风格必须符合新时代中国特色社会主义的主流价值观，而且还要符合《广告法》的规定，必须坚持社会效益与经济效益相结合的原则，这与对新闻的政治要求是一致的。好的商业广告，能够传播正能量，弘扬社会正气，倡导正确的价值观，引导健康的消费观。不良的广告甚至虚假广告，可能误导消费者，助长奢靡之风，败坏社会风气，甚至给消费者带来财产损失，最终也会损害媒体的公信力。

思考与练习

思考题

1. 请简要概括新闻的概念与作用。

2. 消息写作的要求有哪些？

3. 请简要概括广告文案的撰写思路。

第7章 法律类文书

教学提示：随着我国社会主义法制建设的发展，公民的法律意识普遍增强。因此，法律文书就成了公民、法人以及其他经济组织从事经济活动及协调人们日常生活领域中相互关系必不可少的工具。

教学要求：要求对一般的法律文书有所了解，能够掌握常用法律文书的写作。

7.1 法律类文书概述

法律文书是国家司法机关和法律授权的专门组织(律师、公证、仲裁三个组织)以及诉讼当事人依法制作的处理诉讼案件和与诉讼有紧密联系的非诉讼事件的具有法律效力或法律意义的文书的总称。

7.1.1 法律文书的特点

法律实用文作为一种特种文书，在其书写内容、结构形式、语言表达以及发生效用等方面，都具有鲜明特点。

1. 制作要求合法性

法律实用文书的制作，属于诉讼活动中的一个环节，因而必须根据法律的规定，特别是《诉讼法》的规定，按照不同的文种、要求和时限来制作。

法律实用文书制作的合法性还表现在一份文书的完成必须符合一定的法律程序和履行一定的法律手续，方能成为合法的司法实用文书。

2. 内容客观真实性

法律实用文书是适用法律的专用文书，每份文书都是根据具体的案情事实来适用具体的法律条款，反映和体现实体法和程序法的规定。内容必须具有客观真实性，材料要受到事实的严格限制，必须是查证属实、证据确凿的，必须严格按照"以事实为根据，以法律为准绳"的原则运用材料，一是一，二是二，不允许有半点夸大或缩小。

3. 格式固定规范性

各类法律文书的写作都有固定的规范性要求，无论是表格文书，还是文字说明式文书，均统一体例，便于制作、查阅、实施，法律实用文书都体现了明显的程序化特征。

4. 语言准确庄重性

法律实用文是十分庄重严肃的文书，在语言文字的运用上，要求十分严格。它要求用词准确、简练、解释单一无歧义；造句符合汉语规范，结构完整；文风朴实平易，不任意夸大或缩小。

5. 效力权威强制性

法律实用文书是具体贯彻实施法律的重要手段。一经宣布，非经法定程序不得变更或撤销，也不得由其他文书取代。尤其是那些具有执行意义的法律实用文书，其实施具有明显的强制力，并且是排斥其他的处理决定的。

7.1.2 法律文书的种类

法律实用文体的种类从文书的角度上划分，有以下几种。

1. 专业诉讼文书

专业诉讼文书是由国家司法机关制作的，属于公文的性质，主要包括公安机关、国家安全机关制作的预审文书、人民检察机关制作的检察文书、人民法院制作的裁判文书、监狱劳改机关制作的狱政文书等。

2. 民用诉讼书状

民用诉讼书状是由诉讼当事人书写或委托律师代书的各类诉状，主要包括起诉状、上诉状、申诉状、答辩状等。

3. 律师业务文书

律师业务文书是由律师在各项业务活动中，根据事实和法律制作的具有法律意义的文书，包括辩护词、委托书、合同等。

4. 公证、仲裁文书

公证、仲裁文书是由公证、仲裁等专门组织制作的具有法律意义的文书。

本章重点介绍常用的起诉状、答辩状、仲裁协议书、仲裁申请书和仲裁答辩书。

7.1.3 法律文书的作用

法律实用文是司法活动的必然产物，是为整个司法活动服务的，它的根本作用在于保证法律的具体实施。

1. 实施法律的重要手段

法律实用文书的作用之一就是把法律规定适用于各类具体的案件，把各种社会关系纳入法制轨道。

2. 办案活动的忠实记录

一个案件的全部诉讼活动，每一步骤或环节，都要制作相应的法律实用文书来如实地记录办案活动。

3. 衡量能力的重要标尺

法律文书是案件办理的文字结果，司法人员在办案中执行政策水平的高低、法律业务

能力的强弱乃至语言文字功底的深浅，都要通过法律文书反映出来。因此，它是检验司法人员办案能力、业务水平高低的重要标尺和主要依据。

7.2　诉讼文书

诉讼文书既属于法律文书的范畴，也属于财经文书的范畴，是指企业之间因经济纠纷提起诉讼和诉讼进行过程中写作的各类文书。它一般分为两大类：一类是表格式的；一类是叙述式的。最近几年随着经济纠纷的增多，诉讼文书在财经文书中的地位和重要作用也随之水涨船高。财经诉讼文书的专业性较强，写作难度较大，因此它同时需要法律和经济两方面的专业知识。

7.2.1　经济起诉状的写作格式

经济起诉状是企事业单位、机关团体等法人组织或个人因自己的经济利益受到侵害，或与其他法人组织或个人发生经济纠纷，而向法院提起诉讼，请求法院行使国家审判权，依法裁判，以保护自己的合法权益、解决纠纷的书状。

经济纠纷起诉状的结构，一般由四个部分组成，即标题、首部、主部和尾部。

1. 标题

标题应写成"经济纠纷起诉状"，以明确案件的性质。当然，也可以直书为"起诉状"。

2. 首部

首部包括两项内容。

(1) 当事人基本情况。依次写明原告人、被告人的姓名、性别、年龄、民族、职业、住址等。如果当事人是法人，要写明其名称、地址及法定代表人姓名和职务；有诉讼代理人的，要写明其姓名、单位、职务等情况；如果有数个被告，要依次写明其基本情况。

(2) 案由。即案件的名称，是对诉讼内容的高度概括，主要是写明经济纠纷案件的具体性质，如"购销合同纠纷"或"经济赔偿纠纷"等。案由有时也可以作为首部的第一项，写在最前头。

3. 主部

主部即起诉状的主要内容，包括"请求事项"和"事实与理由"两个部分。

(1) 请求事项。这是原告在诉讼中提出的要求和意见，并请法院予以解决的事项。这也是起诉的目的所在。书写时语言要简明、肯定，不能模棱两可、似是而非，也不能随意变换。非单一请求，可分条写。

(2) 事实与理由。经济纠纷起诉状的事实与理由，是原告请求法院裁判当事人之间权益争议的重要根据，也是原告提出诉讼请求的重要依据，是起诉状的核心内容，包括以下三个方面。

① 纠纷事实。主要写明当事人双方经济权益争执的具体内容。具体地说，有以下几

点：第一，当事人之间的法律关系以及当事人之间纠纷的由来、发生、发展的过程。第二，当事人双方争议的焦点和实质性分歧。这里常用证明与反驳的表达方式。第三，被告人违约或侵权行为所造成的后果。

② 证据方面。在经济纠纷诉讼中，原告人对自己提起诉讼的案件负有举证责任，所以在诉讼中必须对自己提出的事实和请求提供充分的证据加以证明，包括所能证明事实的人证、物证、书证以及这些证据的来源和可靠程度，证人的姓名、职业、地址等(如果原告认为证据可能丢失或以后难以取得，可向法院申请证据保全)。证据可在某项事实叙述时随即提出，也可在叙述事实后单独列举。

③ 理由方面。在叙述事实、列举证据的基础上，分析认定被告人违约或侵权行为的性质，说明是非曲直，阐明被告人应承担的责任，援引有关法律、政策作为诉讼请求的法律根据，以确定其诉讼请求事项的合法性。在叙述事实、阐明理由之后，以一两句话作了结，如："综上所述，被告人……，请法院依法判决。"

4. 尾部

(1) 写明起诉所提交的人民法院的名称，一般写"此致××人民法院"。

(2) 具状人署名、具状时间并加盖印章。

(3) 附项。写明起诉副本的份数、物证、书证的件数。

7.2.2　经济答辩状的写作格式

经济答辩状，是指在经济纠纷诉讼活动中，被告人或被上诉人对原告或上诉人的起诉状或上诉状中的内容进行答复和辩解的书状。经济答辩状由下列五部分结构而成。

1. 状头

先写标题"答辩状"，再写答辩各有关人员情况。如果是单位，要写好单位名称、法定代表人、委托代理人等。具体内容与起诉状相同。

2. 案由

在撰写时不一定照搬原告提出的案由，如原告以购销合同货款纠纷提起诉讼，要求被告给付货款，而被告提出拒付货款的原因是双方因产品质量发生争议，未能得到解决。这样被告可以将《购销合同质量纠纷》作为案由写在答辩上。

3. 请求事项

被告应针对原告起诉的事项，提出自己的不同意见。

4. 事实与理由

这是主体部分，用以反驳原告请求的事实和理由，或者针对原告起诉的内容陈述自己掌握的事实和理由，在法院通知被告应诉时，被告也可以提出反诉，并且向人民法院提交反诉状。

5. 状尾

状尾的格式、内容和写法与起诉状相同。

【案例 7-1】起诉状

经济纠纷起诉状

原告人：××市××区××公司　地址：××市××区××路×号

法人代表：×××，系公司经理

被告人：××市××区××商店　地址：××市××区××大街×号

法人代表：×××，系商店经理

案由：追索货款，赔偿损失

诉讼请求：

1. 责令被告偿还原告货款 3 万元。

2. 责令被告赔偿拖欠原告货款 3 个月的利息损失。

3. 责令被告赔偿原告提起诉讼而产生的一切损失，包括诉讼费、请律师费等。

诉讼事实和理由：

原告和被告 2005 年 10 月 18 日商定，被告从原告处购进西凤酒 200 箱，价值人民币 3 万元。原告于当年 10 月 19 日将 200 箱西凤酒用车送至被告处，被告立即开出 3 万元的转账支票交付原告，原告在收到支票的第二天去银行转账时，被告开户银行告知原告，被告账户上存款只有 1.2 万余元，不足清偿货款。由于被告透支，支票被银行退回。当原告再次找被告索要货款时，被告无理拒付。后来原告多次找被告交涉，均被被告以经理不在为由拒之门外。

根据《中华人民共和国民法通则》第一百零六条第一款和第一百三十四条第一款第七项的规定，被告应当承担民事责任，原告有权要求被告偿付货款，并赔偿由于被告拖欠货款而给原告带来的一切经济损失。

证据和证据来源：

1. 被告收到货后签收的收条 1 份

2. 银行退回的被告方开的支票 1 张

3. 法院和律师事务所的收费收据×张

　　此致

××区人民法院

起诉人：××市××区××公司(公章)

××××年×月×日

附：1. 本状副本 1 份。

　　2. 书证×份。

这份经济纠纷起诉状字数不多，但比较规范，诉讼请求简单具体，案情陈述清楚明白，内容完整。

【案例 7-2】答辩状

答辩人：某科技有限公司

住所地：××省某地区法定代表人：李××

被答辩人：某商贸有限公司

住所地：××省某地区法定代表人：蒋××

答辩人因与被答辩人买卖合同纠纷一案，现答辩如下：

第一，答辩人与被答辩人于××××年9月3日签订买卖合同一份，答辩人按照合同约定提供了符合要求的金属探测器，其质量无任何问题。

第二，根据合同第五条约定，若金属探测器有任何质量问题，被答辩人需在签收后3日内提出书面异议，若未提出书面异议视为答辩人提供的金属探测器符合质量要求，但是至今答辩人仍未收到被答辩人的任何书面异议。

第三，根据合同的相对性原理，本案的权利义务及违约责任仅限于答辩人与被答辩人之间，被答辩人诉状中提到的某矿业有限公司与本合同及本案无关。

1. 答辩人提供的金属探测器符合答辩人与被答辩人之间合同约定的质量标准，且双方并没有约定以第三人(某矿业有限公司)的检验标准作为双方之间的验收标准，被答辩人购买该产品后另行出售，其与第三人之间约定的质量标准及该产品是否能够与第三人的产品匹配使用不能约束被答辩人，对被答辩人不发生法律效力。

2. 根据违约责任的相对性原理，被答辩人因与第三人的合同纠纷造成的损失与答辩人无关，其主张要求答辩人赔偿损失35 600元，无任何法律依据。

综上，答辩人提供了符合合同约定的产品且合同已经履行完毕，被答辩人的诉讼请求没有事实和法律依据，请予依法驳回。

此致

××人民法院

答辩人：某科技有限公司

【评析】

答辩应有针对性，这份答辩状条理清晰，对起诉状里提到的诉讼理由一一答辩，做到了有理有据，格式也比较完整。

7.3 仲 裁 文 书

仲裁文书，是仲裁机构根据当事人的申请，按照仲裁程序规则，处理争议的事实和权利义务关系所制作和使用的文书。

我国的仲裁制度分为国内仲裁和涉外仲裁两种。国内仲裁是指经济合同仲裁、劳动争议仲裁、技术合同仲裁等，涉外仲裁主要指对外经济贸易仲裁和海事仲裁。

仲裁文书的种类有仲裁协议书、仲裁申请书、仲裁答辩书、仲裁裁定书、仲裁调解书、仲裁裁决书等。这里只简要介绍仲裁协议书、仲裁申请书和仲裁答辩书。

7.3.1 仲裁文书的写作格式

1. 仲裁协议书的写作格式

仲裁协议书，是当事人双方在争议发生前或争议发生后，达成的将争议提交仲裁委员会仲裁的书面协议。仲裁协议书是仲裁机构办事案件的法律依据。任何仲裁机构都不受理

无协议的案件。仲裁协议独立于主合同之外，不因主合同的无效而导致仲裁协议的无效。仲裁协议书的结构一般由标题、正文和结尾三部分组成。

1）　标题

它是全文的眉目，语言要高度概括，一般写法有如下三种。

（1）　争议者加文种。如"日本进出口公司与中国机电产品贸易公司的仲裁协议"，"日本进出口公司与中国机电产品贸易公司"是争议者，"仲裁协议"是文种。

（2）　内容加文种。如"商品经销合同仲裁协议"，"商品经销合同"是内容。

（3）　只写文种。如"仲裁协议"。

2）　正文

它是全文的主干部分，又是仲裁机关据此审理案件的可靠依据，要求实事求是地将所有争议的问题写清楚。

（1）　开头：写明因什么问题引起的争议。

（2）　中间：双方各自的意见和见解是什么，提交何地、何机构进行仲裁。

（3）　最后：双方的共同要求是什么，包括确定仲裁程序规则，明确仲裁裁决的效力，协议多少份，各执几份。

3）　结尾

结尾是双方各自署名盖章，并具日期。

2. 仲裁申请书的写作格式

仲裁申请，是指平等主体的公民、法人或其他组织之间发生合同纠纷，一方当事人根据双方当事人事前达成的仲裁协议将已经发生的争议提请仲裁机构仲裁，以保护自己权益的法律行为。《中华人民共和国仲裁法》第二十一条规定："当事人申请仲裁应当符合下列条件：①有仲裁协议；②有具体的仲裁请求和事实、理由；③属于仲裁委员会的受理范围。"仲裁申请书是合同纠纷中一方当事人向仲裁机构提出仲裁申请的书面请求。制作仲裁申请书的法定条件：第一，必须是合同纠纷；第二，必须依据仲裁协议提出申请；第三，应当向仲裁委员会提出仲裁申请。仲裁机构根据双方当事人达成的仲裁协议和一方当事人的仲裁申请书受理案件。仲裁委员会收到仲裁申请书之日起5日内，认为符合受理条件的，应当受理，并通知当事人；认为不符合受理条件的，应当书面通知当事人不予受理，并说明理由。仲裁申请人如委托代理人办理仲裁事项，应当向仲裁机构提交书面委托书。仲裁申请人应按被申请人和组成仲裁庭的仲裁员人数提交副本。

1）　首部

（1）　标题。居中写明："仲裁申请书"。

（2）　申请人基本情况。如系公民，写明姓名、性别、出生年月日、民族、职业、工作单位及职务、住所等；如系法人或其他组织，写明单位名称、住所和法定代表人或者主要负责人的姓名、职务。如申请人委托仲裁代理人，可在申请人项后写明代理人的姓名、单位及其地址、电话号码或律师姓名、所在律师事务所名称。

（3）　对方当事人姓名、性别、出生年月日、民族、职业、工作单位及职务、地址等。

（4）　案由。即提请仲裁的事项。涉外仲裁申请书则应写明申请人所依据的仲裁协议，即当事人订立仲裁协议的时间、地点、对所发生的争议同意仲裁的，以及确定由哪个仲裁机构仲裁。

(5) 仲裁请求。即当事人通过仲裁要解决什么问题。它一般包括两项内容：一是要求提起仲裁程序；二是在经济争议方面，依法向对方当事人索要财产的具体数额。

2) 正文

正文写事实和理由。

(1) 事实就是经济争议发生的经过。应具体写明争议发生的时间、地点、原因、经过、结果等。重点写明当事人之间争议的由来、发生、发展的经过；当事人之间权益争议的具体内容和焦点；实事求是地说明被诉人应承担的责任。

(2) 理由。即针对对方当事人争议的事实，用法律规定衡量、阐明是非责任，并写明申请人提出仲裁申请所依据的程序法条款。既要根据事实和证据，概括地分析对方争议的性质、被申诉人违约所造成的后果及其应承担的责任，又要阐明申请人的要求所依据的法律条文、合同规定或国际惯例，以论证其要求的正确性、合理性和合法性。

(3) 写明申诉人指定的仲裁员的姓名，或委托仲裁委员会主席指定。

3) 尾部

(1) 仲裁申请书所提交的仲裁机构的名称。

(2) 申诉人的名称，并签名盖章。如委托仲裁代理人，代理人也应签名、盖章。

(3) 申诉的年月日。

4) 附项

(1) 仲裁申请书里所列书面证据和证明文件，按序号装订在仲裁申请书后。

(2) 副本份数。份数按 4 份加被申诉人人数提供。

(3) 声明。在涉外仲裁中，有时将"指定仲裁员的函"的内容作为声明，一并附上。

2. 仲裁答辩书的写作格式

仲裁答辩书，就是仲裁案件的被诉人为维护自己利益，针对申请人仲裁申请书所列事实和请求，进行答复和辩驳时出具的书面材料。仲裁答辩书由首部、正文和尾部等部分组成。

1) 首部

(1) 标题。写明文种名称"仲裁答辩书"即可。

(2) 抬头。即仲裁机构名称或仲裁员姓名。如"中国国际经济贸易仲裁委员会"或"×××仲裁员先生"。仲裁机构名称也可以放在文尾。

(3) 答辩人(被诉人)名称、地址、法人代表、职务、通讯号码。

2) 正文

(1) 案由或前言。写明对何人提出的什么仲裁案件进行答辩。

(2) 答辩内容。陈述事实过程，指明责任，反驳申请人在仲裁申请书中提出的事实、理由，说明自己的辩驳理由和依据。

(3) 对申请人提出的赔偿要求表示自己的态度，是部分赔偿还是不赔偿。

3) 尾部

(1) 被诉人及法定代表人签章和日期。

(2) 附件。写明附件名称、份数。

【案例7-3】仲裁协议书

××公司与×××公司仲裁协议书

甲方：×省×市×贸易公司

地址：×省×市×路×号

法定代表人：王×

职务：经理

乙方：　×省×县×路×号

法定代表人：于×

职务：经理

当事人双方自愿提请××市仲裁委员会按照《中华人民共和国仲裁法》的规定，仲裁如下争议：

双方于1999年3月签订购销鲜蘑合同。

在合同履行中，因买方对卖方提供的鲜蘑质量等级提出异议，导致双方发生争议，经协商不成，双方一致同意选择×市仲裁委员会依据《中华人民共和国仲裁法》及该会仲裁规则对双方合同中涉及蘑菇的质量等级和双方如何继续履行合同作出裁断。

甲方：×贸易公司(盖章)：　　　　　　乙方：×县×公司(盖章)：

法定代表人(签字)：　　　　　　　　　法定代表人(签字)：

××××年×月×日签订于×市×区

【评析】

全文事实叙述清楚，理由充分，条理清晰，内容完整，语言简洁自然，格式规范。

【案例7-4】病例

一、申请人亲属×与被申请人存在劳动关系。

二、申请人与被申请人认为××于2010年7月3日在×省×市×路镇××高速入口辅道发生交通事故死亡是工伤。

三、被申请人向申请人一次性支付人民币75 000元(大写柒万伍仟元整)，作为本案工伤赔偿金等一切款项。

此外申请人不再要求被申请人支付任何款项或承担任何责任，包括劳动关系存续期间的任何其他责任。

【评析】

本文表面上看只是缺少开头首部，但实际在结尾部分的内容也不全面。

【案例7-5】仲裁申请书

仲裁申请书

申请人：河北×××商贸有限公司

法定代表人：×××该公司经理

住所：石家庄市建设南大街×××号

电话：88800×××

被申请人：×××　男　汉族　××××年××月××日出生

住所：石家庄市中山东路××号×××小区×单元×号

电话：131×××5555

仲裁请求

1. 依法裁决被申请人支付申请人货款××××元。

2. 依法裁决被申请人支付申请人违约金××××元。

3. 依法裁决被申请人承担本案仲裁费用。

事实和理由

　　申请人与被申请人于××××年××月××日签订了《买卖合同》，约定被申请人想申请人购买××××，合同价款为××××元。合同签订后，申请人按合同的约定向被申请人供应××××，但被申请人未按约定向申请人支付货款××××元，同时，根据《买卖合同》第××条的规定，被申请人还应向申请人支付违约金××××元。为此，申请人特提起仲裁，请求依法裁决。

　　此致石家庄仲裁委员会

申请人：河北×××商贸有限公司(盖章)

××××年××月××日

【案例7-6】仲裁答辩书

仲裁答辩书

答辩人：××市××房地产开发公司。　　地址：××市××路××号。

法定代表人：×××　　职务：经理。

申请人：××市第一建筑设计院。　　地址：××市××路××号。

法定代表人：×××　　职务：院长。

　　因申请人××市第一建筑设计院向贵会申请仲裁设计合同，追索设计费，赔偿损失一案，我公司根据事实特作如下答辩。

　　我公司与申请人于20××年×月×日签订了《(××)设计》设计合同。根据合同条款，我公司向申请人预付定金5万元人民币，即设计费总额的20%。由于我公司是合股经营，鉴于工程建设投资较大，另一合股方要求从设计到施工完全由他们负责。因此，我公司于同年×月×日向申请人说明情况，提出要求终止合同。双方进行了多次磋商，终因申请人索取费用(包括所谓"设计费"和"赔偿费"等)过高，双方未能达成协议。于是申请人向贵会申请仲裁。现就申请人提出的理由答辩如下：

　　一、申请人要求我公司支付"设计方案意见"费7万元人民币是毫无根据的。

　　根据20××年计委印发的《工程设计收费标准》总说明中第十七条的规定："设计费

按设计进度分期拨付，设计合同生效后，委托方应向设计单位预付设计费的 20%作为定金，初步设计完成后付 30%，施工图完成后付 50%。"然而申请方向我公司提交的是《设计方案意见书》，并不是初步设计书。根据规定，初步设计书应具有初步设计说明书，初步设计概算书及设备、结构、电器三个专业图纸。而申请人只交付《设计方案意见书》由我公司审批，我公司认为申请人没有完成初步设计，因此不能按规定支付设计费。

我公司与申请方签订的设计合同第八条第三款规定："方案设计完成后 20 天内，甲方即向乙方支付设计费 7 万元。"该合同规定也是指初步设计书完成后支付设计费 7 万元，并不是指《设计方案意见书》完成后即付 7 万元。申请人把两个不同的概念及内容混为一谈，向我公司追索 7 万元，既不符合国家的有关规定。也不符合合同条款的规定。因此，我公司拒绝申请人的请求是有理由的。据此，申请人请求我公司支付延期款 0.5 万元的违约金也是没有根据的。

二、申请人要求我公司赔偿经济损失 3.2 万元(其中施工图设计费为 2.7 万元，逾期违约金 0.5 万元)是没有根据的。

双方签订的设计合同规定："写字商务楼的基础图，是在设计方案认可后两个月及收到勘察资料后一个月内交付施工图。"申请人在我公司对《设计方案意见书》尚未认可的情况下，违反双方签订的设计合同条款规定。这种不履行合同的行为所造成的后果属于无效行为，我公司不承担任何经济损失责任。因此，我公司不承担申请人提出的施工图设计费 2.7 万元及其他经济损失的责任，这是理所当然的。

三、根据《建设工程勘察设计合同条例》第七条的规定："按规定收取费用的勘察设计合同生效后，委托方应向承包方付定金。勘察设计合同履行后，定金抵作勘察、设计费。"又规定："委托方不履行合同的，无权请求返还定金。"根据以上条款，我公司与申请人签订合同后，按规定支付 5 万元定金，并且申请人也提交了《设计方案意见书》，双方均在履行合同，只是由于客观情况的变化提出终止合同，并不是不履行合同。所以申请人毫无理由扣我公司的 5 万元定金；另外收取方案设计费 7 万元，这更没有道理。我公司意见，应该由定金抵作申请人所提供的《设计方案意见书》的设计费用。

综上意见，我公司请求仲裁委员会作出公正裁决。

此致

×× 市工商行政管理局经济合同仲裁委员会

答辩人：×× 市 ×× 房地产开发公司(公章)

法定代表人：×××(签章)

20×× 年 × 月 × 日

附：

● 本仲裁答辩书副本 2 份。

● 书证 4 份。

【评析】

这一份仲裁答辩书，正文虽未使用结构项目标头名称，但依然是一份格式规范的仲裁答辩书。开头按常式写法，列明案由。主文部分，先陈述纠纷事实经过，申述答辩缘由，为下文反驳对方的无理要求提供一定的背景材料。然后针对申请人在仲裁申请书中所提出的三条无理要求逐一予以反驳，并在反驳中以新的事实、证据和有关法规进行阐述理由，

分辨责任，辩明自己的意见和主张。在答辩过程中，答辩人紧紧扣住双方争议的三个焦点问题，有针对性地进行答辩。前两条先说答辩意见后再说理由，第三条则是先说理由后说意见。不仅行文灵活变化，层次井然有序，而且所述理由充分，所示意见明确，在针锋相对的论辩中表明了答辩人的态度，切中要害而不滥加指责，明辨事理而不强词夺理，因此答辩令人信服，收到了较好的表达效果。

7.3.2　仲裁文书的注意事项

(1)　事实清楚。
(2)　理由充分。
(3)　逻辑严密。
(4)　语言平实。

课 程 思 政

作为法律文书之一的裁判文书，是司法活动的"最终产品"，表明的是案件的裁判依据和理由，体现的是法官的司法水平和价值取向，代表的是司法的公正性和公信力。特别是对那些事关国计民生的重大案件，事实认定或法律适用疑难、复杂的案件，诉讼各方争议较大的案件以及新类型可能成为指导案例的案件，裁判结果是否合法、公正，其形成的过程是否清晰、明确，裁判的理由是否正当、充分、透彻，不仅关涉司法的职能能否充分发挥，真正实现案结事了人和，而且关涉人民群众对司法裁判的接受度和满意度，关涉能否让人民群众在每一个司法案件中感受到公平正义。这就要求裁判文书不仅要说法，而且要说理，把理说到明面上，把理说到老百姓的心坎里。司法实践中，最好的方法就是用大家普遍认可的社会主义核心价值观来说理，用社会主义核心价值观的温度融化法律的"冰冷"。

思 考 与 练 习

一、思考题

1. 法律文书的特点。
2. 起诉状在写作上有哪些要求？
3. 答辩状的作用主要表现在哪些方面？
4. 仲裁申请书和仲裁答辩书的特点各是什么？
5. 写作仲裁协议书的注意事项。

二、写作题

1. 根据下列案情材料，按照要求，拟写一份起诉书。
被告人郑×龙，男，30 岁，初中文化，汉族，××省××县人，是 ××县××乡

××村运输专业户。20××年 10 月 13 日晚 7 时，郑×龙驾驶×牌汽车由本县到×县拉沙子。晚上 11 时 40 分，当郑×龙驾车行驶至××市郊区时，迎面开来一辆东风牌汽车，此车没有按规定发出会车信号，由于灯光太刺眼，致使郑×龙看不清路面，而郑×龙驾车继续行驶，将一名步行上夜班的女工陈×蜻撞倒在地，当即昏迷。陈×蜻，女，31 岁，××市××厂工人，已婚，有一个 3 岁男孩。陈×蜻在厂里是技术骨干，工作任劳任怨，人际关系也非常好。郑×龙撞倒陈×蜻后，停车走到陈×蜻的跟前，听到陈×蜻在呻吟，为了逃避罪责，郑×龙产生了杀人的邪念，将陈×蜻拖到离现场约 100 米处路面的一个涵洞内，用手紧紧卡住陈×蜻的颈部，致使其死亡。事后，郑×龙逃离现场。20××年×月×日，××市公安局对郑×龙予以刑事拘留；20××年×月×日郑×龙被××市公安局依法逮捕。

上述事实，有现场勘查笔录；现场照片，郑×龙遗留在现场的脚印和右手拇指的指纹；××市公安局尸体检验报告，××省公安厅刑事技术鉴定书为证。郑×龙被逮捕后，交代犯罪事实时避重就轻，尽力开脱罪责，拒不认罪。

××市人民检察院以涉嫌故意杀人罪和交通肇事罪对郑×龙提起公诉。

2. 请根据下面所给案例材料，就同一争议内容分别写一份仲裁申请书和仲裁答辩书。

有一份出售茶叶的合同，按卖方仓库交货条件买卖，数量为 10 000 千克，总值为 25 000 美元；合同规定买方应于 10 月份提取货物，卖方于 10 月 1 日已将提货单交付买方，买方也付清了货款。但是，买方直到 10 月 31 日尚未提走货物，于是卖方将货物搬移至另一不适当的地方存放。由于茶叶与牛皮合存于同一地方，当买方于 11 月 15 日提货时，发现有 10%的茶叶已与牛皮串味而失去商业价值。因而，买方主张合同无效，卖方应退回全部货款，卖方不同意。经协商无效，买方提请仲裁。

第8章 科研类文书

教学提示：科学研究、科学实验和工程技术设计的课题总是属于某一专业领域的，学术论文的撰写必须具备与所研究的课题密切相关的专业知识和专业修养。

教学要求：这一章要求掌握最基本的实验报告、毕业设计及毕业论文的写作，一方面这是因为学业要求，另一方面也为将来进一步提高和研究打下基础。

8.1 科技实验报告

科技实验报告，是记录、描述某一科技实验过程和结果的技术性文件。

科学实验和技术实验，是在特定条件下，人为地控制和模拟自然现象，使其以纯粹、典型的形式重现。科技实验是探索自然的奥秘、检验科学真理的重要手段。

科技实验报告与科技论文，虽然都是科技研究成果的文字体现，但两者有所区别：科技论文强调学术性，重在阐析论者见解；科技实验报告强调实验的客观事实，侧重记录实验的经过、方法和结果。

8.1.1 科技实验报告的特点

(1) 纪实性。实验报告是对实验过程和结果做客观、忠实记录和报告。它排除一切主观因素。

(2) 确证性。实验报告所报告的实验过程和结果，能被别人所重复和验证。同样的条件、设备、方法，实验的结果应相同。

(3) 表述方法多样性。实验报告除采用叙述和说明的表达方式外，还用较多的图、表来说明，使复杂的实验过程和实验装置简约、明晰地展现出来。

8.1.2 科技实验报告的写作格式

随着科技实验设备的更新、完备，实验方法越来越多，科技实验主要的有定性实验、定量实验、对比实验、析因实验、中间实验、模拟实验、课堂实验等。

由于实验的方法不同，实验报告的写法也不同，但其基本格式，不外乎以下几个方面。

(1) 标题：一般是科技实验内容加文种。

(2) 作者及单位：在标题下标注作者姓名和单位名称。

(3) 摘要：摘写实验报告中几个结论性内容。

(4) 正文：正文大体上可以分为前言、主体、结论三部分。

① 前言：是实验报告的开头，写实验的对象、原因和意义，该项工作发展状况以

及存在问题，实验所要达到的目标等。

② 主体：主体是实验报告的具体内容部分，通常要写以下几方面内容。

实验原理。在实验装置是自己设计或新购置的，实验内容新颖、条件复杂，读者难以掌握或在陌生的情况下，需要对实验原理做说明。实验原理的内容包括实验涉及的重要概念、重要定律、公式及据此推算的重要结果。

实验装置和方法。写清实验装置的原理、结构、型号、性能，对自己设计安装的重要设备，要做详细说明，并画图表。还要叙写实验条件和实验要求，必要时附实验原理图、电路图、流程图和表格。实验方法应重点介绍自己设计的方法或特殊方法，简述实验过程。

实验结果。实验结果是实验报告的重点，是把实验数据整理、分类，按一定顺序排列，以图、表形式出现，并有简要说明。

讨论。其内容包括：影响实验的根本原因是什么？提高实验精度的措施有哪些？扩大实验结果的途径是什么？实验中发现了哪些现象，得出了哪些规律？如何解释这些现象和规律？说明实验结果与已知结果或理论推算结果对比的情况，以及测量的误差分析等。

③ 结论：是实验报告正文结尾，是一份实验报告的精髓。它对实验结果加以肯定，并高度概括出结论，最终体现实验结果。

(5) 备注和说明。

(6) 参考文献。

8.1.3 科技实验报告的注意事项

(1) 认真实验。这是写好实验报告的基础和前提。实验人员除了熟悉实验装置、掌握操作技术外，还要仔细观察实验现象，详细做好实验记录，认真分析和整理实验数据。

(2) 客观真实。实验报告应客观真实地报告实验过程、方法和结果，不带任何偏见，不带任何虚假成分，不随意夸大或缩小实验现象和结果，数据要经得起核实。

(3) 语言要流畅、简洁，图表制作要符合规范。

【案例 8-1】科技实验报告

辣椒天然红色素提取工艺研究及产业化

一、总论

辣椒红色素(Chilli Red Pigment)主要成分为辣椒红素(Capsanthin)和辣椒玉红素(Capsorubin)，属胡萝卜烯醇类化合物。其结构式分别如下：(略)。

辣椒红色素以食用辣椒为原料，经过特殊工艺分离提取而得，属天然食用色素，对人体无毒无害，主要用于食品工业、医药工业和化妆品工业。由于合成色素会致癌和导致畸形，发达国家已相继禁止使用，如丹麦、英国、挪威、法国、日本、美国等几个国家已制定了食品生产严禁使用合成色素的法规。我国政府也正在采取措施，控制合成色素的应用。我国辣椒资源丰富，因此，生产辣椒红色素具有较高的经济效益和广阔的应用前途。

经调查，目前国内使用的食用色素绝大部分是人工合成色素，年需求量约为 600 吨。

由于国内天然色素的生产能力尚未形成，而国际上供不应求，因此价格昂贵。

二、工艺简述(略)

三、工艺流程框图(略)

四、生产装置(略)

五、中试结果(略)

六、总结

经过近一年的试产摸索，证明辣椒红色素生产新工艺是先进的，产品质量是稳定的，完全达到了合同所规定的各项技术要求。年产 20 吨辣椒红色素生产能力达到时，可年创产值 2 175 万元，创利润 762.21 万元/年，其中税金为 403.78 万元/年，一年后可全部收回投资。

随着产量的不断提高，必将使企业的经济效益有明显的增长，而且将会带动该地区的农副业发展，提高农民的收入，产生很好的社会效益。

×××× 年 × 月

【评析】

语言流畅简洁，实验报告完整规范，数据表格内容具体。

8.2　毕业设计说明书

毕业设计的目的是为了巩固和加深已学过的基础和专业知识，提高综合运用这些知识独立进行分析和解决实际问题的能力；熟悉并掌握专业设计的基本程序和方法，了解我国有关的建设方针和政策，正确使用专业的有关技术规范和规定；学会针对要解决的问题，广泛地搜集国内外有关资料，了解国内外的水平和状况；深入细致地进行调查研究，理论联系实际，从经济、技术的观点全面分析，提出解决问题的方法及阐述自己观点。

毕业设计说明书是工科大学生毕业前进行的总结性教学作业，是毕业设计成果的书面反映。

8.2.1　毕业设计说明书的特点

1. 求实

毕业设计说明书是属于描述工程设计的技术性文件。毕业设计说明书要以科学定理、计算公式以及真实的数据为依据，在语言表达上力求简洁明快、通俗朴实，切忌堆砌形容词和采用抒情笔调。

2. 精确

毕业设计说明书是对整个工程设计过程的描述，它将应用于指导工程实践或为工业生产所参考，因此，要求每一步描述必须准确无误，叙述要可靠，计算要准确，引用的公式和数据要有出处。

毕业设计说明书要把整个设计意图、设计特点、设计过程描述得一清二楚，因此，它

的表达应该有纲有目，条理层次清楚，首尾连贯，前后一致。

8.2.2　毕业设计说明书的写作格式

一篇完整的毕业设计说明书与毕业论文通常由题名(标题)、目录、摘要、引言(前言)、正文、结论、感谢、附录和参考文献等几部分构成。

1. 标题

设计课题名称，要求简洁、确切、鲜明。

2. 目录

设计说明书的各级标题及页码。

3. 摘要

摘要应扼要叙述设计的主要内容、特点，文字要简练。摘要一般 300 字左右。

4. 前言

前言应说明本设计的目的、意义、范围及应达到的技术要求；简述本课题在国内(外)发展概况及存在的问题；简述本设计的指导思想；阐述本设计应解决的主要问题。

5. 正文

(1) 设计方案论证：应说明设计原理并进行方案选择；应说明为什么要选择这个方案(包括各种方案的分析、比较)，还应阐述所采用方案的特点(如采用了何种新技术、新措施、提高了什么性能等)。

(2) 计算部分：这部分在设计说明书中应占相当大的比例。

(3) 设计部分：这也是设计说明书的重要组成部分。

(4) 样机或试件的各种实验及测试情况：包括实验方法、线路及数据处理等。

(5) 方案的校验：说明所设计的系统是否满足各项性能指标的要求，能否达到预期效果。校验的方法可以是理论(即反推算)，包括系统分析，也可以是实验测试及计算机的上机运算等。

6. 结论

概括说明本设计的情况和价值，分析其优点、特色，有何创新，性能达到何等水平，并应指出其中存在的问题和今后的改进方向，特别是对设计中遇到的重要问题要重点指出并加以研究。

7. 感谢

简述自己通过本设计的体会，并应对指导教师和协助完成设计的有关人员表示谢意。

8. 附录和参考文献

在说明书的感谢之后，应将各种篇幅较大的图纸数据表格、计算机程序等附于说明之后。

在最后一页列出写作毕业设计说明书时所参考的主要文献清单。

8.2.3 毕业设计说明书的注意事项

1. 层次分明，结构严谨

毕业设计说明书，重要的是说明某项工程正常投入生产所采取的技术措施和方法。正常的生产必须严格按照科学工艺流程进行，因此，说明这个过程，也必须严格按照一定的顺序和条理，不得随意颠倒、前后重复，防止简单片面、详略不当、生搬硬套。

2. 重点突出，论证合理

一项完整的工程设计方案，包括整个工程的各个方面，由多个工程技术人员联合完成。一份毕业设计，只能从某一个专业或工程的某一侧面进行，这个侧面就是毕业设计应该突出的重点。对于重点内容，不仅要全面阐述，而且应做详尽的论证和计算，要依据党和国家的方针政策，从技术上、经济上充分地阐明设计方案的科学性、先进性和合理性。

3. 简明扼要，图文并茂

毕业设计说明书是一种专门的技术性文件，要以事实为基础，尽量做到文字简练。为了清楚、简明地说明设计方案，必须配以必要的图表。某些统计、计算或结果分析都可以用各种规格的图表来说明，使人一目了然。

4. 写作规范，整洁美观

毕业设计说明书的各个部分应该纲目清楚，单位和符号统一，书写规范不得随心所欲，特别是各种图表的标题要鲜明、比例恰当、字迹工整统一。

【案例 8-2】毕业设计说明书

大型氨厂苯菲尔溶液脱碳工艺设计

第一章 脱碳系统原理概述

脱碳方法概述，苯菲尔法脱碳的基本原理，反应速度、加入 DEA 的作用，二段吸收、二段再生流程评述，主要工艺条件和消耗指标，本流程特点。

主要控制点自制一览表。(略)

主要设备一览表。(略)

第二章 全系统的工艺计算

已知变换气进入脱碳系统的状态，按绝热饱和过程计算冷却后变换气的状态。根据全系统的平衡确定变换气进入吸收塔的温度。根据贫液、半贫液、富液的再生度和贫液和半贫液的比例，计算溶液的吸收能力和溶液循环量。做吸收系统和再生系统各主要设备的物料平衡和热平衡，确定各主要设备的热负荷和主要工艺条件。

对吸收塔还进行了分段计算，通过上、下塔的分段计算，确定下塔塔顶及上塔塔底的状态。对于再生塔亦分别进行洗涤、上塔和下塔的分段计算。

第三章　主要设备的化工计算

根据苯菲尔溶液的液泛关联图计算吸收塔上塔的直径。根据 Kellogg 提供的吸收二氧化碳的平衡曲线和传质系数计算吸收塔上塔及下塔、再生塔上塔及下塔的填料装置量，从而确定吸收塔和再生塔的高度。

进行各主要设备的化工计算的目的在于核算设备的投资费用。

第四章　吸收塔的机械计算

吸收塔的塔壁厚度是按高度分段计算的。根据吸收塔的总重量、风载荷、地震弯矩计算裙桩、基础环和地脚螺钉，确定吸收塔的主要结构尺寸。

第五章　方案对比评述

本设计方案吸收了 Kellogg 法和 TEC 法的优点，加上自己的设想，力求使设计方案更加合理，更能降低能耗和节约生产费用。本设计的特点如下。

1. 主要操作指标采用 TEC 的指标，即贫液与半贫液的循环量比选用 15%或 5%。这与循环量比为 25%和 75%比较，从再生塔带出热量可减少 6.9×106 千卡路里/小时，因而能够节约再沸器的负荷，每年能节约蒸汽 5.4 万吨，节约 27 万元/年。

2. 由于贫液量的减少，可使再生塔下塔的填料高度降低 3 米，上塔的填料高度增高 3 米，塔总高不变。因为下塔为不锈钢填料，上塔为塑料填料，降低下塔填料高度可以节约不锈钢填料，能节约投资近 20 万元。

3. 将 TEC 的两个再生塔改为一个再生塔，又可节约设备、管道、仪表等费用 75 万元。

4. 本系统无外排水，碱液损失很少，比 Kellogg 法每年能节约 K_2CO_3 约 33 吨，价值近 13 万元。

【评析】

此方案内容完整，层次分明，有纲有目，结构严谨，重点突出，论证合理，语言准确，写作规范。

8.3　毕　业　论　文

毕业论文是大学生毕业前必须独立完成的总结性作业，一般要在所在院校学科的专业教师指导下选题写作，在规定的时间内完成。其含义是：必须是作者对所学专业领域内的某一课题的研究(或设计)成果，表达作者对所研究的课题的心得体会，能反映出作者的科学研究能力以及已经具有的学术水平。

"毕业设计说明书"和"毕业论文"分别针对的是理科类学生和文科类学生的毕业设计。理科类学生在完成毕业设计后对其设计做的说明称为"毕业设计说明书"；文科类学生完成的论文称为"毕业论文"。它们在写作的格式上有一些区别。

毕业论文是高等院校毕业生提交的一份有一定学术价值的文章。它是大学生完成学业的标志性作业，是对学习成果的综合性总结和检阅，是大学生从事科学研究的最初尝试，是在教师指导下所取得的科研成果的文字记录，也是检验学生掌握知识的程度、分析和解

决问题基本能力的一份综合答卷。

8.3.1 毕业论文的特点

毕业论文虽属于学术论文中的一种，但和学术论文相比，又有自己的特点。

1. 指导性

毕业论文是在导师指导下独立完成的科学研究成果。毕业论文作为大学毕业前的最后一次作业，离不开教师的帮助和指导。对于如何进行科学研究、如何撰写论文等，教师都要给予具体的方法论指导。在学生写作毕业论文的过程中，教师要启发和引导学生独立进行工作，注意发挥学生的主动创造精神，帮助学生最后确定题目，指定参考文献和调查线索，审定论文提纲，解答疑难问题，指导学生修改论文初稿等。学生为了写好毕业论文，必须主动地发挥自己的聪明才智，刻苦钻研，独立完成毕业论文的写作任务。

2. 习作性

根据教学计划的规定，在大学阶段的前期，学生要集中精力学好本学科的基础理论、专门知识和基本技能；在大学的最后一个学期，学生要集中精力写好毕业论文。学好专业知识和写好毕业论文是统一的，专业基础知识的学习为写作毕业论文打下坚实的基础；毕业论文的写作是对所学专业基础知识的运用和深化。大学生撰写毕业论文就是运用已有的专业基础知识，独立进行科学研究活动，分析和解决一个理论问题或实际问题，把知识转化为能力的实际训练。写作的主要目的是为了培养学生具有综合运用所学知识解决实际问题的能力，为将来作为专业人员写学术论文做好准备，它实际上是一种习作性的学术论文。

3. 层次性

毕业论文与学术论文相比要求比较低。专业人员的学术论文，是指专业人员进行科学研究和表述科研成果而撰写的论文，一般反映某专业领域的最新学术成果，具有较高的学术价值，对科学事业的发展起一定的推动作用。大学生的毕业论文由于受各种条件的限制，在文章质量方面要求相对低一些。这是因为：第一，大学生缺乏写作经验，多数大学生是第一次撰写论文，对撰写论文的知识和技巧知之甚少；第二，多数大学生的科研能力还处在培养形成之中，大学期间主要是学习专业基础理论知识，缺乏运用知识独立进行科学研究的训练；第三，撰写毕业论文受时间限制，一般学校都把毕业论文安排在最后一个学期，而实际上停课写毕业论文的时间仅十周左右，在如此短的时间内要写出高质量的学术论文是比较困难的。当然这并不排除少数大学生通过自己的平时积累和充分准备写出较高质量的毕业论文。

8.3.2 毕业论文的选题原则

选题，就是在对已获取的大量资料进行研究分析的基础上，提出问题，确定科学研究、论文的方向和目标。进行科学研究就是寻找问题，没有问题就无从研究。爱因斯坦曾

指出："提出一个问题往往比解决一个问题更重要。因为解决问题也许仅仅是一个数学上或实验上的技能而已。而提出新问题、新的可能性，从新的角度去看旧问题，却需要有创造性的想象力，而且标志着科学的真正进步。"科技论文的选题可以确定学术研究的方向和目标，在一定的程度上决定学术研究的价值和成败，有助于个人主观能动性的发挥和研究能力的提高。选题的方法是科学研究和论文写作的"金钥匙"。笛卡儿说过："最有价值的知识是关于方法的知识。"学术论文的选题上，方法正确，就会有事半功倍的效果；方法不对，就会造成人力、物力和时间上的浪费。

选题应遵循以下原则。

1. 目的性原则

选题要体现科学研究的目的。这包括两个方面：一是选题要面向社会建设的需要，尤其是工农业生产的需要，这体现它的社会意义；二是根据科学本身发展的需要，这体现它的学术意义。

2. 可行性原则

选题要考虑现实可能性。这包括两个方面：一是选题要在客观条件上展开研究；二是要考虑研究者的知识结构、学术水平、研究能力、兴趣爱好、对课题的理解程度以及献身精神等。

3. 合理性原则

选题必须符合基本的科学原理和客观实际，要有理论依据和事实依据，去纠正错误的课题，澄清谬说的课题。

4. 创新性原则

选题要有新颖性、先进性，有所发明、有所发现，促使其学术水平有所提高，以推动某一学科的发展。这一原则的关键在于：选择学科前沿的课题，选择填补空白的课题，选择突破禁区的课题，选择借用其他学科的新理论、新观点、新方法和新材料，解决本学科的疑难问题。

8.3.3 毕业论文的写作格式

毕业论文应在广泛搜集整理资料，拟定论文内容的基础上着手写作。在写作论文之前，应先拟写提纲，然后按下面要求完成。

1. 标题

标题应该简短、明确，要有概括性，要醒目，让人看后能大致了解文章的确切内容和观点、专业的特点和学科的范畴。标题的字数要适当，一般不宜超过 20 字。

2. 目录

毕业论文的标题及页码。

3. 摘要

摘要也称为内容提要，应当以浓缩的形式概括研究课题的主要内容、方法和观点，以及取得的主要成果和结论，应反映整个论文的精华。中文摘要在 300 字以内为宜。

摘要应写得扼要、准确，往往在毕业论文全文完成后再写摘要。在写作时要注意以下几点。

(1) 用精练、概括的语言表达，每项内容均不宜展开论证。

(2) 要客观陈述，不宜加主观评价。

(3) 成果和结论性意见是摘要的重点内容，在文字上用量较多。

(4) 要独立成文，选词用语要避免与全文尤其是前言和结论雷同。

(5) 既要写得简短扼要，又要行文活泼，在词语润色、表达方法和章法结构上要尽可能写得有文采，以唤起读者对全文阅读的兴趣。

4. 关键词

关键词又称主题词，是为了检索的需要，从论文中选出的最能代表论文中心内容特征的名词和术语。关键词应尽可能从《汉语主题词表》和相关专业性主题词表中选用，以 3～8 组词为宜，不考虑语法上的结构，简单地排列在一起。中英文关键词要一一对应。

5. 引言

引言是全篇论文的开场白，它主要包括以下几方面。

(1) 选题的缘由。

(2) 对本课题已有研究情况的评述。

(3) 说明本文所要解决的问题和采用的手段、方法。

(4) 概述成果及意义。

作为摘要和引言，虽然所定的内容大体相同，但仍有很大区别。其区别主要在于：摘要一般要写得高度概括、简略，引言则可以稍微具体些；摘要内某些内容如结论意见，可以做笼统的表达，而引言中所有的内容则必须明确表达；摘要不写选题的缘由，引言则应明确反映，在文字量上一般情况是引言要多些，而摘要少些。

6. 正文

论文的正文是作者对自己的研究工作详细的表达。它占全文的较多篇幅，主体内容包括研究工作的基本前提、假设和条件；模型的建立，实验方案的拟定；基本概念和理论基础；设计计算的主要方法和内容；实验方法、内容及其结果意义和阐明；理论论证，理论在实际中的应用等。根据课题的性质，一篇论文可能仅包括上述一部分内容。

7. 结论

结论包括对整个研究工作进行归纳和综合而作出的总结，所得结果与已有结果的比较以及在本课题的研究中尚存在的问题，对进一步开展研究的见解与建议。它集中反映作者的研究成果，表达作者对所研究课题的见解和主张，是全文的思想精髓，是文章价值的体现，一般写得概括，篇幅较短。撰写时应注意下列事项。

(1) 结果要简单、明确。在措辞上应严密，但又容易被人领会。

(2) 结果应反映个人的研究工作，属于前人和他人已有过的结论可少提。

(3) 要实事求是地介绍自己研究的成果，切忌言过其实，在无充分把握时，应留有余地。因为科学问题的探索是永无止境的。

8. 谢辞

谢辞是在论文的结尾处，以简短的文字，对课程研究与写作过程中曾给予直接帮助的人员，例如指导老师、答疑教师及其他人员表示自己的谢意。这不仅是一种礼貌，也是对他人劳动的尊重，是治学者应有的思想作风。

9. 参考文献与附录

参考文献是毕业论文不可缺少的组成部分。它反映毕业论文的取材来源、材料的文博程度及材料的可靠程度。一份完整的参考文献也是向读者提供的一份有价值的信息资料。引用参考文献时，应注意写法的规范性。

此外，有些不宜放在正文中，但有参考价值的内容可编入论文的附录中，如公式的推演、编写的算法语言程序等。

论文编写完成后，为了醒目和方便读者阅读，可为论文编写一个目录。目录可分章节，每一章节之后编写页码。

如果论文中引用的符号较多，为了节省论文的篇幅，便于读者查找，可以编写一个符号说明，注明符号所代表的意义。如果是指数的量，则应注明其指数。

8.3.4　毕业论文写作的注意事项

(1) 坚持理论联系实际的原则。

(2) 立论要科学，观点要创新。

(3) 论据要翔实，论证要严密。

8.4　学　术　论　文

学术论文是各类论文的总称，又称科学论文、研究论文，简称论文。它是用来进行科研和描述科研成果的理论性文章，是探讨问题、进行科研的一种手段，是描述科研成果、交流学术并使科研成果产生社会与经济效益的一种工具。它主要由各学科领域中的专业人员或由正在学习某种学科的人员撰写。它与一般议论文一样，都是由论点、论据、论证构成；不同之处是一般议论文是对科学领域以外的某些现象(问题)提出见解或主张，学术论文则是专门针对学科领域中的现象(问题)进行研究的。

8.4.1　学术论文的特点

1. 科学性

科学性是学术论文之本，是学术论文的基本属性。没有科学性的学术论文，就没有其

存在的价值。学术论文的科学性，表现在立论上，必须从客观实际出发，提出的论点要有科学依据，不得主观臆造，不得带有个人好恶偏见。表现在论据上，要求经过周密的观察、调查、实验，充分占有资料，以最丰富、最确凿有力的论据作为立论的依据，包括所引用的公式、定理、数据、数字、图表、符号、历史资料、科学实验的过程结果和经典言论等，都要准确无误，确凿可靠。表现在论证上，要经过周密的思考，论证推理严密，观点与材料统一，富有逻辑效果。

2. 理论性

理论性即论文的学术性。学术论文不是从现象到现象，就事论事，而是将感性认识上升到理性高度，通过科学的抽象、综合、论证，说明事物发生、发展的本质规律，完成从个别到一般的飞跃，指导实践，预见未来，以理服人。如果某项科研，即使解决了某些实际问题，取得了有价值的成果，但没有从理论上进行分析、提炼出个人的见解，这样的文章也不能视为学术论文。

3. 独创性

独创性，即创造性。创造性是科学研究的生命和灵魂。所谓创造性，就是提出新问题、解决新问题，推动科学与文化的发展。它的全部意义在一个"新"字上，即有没有新内容、新成果，有没有新进展、新突破、新贡献，是衡量一篇学术论文价值的根本标准。我国杰出的地质学家李四光，有一篇著名的论文《受了歪曲的亚洲大陆》，用力学的观点研究地壳运动，以运动的观点分析地壳结构、探索构造的规律，在地质学理论上建立了一个新的系统分支学科——地质力学，对欧美的传统地质学提出了挑战，对世界地质学作出了卓越贡献。

4. 语言的平易性

学术论文要有可读性。语言要准确、深入浅出。要适当讲究语言的生动性，把复杂的问题明白地表述出来。不要过于隐晦，故作"深奥"，玩"新名词"。要让人看得懂，愿意看你的学术论文。

5. 规范性

学术论文受其性质、内容、特点、功用所决定，体式上有一定的固定性和规范性，这些基本格式趋向统一化、标准化。世界各家对学术论文的撰写和编辑制定了各种国家标准，我国标准化组织也制定了一系列的国家标准。

8.4.2 学术论文的写作格式

根据《科学技术报告、学位论文和学术论文的编写格式》的规定，学术论文的结构形式主要有三部分：①前置部分，包括题名、作者、摘要、关键词等；②主体部分，包括引言、正文、结论、致谢、参考文献、英文摘要等；③附录部分，包括比正文部分更详细的补充信息、罕见的珍贵资料以及某些重要的原始数据、数学推导、计算程序、图表等。其中最基本的有 10 项：题名、作者及其所在单位、摘要、关键词、引言、正文、结论、致

谢、参考文献、附录。

1. 题名(又称标题)

题名是论文内容的高度概括，应写得简练鲜明、准确得体，一般不超过 20 个字，必要时可用破折号加副标题放在主标题之下，以补充说明论文的特定内容。

2. 作者及其所在单位

注明此项，以示负责，也意味着著作权和发明权。一般要署真名，多人合作的，按参加工作的多少、贡献的大小依次排名。作者工作单位要写全称，包括所在城市和邮政编码。

3. 摘要

摘要又称内容提要，是论文内容的"高度浓缩"，一般包括写作目的、对象、方法、结果和应用的范围等，是对论文内容不加注释和评论的概括性陈述。文字一般以 200～300 字为宜，外文摘要以不超过 350 个实词为宜，要求简短、精粹、完整、忠实于原文。很短的论文，可以不写摘要。

4. 关键词

关键词又称主题词，是为了检索的需要，从论文中选出的最能代表论文中心内容特征的名词和术语。关键词应尽可能从《汉语主题词表》和相关专业性主题词表中选用，以 3～8 组词为宜，不考虑语法上的结构，简单地排列在一起。中英文关键词要一一对应。

5. 引言

引言又称绪论，是论文的开端，主要写明研究的理由，并解释研究课题的目的、意义。有时也可以谈课题的研究背景、前人所做过的研究；有时可以说明作者的研究设想、研究角度、研究方法和试验方法；有时可以将论文的主要观点扼要介绍。有的论文也可以不写"引言"，只用几句概述，引出论题。

6. 正文

正文又称本论，是论文的主体部分和核心，是作者学术水平和创造能力的集中体现。在正文中，作者要充分展开论题，对所研究的课题和获得的成果做详细的表述，深刻地进行理论推导和理论分析，周密地进行逻辑论证，切实地阐明自己的思想、观点主张和见解。正文的内容主要包括：研究对象、实验对象、实验和观测方法、仪器设备、材料原料、实验和观测结果、计算方法和编制原理、资料原料、经过加工整理的图表、理论分析、公式推导、形成的论点和得出的结论等。正文必须实事求是，客观真实，准确完备，合乎逻辑，层次分明，简练可读。

7. 结论

结论又称结语或结束语，是对全文论点做逻辑上的总结性说明，一般是总结本论部分的内容，回答绪论部分提出的问题，强调自己的结论。这部分内容要求简明扼要、实事求是。

8. 致谢

致谢又称谢辞，是对本文提供过重要指导和帮助的同志表示感谢，表示尊重他人的劳动。致谢的范围一般包括：对论文选题、构思或撰写、修改给予指导或提出重要意见者；对实验或考察过程作出某些贡献者；提供实验材料、仪器及给予其他方便者；论文采用的资料、图片的提供者；资助研究的单位和个人。致谢的言辞应恳切，不要浮夸和单纯地客套，用词尽量简练，不宜占用太多的篇幅。

9. 附录

论文中有些内容与正文关系密切，而这部分内容又有相对的独立性，列入正文往往会影响正文叙述的条理性和连贯性，因此，将其附加在正文之后作为附录，可以帮助读者阅读。附录的内容应与正文呼应，必要时注明出处。附录适用于大型研究课题或篇幅较长的论文。

10. 参考文献

这是论文的附加部分，既反映了作者对于课题的历史和现状的研究程度，也体现了作者尊重他人研究成果的科学态度和求实精神。参考文献应写明作者、篇名、期刊名、年份、期号。若是著作，则写明作者、书名、出版年月、版次。

以上是学术论文的通用结构内容。作者可以根据实际需要采取适合的结构方式，而不必完全拘泥于固定的结构之中，避免僵化的模式。

课 程 思 政

科研类文书在总体上对语言的要求平实，各类文种中采用的案例真实有效，采纳的数据必须经过再三的确认与审核，这就要求我们在写作各类文书时，需秉承诚实守信的原则，对自己书写的每个案例、每个数据负责任，在每次文种学习的时候，都强调诚信对一个人人格培养的重要性。

另外，在编写科研类文书时，要遵循科学精神：主张科学认识来源于实践，实践是检验科学和真理的标准，也是认识发展的动力；重视以定性分析和定量分析作为科学认识的一种方法，倡导科学精神；主张科学的自由探索，在真理面前一律平等，对不同意见采取宽容态度，不迷信权威；提倡怀疑、批判、不断创新进取的精神。

思考与练习

1. 简述实验报告的特点。
2. 简述毕业设计说明书的写作内容。
3. 简述毕业设计说明书与毕业论文的区别。
4. 简述毕业论文的写作要求。

第9章 礼仪文书

教学提示：礼仪文书是处理人际关系的文书，在一定意义上，它反映了一个民族的文明、文化和风尚。

教学要求：本章介绍礼仪文书的概念和特点，了解礼仪文书的种类；写作要求是本章学习的重点。

9.1 礼仪文书概述

礼仪文书是指在人际交往过程中用于交流思想、抒发情感、增进友情等反映一定礼节和仪式的一类文章。我国被誉为礼仪之邦，自古以来，无论是国家、单位还是个人，为了各自的生存、发展，相互之间必然要有来往和接触。在相互来往和接触的过程中，产生了国与国、单位与单位、个人与个人相互交往的准则、礼节，正所谓长幼有序、上下有别、亲疏不同、有礼有节。因此，礼仪文书也应运而生，成为交际场合不可或缺的重要载体。

9.1.1 礼仪文书的特点

与应用文的一般特点相比，礼仪文书还有自身独有的以下两个特点。

1. 礼节性

社交场合要十分注意礼节，一旦失礼或施礼不当，往往会导致不良的后果。在交际场合，要相互表示问候、致意、致谢、慰问等。如客人来访，我们要致欢迎词，以示主人的热情、好客；当客人离去时，我们要致欢送词，以示主人对彼此的留恋和对客人的良好祝愿。

2. 规范性

没有规矩不成方圆，没有礼仪不成体统。在漫长的社会发展过程中，各民族、各国家都已逐步形成了具有自身特色的一整套礼仪规范。礼仪文书的撰写虽然不像行政公文的撰写得那么严格，但也有其约定俗成的格式和特定的语言文字表达要求。从语言表达方式来讲，有的趋于典雅，有的崇尚朴实，撰写时要按照特定的格式与要求行文，不可随意标新立异。

9.1.2 礼仪文书的种类

礼仪文书种类较多，按照其特点和使用的场合，可将礼仪文书分为以下几种类型。

1. 用于邀约、聘用的礼仪文书

如请柬、邀请书、聘书等。

2. 用于喜庆祝贺的礼仪文书

如贺信、贺电、祝词等。

3. 用于迎送、答谢的礼仪文书

如欢迎词、欢送词、答谢词等。

4. 用于慰问的礼仪文书

如慰问信、慰问电等。

5. 用于哀丧吊唁的礼仪文书

如悼词、唁电等。

9.2　请柬、邀请书(信)

请柬、邀请书(信)也叫请帖，是邀请客人时所写的文书。它是一些单位在邀请上级领导、兄弟单位的有关同志前来参加重要的纪念、庆祝活动时，为表示庄重而使用的一种告知性礼仪文书。其使用范围很广，召开庆祝会、纪念会、联欢会、洽谈会、订货会、研究会、交流会以及举行招待会、宴会、茶话会等都可发请柬或邀请书(信)。

请柬按用途分类，有会议类请柬，专为庆祝会、纪念会、座谈会等发出；活动类请柬，专为仪式、宴请、执行等发出；工作类请柬，专为成果的评审、鉴定、决策的论证而发出。

9.2.1　请柬、邀请书(信)的写作格式

请柬、邀请书(信)有横式、直式两种，一般由以下几部分组成。

1. 封面(正面)

居中写"请柬"或"邀请书"，字体要略大，要醒目和美观。

2. 称谓

首行顶格写被邀请的单位名称或个人的姓名。

3. 正文

正文写清邀请的目的、活动内容、时间、地点及应注意的一些问题。

4. 结尾

结尾通常写"敬请光临""敬请莅临"或"敬请光临指导"。

5. 落款

落款写发请柬或邀请书(信)的单位名称或个人姓名，下一行注明年、月、日。有的请柬、邀请书(信)是印刷出售的，如果其格式完整、适用，也可以购回填写。

9.2.2 请柬、邀请书(信)的注意事项

1. 有关信息的交代要清楚

邀请的内容、时间、地点、被邀请者的姓名、头衔必须准确无误。

2. 措辞讲究

用语要简短、热情、文雅，宜用期盼性语言表达。突出"请"意，避免使用"务必""必须"之类带强制性词语，不能有半点强求之意。当然，对特殊的邀请书，措辞必须与所邀请参与的活动性质相适应。

3. 制作宜精美

装帧尽可能美观、大方，以示对被邀请者的尊重。

4. 文种选择需根据使用的场合和情况

隆重的礼仪场合多用请柬；参加学术研讨会、纪念会、订货会多用邀请书(信)，一般的会议发通知即可。邀请的事项单一，用请柬；邀请的事项较复杂或需要向被邀请者说明有关问题，则用邀请书(信)。

5. 如有需要注意的事项，要在"请柬"或"邀请书(信)"上的适当位置注明

如联系人、联系电话、食宿或携带物品、文件要求、交通路线等。如有签到卡，可随请柬附上。

【案例 9-1】请柬

（请柬的封面）

(请柬的内页)

××先生：

谨定于二〇一九年八月十六日(星期三)上午九时整，在四川省××技术学院(成都市一环路南×段××号)俱乐部一楼大厅，举行"可口可乐，临门一脚"足球教练员培训班及"可口可乐"全国奥林匹克青年足球赛新闻发布会，恭请拨冗光临！

成都可口可乐饮料有限公司(盖章)
二〇一九年八月七日

【案例9-2】邀请书

二〇一八年全国普通高校评卷教师

邀请书

××中学××老师：

经研究，决定邀请你参加今年全国普通高考语文科评卷工作。如果你不需要回避，无直系亲属参加今年普通高考，请于七月十一日到××师范大学问卷场报到(请开具介绍信，并带工作证)。

此致

敬礼

全国普通高考××××阅卷场办公室

二〇一八年六月二十八日

【评析】

案例9-1是一份请柬，因而得讲究装帧，用语亦礼貌恭敬。案例9-2是一封邀请信，由于是邀请评卷，因而措辞带有与工作性质相适应的庄重，还具有类似于行政公文的指令性特征。请柬、邀请书用语必须与邀请对方参与的工作或活动性质相适应。两则例文的正文，都写清楚了邀请的事由、时间、地点和事项。例文9-2还写了有关的注意问题。

9.3 聘 书

聘书，也叫聘请书或聘任书，它是用人单位聘请有关人员担任某种职务或承担某项任务时制发的书面文书。受聘者一般具有某种专长，或在某方面具有一定声望，能胜任某种专业工作。

在日益深化的经济体制改革和人事制度改革中，聘任制逐步取代了任命制。行政机关和事业单位中，聘任制已经开始实行和推广。请外单位人员任职或请本单位人员受聘，都可以使用聘书。对行政职务或专业技术职称的聘任如果以通知形式下发传达，则不必再向被聘者一一发送聘书。聘书一旦签发和被接收，对双方都有行政约束力，双方都要信守聘书上写明的任务和待遇，不能随意失约，更不能随意毁约。

9.3.1 聘书的写作格式

聘书一般由标题、称呼、正文、落款四个部分组成。

1. 标题

标题居首行中间位置，字体比正文要大，以庄重、醒目为好。

2. 称呼

称呼在以一般书信形式出现的聘书中使用，于标题下一行顶格写受聘人姓名，可加上

职称、头衔等。正规聘书一般不在开头写受聘者的称谓。

3. 正文

写明聘请何人任何种职务(或职称)，或做何种工作、聘任期限。必要时注明聘金及其他待遇，交代聘因，对受聘者提出要求或希望等。一般用"此聘"作结束语，另起一行空两格书写。

4. 落款

在正文右下方写聘请单位的名称、时间，要加盖公章。

9.3.2　聘书的注意事项

聘书带有合同的性质，制作要严肃、认真，行文语言应该简练、明确、庄重。

【案例 9-3】聘书

聘书

兹聘请×××先生为××大学经济学院客座教授，聘期五年。此聘。

××大学经济学院

二〇二三年九月一日

【评析】

该聘书把聘请何人担任何职称及聘期都一一写明了，格式规范，文字简洁。

【案例 9-4】病例

聘书

为了提高教学质量，本校成立督导教研室。特聘请×老师为督导员，请遵照执行。
　此聘。

×××学校(盖章)

××××年×月×日

【评析】

此聘书存在的问题主要有以下几点。

(1) 缺少称谓。此聘书为以书信形式出现的，应在标题下一行顶格写"×××老师"。

(2) 正文部分没有写清楚被聘者所从事的具体工作，最好能把聘期也写清楚。

(3) 语气不够谦恭，"请遵照执行"是命令被聘者必须接受聘任，这种强迫性的要求是聘书写作的大忌。

9.4 贺 信

贺信是机关、团体、单位向取得重大胜利，有突出成绩或喜庆之事的有关单位及人员表示祝贺或庆贺的一种礼仪文书。

现在，贺信已成为表彰、赞扬、庆贺对方在某个方面所作出贡献的形式，有的还用来表示慰问和赞扬。在当前的经济建设中，如某个单位或某个人作出了巨大贡献、某单位召开了重要会议、某工程竣工、某科研项目成功、某项重大任务保质保量地提前完成、某重要人物的寿辰等，都可以使用贺信的形式表示祝贺。重要的贺信往往对广大群众有很大的激励和教育作用。

9.4.1 贺信的写作格式

贺信的格式与基本结构包括以下几项。

1. 标题

在第一行正中写上"贺信"二字。也可以在"贺信"前写上谁给谁的贺信以及被祝贺的事由。

2. 称谓

顶格写接受贺信的单位或个人及称谓，后面加冒号。

3. 正文

另起一行，空两格写贺信的内容。正文一般包括：对方取得的成绩及其重大意义；表示热烈的祝贺和殷切的希望。如果是会议，要指出它的重要性；如果是同级单位，除表示祝贺外，还应提出向对方学习的内容；如果是下级单位给领导机关的贺信，除表示祝贺外，还应表示自己的决心和态度；如果是给个人的贺信，应着重写明有供群众学习的品德和意义。

4. 结尾

以祝愿词结尾，如"谨祝取得新的、更大的胜利"。如正文中"希望"内容写得详细具体，也可不用祝愿词结尾。在信的右下侧写明发信单位或个人名称及发信日期(年、月、日)。

9.4.2 贺信的注意事项

(1) 感情真挚、浓烈，给人以鼓舞。

(2) 评价要恰当而有新意，避免陈词滥调。行文规范，称谓合体。

(3) 文字简练，语言朴素。不堆砌华丽辞藻，不言过其实，不空喊口号。

【案例9-5】贺信

贺信

××大学全体教职员工、尊敬的×××先生：

　　值此贵校建校六十六周年×××堂落成剪彩之际，××市委、××市人民政府谨向你们致以热烈的祝贺和诚挚的问候！

　　××大学是一所具有光荣历史的高等学府，在六十多年的峥嵘岁月中，不断开拓进取，奋发向上，培养和造就了千百万各行各业的优秀人才，为振兴祖国的教育事业、扩大国际文化交流，为社会主义物质文明和社会主义精神文明建设作出了杰出的贡献，为世人所瞩目，蜚声海内外。在此喜庆的日子里，我们衷心祝愿贵校继往开来，年年桃李，岁岁芳菲。

　　×××先生一贯爱国爱乡，鼎力支持家乡的文化教育、体育等各项公益事业，兴学育材，造福桑梓。××大学×××堂的落成，是先生拳拳赤子心、殷殷故乡情的又一生动体现。它的建成不仅为贵校增辉添彩，也将进一步改善学校的办学条件，促进教学质量的提高，激励广大师生为振兴中华而发奋学习，努力拼搏，争取更大的荣誉。

　　祝盛会圆满成功！

××××市委　××市人民政府

一九九〇年十一月十一日

【评析】

　　此文是格式规范的贺信。正文前有问候，后有祝颂。正文表达了祝贺的目的，其中有两层意思，第一层是祝贺××大学六十六周年校庆；第二层是祝贺××大学×××堂的落成。祝贺的内容清楚，感情充沛，行文流畅，读来琅琅上口。

9.5　欢迎词、欢送词、答谢词

1. 欢迎词

　　欢迎词是在迎接宾客的仪式、集会、宴会上主人对宾客的光临表示热烈欢迎的一种礼仪文书。

2. 欢送词

　　欢送词是在欢送宾客的仪式、集会、宴会上主人对宾客即将离去表示热烈欢送的一种礼仪文书。

3. 答谢词

　　答谢词是在专门仪式、宴会、招待会上宾客对主人的热情接待表示衷心感谢的致词。欢迎词、欢送词和答谢词都属于礼节性社交活动的讲话稿。

9.5.1 欢迎词、欢送词、答谢词的写作格式

欢迎词、欢送词和答谢词的写作方法基本一样。欢迎词和欢送词的格式都一样，只是内容有迎和送的区别；答谢词的基本结构及写法与欢迎词基本相同。

1. 标题

可直接以文种"欢迎词""欢送词""答谢词"为题，也可以以场合和文种为题，如"在开学典礼上××的欢迎词"等，还可以以主人的名称、被欢迎或欢送的宾客和文种为题，如"周恩来总理在欢迎美国总统尼克松的宴会上的祝酒词"。

2. 称谓

对被欢迎、欢送、感谢的对象的称呼，称呼前可加修饰语"尊敬的""敬爱的"之类，称呼后可加头衔，也可加"先生""女士""夫人"等。

3. 正文

欢迎词的正文，一般先写表示欢迎的话；接着写宾客来访的目的、意义、作用；继而回顾双方交往的历史与友情，赞扬宾客在某些方面的贡献以及双方友好合作的成果，表示继续加强合作的意愿、希望；结尾写祝颂语，对宾客的光临再次表示热情的欢迎和良好的祝愿。

欢送词的基本格式及写法与欢迎词大致相同。它的正文一般应包括这样的内容：对宾客的离去表示热烈欢送的话；有关欢送的具体内容，如宾客逗留的时间及离别的日程，叙述访问的行程及收获，对宾客的希望及要求，表示继续加强交往的意愿；结束语常需再次对宾客的即将离去表示热烈的欢送。

答谢词的正文部分一般包括的内容有：对对方的热情接待表示由衷的感谢。如果是访问，则概述出访期间留下的美好印象，赞扬主人某方面的业绩、崇高的精神，或对双方共同关心的问题表达自己的观点、看法和愿望。结尾一般需对对方再次表示谢意。

4. 落款

落款即在正文右下方写明致欢迎词、欢送词和答谢词的机关、人物的名称和日期。如果在标题中已经写明，则此处不必再落款。

9.5.2 欢迎词、欢送词、答谢词的注意事项

(1) 感情须亲切、真挚、诚恳。要符合当时的情况，能适当引导出席者的情绪，以创造一种友好的气氛，密切关系，推动双边合作。

(2) 注意礼貌，又有分寸。既尊重对方，又不卑不亢。

(3) 有分歧的问题、意见不一致的问题不在言辞中表露。

(4) 语言要便于交际场合朗读、演说，即上口、好读。

(5) 动笔之前，要了解对象的基本情况，比如已取得的成就及影响、大会的宗旨、工程建设的目的等，这样才能切合实际，有的放矢，言之有物。

【案例9-6】欢迎词

在全国青年院校辩论邀请赛开幕仪式上的欢迎词

朋友们、同志们：

今天，"五四杯"六省市青年院校系列比赛最后一场赛事——大专辩论赛即将在古城西安拉开帷幕。在此，我们向各院校的领导、教练员及各位选手表示热烈的欢迎！

回想我们六省市青年干部院校联合举办的系列比赛，莫不使人心潮澎湃。此项活动历时一年，高歌于南昌，击键于杭州，挥杆于广州，演讲于上海，扬拍于北京，最终舌战于连横合纵之故地——古都西安。这是一个圆满的句号，也是一个具有象征意义的开端。

因为再过二十天，我们将要跨进21世纪，21世纪需要的是创新精神、民主精神、科学精神。这些内容正是"五四"精神的精髓。我们的系列比赛，就是我们高举"五四"精神大旗、阔步走向新世纪的一次拉力赛。

同志们、朋友们，党中央、国务院已经作出了英明决策，从明年起将实施西部大开发。江泽民同志也明确指出，再造一个山川秀美的西北。可以想见，随着西部大开发的实施，陕西这块三秦故地将会春潮涌动、生机勃勃，西安这座千年古都将会焕发青春、气象万千。

这是我们青年干部院校发展的良好契机，也是我们青年再显身手的大好时代！"酒香也怕巷子深"，让我们争辩吧，争一个锦天秀地，满目俊才；"酒香不怕巷子深"，让我们挥汗如雨地实干吧，因为醇香的美酒是用劳动酿造出来的，只有如此，我们才会无愧古人，笑对来者！

最后，祝辩论赛圆满成功！

祝各位选手层楼史上，再创佳绩！

陕西××学院×××

一九九九年十二月十日

【评析】

这是一篇欢迎词，内容分三个部分；其一写欢迎的原因以及对客人表示热烈欢迎；其二结合国家的形势及青年院校的特点，表达了对未来的展望和对比赛的良好祝愿；其三写祝颂语和表示感谢。言辞情真意切，友善礼貌，营造出一种友好的气氛。

【案例9-7】欢送词

欢送词

同志们、朋友们：

刚好在两个星期以前，我们愉快地在这里欢聚一堂，热烈欢迎×××博士。今天，在×××博士访问了我国的许多地方之后，我们再次欢聚一起，感到特别亲切、高兴。×××博士将于明天回国。×××博士的访问虽然短暂，然而是极其成功的。在北京期间，他会晤了有关方面的领导同志，参观了工厂、农村、学校，与各界人士进行了谈话，并认真研究了我国的政治、经济、文化和教育。在向×××博士告别之际，我们真诚地希望×××博士给我们提出批评、指导的宝贵意见，以使我们改进工作。同时，我们想借此

机会请他转达我们对×国人民的深厚友谊，请他转达我们对他们的亲切问候和敬意。

祝×××博士回国途中一路平安，身体健康！

×××年××月××日

【评析】

这篇欢送词突出了两方面的内容。其一写与客人两次欢聚，"两个星期以前"曾欢聚一堂欢迎客人一句，点明客人的访问时间长度。客人"将于明天回国"一句，又点明欢送的缘由。其二写客人访问我国的行程情况以及收获。最后写主人的希望、要求和祝愿。全文感情诚恳，用语巧妙，分寸适当，语言精练，是一篇不错的欢送词。

课 程 思 政

礼仪文书，应当准确、适当地表达出礼仪上的要求，根据不同的时机和对象，力求把文电写得恰如其分、恰到好处。有时候，还可根据具体情况写进一定的实质内容，以便使礼仪文书达到更好的效果。文书中涉及的时间、地点和其他有关资料，均应经过核对，做到翔实可靠。

在现代社会中，礼仪文书扮演着重要的角色，它不仅仅是传递信息的工具，更是展示个人素质和社交能力的重要方式。所以礼仪文书需要做到严谨规范、尊重和客观、简洁明了、格式规范、注意细节和得体得当。

思考与练习

一、名词解释

欢迎词

欢送词

答谢词

贺信

请柬

二、简答题

1. 试述欢迎词、欢送词、答谢词正文的结构和写作方法。

2. 试述贺信正文的结构和写法。

3. 贺信写作有何注意事项？

4. 试概括礼仪文书的主要特点。

三、写作题

1. 自制一份请柬，要求制作精美，请柬的内容符合规范。

2. 试指出下文属何种礼仪文书。改正内文的不妥之处，并按该种礼仪文书的写法，在删节处补写一段内容，使之完整。

××市电信局：

　　近期，由于某房管站挖土施工，不慎损坏××市××银行办公楼专用电话电缆，致使楼内电话、电传、传真、电脑专线中断通信，造成一定的经济损失，同时也给我们的业务经营带来了十分不利的影响。

　　贵局八分局在接到故障报告后，××局长十分重视，立即组织了 20 多人的抢修队，他们在×××主任的带领下，对总机房的自线架、室外电缆、交接箱逐一进行检查测试，积极进行抢修，他们在 3 月 2 日晚，冒着春寒细雨，克服困难，奋战一昼夜，终于使大楼的通信恢复了正常，用实际行动支持我们搞好经济建设。

××××银行××市分行

二○二○年三月十四日

参 考 文 献

[1]　邓红. 经济应用文写作[M]. 重庆：重庆大学出版社，2014.

[2]　张德实. 应用文写作[M]. 2 版. 北京：高等教育出版社，2015.

[3]　徐中玉. 应用文写作[M]. 北京：高等教育出版社，2004.

[4]　高胜祥，邱晓平. 旅游应用文[M]. 2 版. 北京：旅游教育出版社，2013.

[5]　陈丽卿. 应用文写作大全[M]. 呼和浩特：内蒙古人民出饭社，2000.

[6]　张达芝. 应用文写作教程[M]. 杭州：浙江大学出版社，2012.

[7]　张建. 应用文写作[M]. 北京：高等教育出版社，2015.

[8]　王志，姚丽芳. 新编财经应用文写作[M]. 大连：大连理工大学出版社，2002.

[9]　张武华，谢伟芳. 最新应用文书写作[M]. 北京：中国经济出版社，2009.